ECK

Nouvelle Terre

Prendre conscience de sa mission de vie

Traduit de l'anglais
par Annie J. Ollivier

ARIANE
ÉDITIONS

Titre original anglais :
A New Earth par Eckhart Tolle
Édition originale anglaise publiée par
Dutton, division of Penguin Group (USA),
375 Hudson Street, New York, NY 10014.

Ariane Éditions inc.
C.P. 183, Saint-Sauveur, Qc, Canada J0R 1R0
Téléphone : 514-276-2949
Courrier électronique : info@editions-ariane.com
Site Internet : www.editions-ariane.com

Traduction : Annie J. Ollivier
Révision linguistique : Michelle Bachand
Révision : Martine Vallée
Graphisme et mise en page : Carl Lemyre

Première impression : juin 2018
ISBN : 978-2-89626-469-8

Dépôt légal :
Bibliothèque nationale du Québec, 2018
Bibliothèque nationale du Canada, 2018
Bibliothèque nationale de Paris, 2018

Diffusion
Québec : Flammarion Québec – 514 277-8807
www.flammarion.qc.ca
France et Belgique : D.G. Diffusion – 05.61.000.999
www.dgdiffusion.com
Suisse : Servidis/Transat – 22.960.95.25
www.servidis.ch

Gouvernement du Québec – Programme de crédit d'impôt
Pour l'édition de livres – Gestion SODEC

Nous reconnaissons l'appui [financier]
du gouvernement du Canada.
Canada

Membre de l'ANEL

Imprimé au Canada

Table des matières

Préface

Nouvelle Terre
Dix ans plus tard

La première édition de *Nouvelle Terre*, publiée en 2005, a été lue en quarante-quatre langues par d'innombrables lecteurs du monde entier. Le webinaire que j'ai coprésenté avec Oprah Winfrey, durant lequel nous avons exploré en profondeur les principaux thèmes du livre, a fait l'objet de trente-cinq millions de visionnements. La question de savoir où nous en sommes dix ans plus tard se pose alors tout naturellement. Une « Nouvelle Terre » est-elle en train d'émerger, un monde où l'état de conscience égoïque dans toutes ses manifestations terriblement dysfonctionnelles, tant individuelles que collectives, est réduit à néant ou, à tout le moins, affaibli et où les humains ne s'infligent plus d'inutiles souffrances, pas plus qu'à leurs semblables et aux autres formes de vie de la planète ? Ou bien, pareil changement fondamental dans la conscience humaine est-il encore irréaliste, une utopie, comme le laisse entendre un critique ?

Si nous nous fions exclusivement au contenu des actualités quotidiennes et des médias grand public, notre bilan de l'état des affaires humaines en ce début de millénaire ne saurait être qu'extrêmement pessimiste et nous amènerait vraisemblablement à la conclusion que rien n'a changé. Après tout, il est toujours aussi vrai pour des millions de gens que la souffrance, dans une large mesure, n'est pas le fait des cataclysmes naturels, mais qu'elle s'exerce par les humains sur les humains. Tout ne se résume pas, cependant, à ces « nouvelles » qui défraient chaque jour la chronique ni aux commentaires qu'elles suscitent. Bien souvent, la couverture médiatique et l'analyse de ces événements, même par des organes de presse dits respectables, comportent d'emblée des biais et des déformations qui gauchissent à notre insu notre vision du monde. Plus important encore, les actualités portent surtout sur des incidents et des zones de la planète qui reflètent les formes les plus extrêmes de l'inconscience humaine, ce qui se traduit la plupart du temps par de la violence et des guerres ou, tout au moins, par de graves dysfonctions. Bien entendu, nous ne pouvons pas nier que des choses horribles arrivent chaque jour et que nous devons faire face de plus en plus souvent à des situations critiques, mais il n'y a pas que cela.

Bon nombre de choses très positives se produisent qui ne sont pas considérées comme dignes d'une couverture médiatique mais dont la portée est en fait beaucoup plus grande que celle de ces manifestations quotidiennes d'inconscience. Ces changements ont commencé bien avant que *Nouvelle Terre* et *Le Pouvoir du moment présent* ne paraissent. J'ai écrit ces livres pour accélérer un processus d'éveil spirituel déjà amorcé et pour qu'un plus grand nombre de personnes puissent y prendre part et donner à leur vie un sens plus profond qui transcende la dimension purement personnelle de l'existence.

On reconnaît dans de nombreuses régions du globe

une justice sociale émergente que nos ancêtres n'auraient jamais pu imaginer. Pour de plus en plus de gens, l'assujettissement d'une race par une autre, la domination des femmes, issue d'un patriarcat millénaire, et la dévalorisation des individus en raison de leur classe sociale sont des cauchemars révolus. On accepte de plus en plus les gens tels qu'ils sont, quelle que soit leur identité de genre. Les unions et les mariages interraciaux ne sont plus autant décriés. Il y a une sensibilisation croissante à l'unicité intrinsèque de toute chose qui engendre une plus grande conscience et un profond souci de nos semblables, des innombrables animaux qui nous accompagnent dans ce voyage, et de la planète elle-même. Cette prise de conscience suppose un affaiblissement de l'ego chez un nombre grandissant de personnes, plus particulièrement dans certaines régions du monde. Cet affaiblissement de l'ego donne lieu à un sens de la compassion et de l'empathie qui va au-delà des appartenances tribales, raciales, nationales ou religieuses. Notre humanité découle précisément de ces qualités. Quand nous cessons de nous identifier à nos façons de penser, nous pouvons être tolérants envers les croyances et les points de vue des autres. Nous pouvons changer provisoirement d'optique et voir les choses par leurs yeux. Cela ouvre la voie, dans nos interactions avec autrui, aux compromis indispensables à une coexistence pacifique. À vrai dire, les dysfonctions et la violence s'exercent avant tout dans des zones du monde où la plupart des gens ne peuvent pas encore ou ne veulent pas consentir à des accommodements. L'insistance à souligner l'« altérité » des autres renforce l'ego, et plus particulièrement l'ego collectif. En d'autres termes, pour survivre, l'ego a besoin d'un « ennemi » – d'où son refus de tout compromis.

Tant que la nouvelle conscience, fondée sur la connaissance, ne se sera pas développée et ancrée plus fermement dans le psychisme humain, une régression temporaire à l'état de conscience égoïque (ou plutôt, à l'inconscience) reste très possible. Par exemple, j'ai remarqué que non seulement des politiciens, mais aussi des commentateurs de quelques rédactions prestigieuses, présentent de plus en plus la Russie ou la Chine comme l'« ennemi ». Les idées se propagent parfois comme un virus. Si elles prolifèrent dans l'imaginaire collectif, elles gauchissent notre perception, nous portent à agir comme si elles correspondaient à la vérité, et en viennent à représenter notre réalité.

Tout comme la chenille est dysfonctionnelle un peu avant de se transformer en papillon, l'état de conscience égoïque, à ce jour plus répandu que la conscience éveillée dans la plupart des pays et des organisations, sera fort probablement de plus en plus dysfonctionnel et donnera lieu dans de nombreuses régions du monde à un nombre croissant de crises aiguës, de turbulences et d'effondrements. Dans une certaine mesure, cela se produit déjà. Il n'y a pas lieu de vous en effrayer. Restez présent, ne cédez pas à la panique, n'accordez pas foi aux médias qui cherchent à instiller la peur en vous, et ces événements ne vous affecteront pas outre mesure. Toute évolution marquée et tout élargissement de la conscience sont précédés de crises majeures et d'anomalies de fonctionnement. Toutes les formes de vie doivent surmonter des obstacles et relever des défis pour évoluer. Pour ce qui est de l'ego, la plupart des écueils qu'il affronte ont été créés par ses modèles inconscients de comportement. C'est ainsi qu'il en vient à se condamner lui-même. En ce sens, il est possible de voir en lui le nécessaire précurseur de la prochaine étape de l'évolution humaine, qui correspond à l'éveil de la conscience. Nous sommes actuellement au stade préliminaire de cet éveil, mais le processus va s'accélérant, et si vous lisez ceci, vous en êtes un élément essentiel.

Le principal facteur de tout cela est votre état de conscience au seul moment qui soit : le moment présent ! Veillez à faire du moment présent un ami et non pas un ennemi. Soyez à sa hauteur en lui accordant toute votre attention. Appréciez-le en lui étant reconnaissant. Soyez intérieurement en phase avec lui en le laissant être tel qu'il est. Ainsi surgira la Nouvelle Terre.

Eckhart Tolle
Octobre 2015

Chapitre 1

L'avènement de la conscience humaine

Évocation

La Terre, il y a 114 millions d'années, un matin juste après le lever du soleil. La première fleur à apparaître sur notre planète s'ouvre pour recevoir les rayons du soleil. Depuis des millions d'années et avant cet événement capital qui annonce une transformation évolutive dans la vie des plantes, la planète était couverte de végétation. La première fleur n'a probablement pas survécu longtemps et les fleurs en général ne furent que des phénomènes rares et isolés, car les conditions n'étaient pas encore tout à fait favorables à une floraison à grande échelle. Pourtant, un jour, un seuil critique fut atteint et, soudainement, il y eut une explosion de couleurs et de senteurs sur la planète tout entière... pour peu qu'il y ait eu une conscience pour en témoigner.

Beaucoup plus tard, ces êtres délicats et parfumés que nous nommons « fleurs » joueront un rôle essentiel dans l'évolution de la conscience d'autres espèces. Ainsi, les humains seront de plus en plus attirés et fascinés par elles. Les fleurs furent fort probablement la première chose à laquelle les humains, dotés d'une conscience en développement, attribuèrent une valeur aucunement utilitaire, une valeur sans lien avec la survie. Les fleurs servirent à inspirer d'innombrables artistes, poètes et mystiques. Jésus ne nous dit-il pas de contempler les fleurs et de les laisser nous apprendre à vivre. On dit même que Bouddha tint un jour un satsang* au cours duquel il observa en silence une fleur qu'il tenait dans sa main. Quelques instants plus tard, un de ceux présents, un moine nommé Mahakasyapa, se mit à sourire. On dit qu'il fut le seul à avoir compris ce discours silencieux. Selon la légende, ce sourire (c'est-à-dire l'éveil spirituel) fut transmis par vingt-huit maîtres successifs et, beaucoup plus tard, fut à l'origine de la tradition zen.

À la vue de la beauté d'une fleur, les humains s'éveillaient ainsi, même si ce n'était que brièvement, à la beauté qui fait essentiellement partie de leur être le plus profond, qui fait partie de leur véritable nature. La première fois que la beauté fut reconnue constitua un des événements les plus significatifs dans l'évolution de la conscience humaine étant donné que les sentiments de joie et d'amour lui sont intrinsèquement liés. Sans que nous le réalisions pleinement, les fleurs sont devenues pour nous l'expression manifestée de ce qui est le plus élevé, le plus sacré et en fin de compte le non manifesté en nous. Plus éphémères, plus éthérées et plus délicates que les plantes dont elles sont issues, les fleurs sont devenues en quelque sorte les messagères d'un autre monde, un pont entre le monde physique manifesté et le monde non manifesté. Elles transmettent non seulement une odeur délicate et agréable aux humains, mais également la suavité du royaume de

* NdT : Par satsang on entend une assemblée d'adeptes assis devant un maître spirituel où ce dernier s'adresse à l'assemblée ou peut également garder le silence.

l'esprit. Si l'on se sert du terme « illumination » dans un sens plus large que celui qui est traditionnellement accepté, nous pourrions avancer que les fleurs correspondent à l'illumination des plantes.

On peut dire que toute forme de vie issue de n'importe quel royaume – minéral, végétal, animal ou humain – passe par une « illumination ». Cependant, ceci se produit de façon extrêmement rare puisqu'il s'agit en fait beaucoup plus que d'une progression graduelle. En effet, ce phénomène sous-entend aussi une discontinuité dans son développement, un saut vers un plan totalement différent de l'Être et, chose encore plus importante, une réduction de la matérialité.

Existe-t-il quelque chose de plus lourd et de plus impénétrable que la pierre, la plus dense de toutes les formes ? Malgré cela, certaines pierres subissent des changements dans leur structure moléculaire, se transforment en cristaux et deviennent ainsi transparentes. Certains carbones, quand ils sont soumis à des pressions et une chaleur inconcevables, se transforment en diamants et des minéraux lourds, en pierres précieuses.

La plupart des reptiles, les créatures qui sont le plus en contact avec la Terre, n'ont connu aucune transformation pendant des millions d'années. Cependant, certains se sont transformés en oiseaux puisque des ailes et des plumes leur ont poussé. C'est ce qui leur a permis de défier la force gravitationnelle qui les avait maintenus au sol pendant si longtemps. Ils ne se sont pas mis à mieux ramper ou à mieux marcher; ils ont tout simplement transcendé la reptation et la marche.

Depuis la nuit des temps, les fleurs, les cristaux, les

pierres précieuses et les oiseaux détiennent une signification spéciale pour l'esprit humain. À l'instar de toutes les formes de vie, ils ne sont bien entendu que des manifestations temporaires de l'Unité sous-jacente, de la Conscience unique sous-jacente. Cette signification spéciale, attribuable à leur caractère éthéré, est la raison pour laquelle les humains ont toujours tellement été fascinés et attirés par eux.

Lorsqu'un humain a acquis un certain degré de présence à ce qui est, une attention vigilante mais quiète dans ses perceptions, il peut percevoir l'essence de la vie divine, la conscience ou l'esprit unique émanant de chaque créature et de chaque forme de vie, et la reconnaître comme ne faisant qu'une avec sa propre essence. Ainsi, il peut l'aimer comme il s'aime lui-même. Mais avant que cela ne se produise cependant, la plupart des humains ne voient que les formes extérieures. Ils n'en perçoivent pas l'essence, pas plus qu'ils ne perçoivent la leur. Ils s'identifient donc à leur propre forme physique et psychologique.

Pour ce qui est d'une fleur, d'un cristal, d'une pierre précieuse ou d'un oiseau par contre, même quelqu'un n'ayant pas ou peu développé le sens de la présence à ce qui est peut à l'occasion sentir qu'il émane autre chose de la forme physique, sans savoir que c'est la raison pour laquelle il est attiré par ces éléments, qu'il a une affinité avec eux. Vu la nature éthérée de ces formes, ces dernières cachent l'esprit qui les habite à un degré moindre que dans le cas d'autres formes de vie, à l'exception des formes de vie nouvellement nées, comme les bébés, les chiots, les chatons, les agneaux, etc. Ces derniers sont fragiles, délicats et pas encore fermement établis dans la matérialité. Il se dégage d'eux une innocence, une douceur et une beauté qui ne sont pas de ce monde. Ils ravissent même les humains les plus insensibles.

Alors, lorsque vous êtes vigilant et que vous contemplez une fleur, un cristal ou un oiseau sans le nommer mentalement, vous avez ainsi accès au non-manifeste. Une ouverture se produit à l'intérieur, même infime, dans le royaume de l'esprit. C'est pour cette raison que ces trois formes « illuminées » de vie ont joué un rôle important dans l'évolution de la conscience humaine depuis les temps les plus reculés. C'est aussi pour cette raison que la fleur de lotus est un symbole prédominant dans le bouddhisme et que la colombe blanche représente l'Esprit saint dans la chrétienté. Ces trois formes de vie ont préparé le terrain à un changement plus profond dans la conscience planétaire, changement qui est destiné à se produire chez l'espèce humaine. Il s'agit de l'éveil spirituel auquel nous commençons à assister.

But de cet ouvrage

L'humanité est-elle prête à accueillir une transformation de la conscience, une « floraison » intérieure si radicale et si profonde que, comparée à celle-ci, la floraison des plantes, aussi belle qu'elle puisse être, n'en soit qu'un pâle reflet? Les êtres humains peuvent-ils perdre la densité propre aux structures de leur mental conditionné et, comme les cristaux ou les pierres précieuses, peuvent-ils pour ainsi dire devenir transparents et laisser passer la lumière de la conscience à travers eux? Peuvent-ils défier l'attraction gravitationnelle du matérialisme et de la matérialité pour s'élever au-dessus de l'identification à la forme, qui maintient l'ego en place et les condamne à rester prisonniers de leur personnalité ?

L'éventualité d'une telle transformation constitue l'essentiel du message des enseignements des grands sages de l'humanité. En effet, Bouddha, Jésus et d'autres qui ne sont pas connus, sont les premières fleurs de l'humanité. Ce sont des précurseurs, des fleurs précoces, rares et précieuses. Une « floraison » généralisée n'était pas encore possible à leur époque et leurs messages respectifs ont été largement incompris et souvent grandement déformés. Leur avènement n'a certainement pas transformé le comportement humain, sauf chez une minorité.

L'humanité est-elle actuellement plus prête qu'elle ne l'était alors ? Pourquoi en serait-il ainsi ? Que pouvez-vous faire pour déclencher ou accélérer ce changement intérieur ? Quelles sont les caractéristiques du vieil état de conscience, de l'ego, et à quoi reconnaît-on la nouvelle conscience qui émerge ? Autant de questions essentielles, entre autres, sur lesquelles je me penche dans cet ouvrage. Chose encore plus importante, ce livre est lui-même un instrument de transformation qui est le fruit de cette nouvelle conscience. Les idées et concepts qu'il contient sont importants mais secondaires. Ils ne sont rien d'autre que des panneaux indicateurs pointant vers l'éveil. Et à mesure que vous lisez ce livre, un changement s'opère en vous.

Le principal objectif de cet ouvrage n'est pas d'ajouter de nouvelles informations ou croyances dans votre esprit, ni de vous convaincre de quoi que ce soit. Son objectif est d'amener un changement dans la conscience, en d'autres mots d'éveiller. Pris dans ce sens-là, ce livre n'est pas « intéressant ». Par livre intéressant, je veux dire un livre qui vous permet de garder une distance, de jouer avec des idées et des concepts, d'être d'accord ou pas avec ces derniers. Ce livre n'est pas intéressant parce qu'il traite de vous. Soit il changera l'état de votre conscience, soit il sera vide de sens pour vous. Il ne peut éveiller que ceux qui sont prêts. Tous ne sont pas prêts, mais bien des gens le sont. Et avec chaque nouvelle personne qui s'éveille, le mouvement d'entraînement dans la conscience collective prend de l'ampleur, rendant ainsi la chose plus facile pour les autres. Si vous ne connaissez pas le sens du terme « éveil », poursuivez votre lecture. Ce n'est qu'en vous éveillant que vous saisirez le véritable sens de ce terme. Même si vous n'en avez qu'un aperçu fugitif, cela suffira pour enclencher le processus d'éveil, qui est irréversible. Pour certains, cet aperçu se produira pendant la lecture de ce livre. Pour bien d'autres, le processus est déjà entamé, bien qu'ils ne l'aient pas encore réalisé. Ce livre les aidera donc à en prendre conscience. Pour certains, cet éveil a peut-être commencé par de grandes pertes ou souffrances et pour d'autres encore, par le contact avec un maître ou un enseignement spirituel, ou encore en lisant *Le pouvoir du moment présent* ou tout autre livre spirituellement vivant et par conséquent source de transformation. Il peut aussi s'agir d'une combinaison de ces divers éléments. Mais si le processus d'éveil s'est amorcé pour vous, soyez assuré que la lecture de cet ouvrage viendra l'accélérer.

La partie essentielle de l'éveil consiste en la reconnaissance de votre « vous non éveillé », de l'ego tel qu'il pense, parle et agit, et de la reconnaissance des processus mentaux collectifs et conditionnés qui perpétuent l'état de non-éveil. C'est la raison pour laquelle ce livre s'attarde sur les principaux aspects de l'ego et sur la façon dont ils fonctionnent individuellement ou collectivement. Ceci est important pour deux raisons intimement liées. La première est que si vous n'en connaissez pas les mécanismes fondamentaux et que vous ne savez pas le reconnaître, l'ego vous amènera malgré vous à vous identifier à lui toujours et encore. Ceci veut dire qu'il prend le contrôle, qu'il est un imposteur prétendant être vous. La deuxième raison est que l'acte de reconnaissance lui-même est une des façons permettant à l'éveil de se produire. Quand vous reconnaissez ce qui est inconscient en vous, ce qui rend cette reconnaissance possible *est* en fait la conscience émergente. C'*est* l'éveil. Vous ne pouvez pas vous battre avec l'ego et gagner, tout comme vous ne pouvez pas vous battre contre l'obscurité. Il faut simplement que la lumière de la conscience éclaire l'obscurité. Et cette lumière, c'est vous.

Le dysfonctionnement en héritage

Si nous nous penchons plus en profondeur sur les vieilles traditions religieuses et spirituelles de l'humanité, nous découvrons que, au-delà des nombreuses différences superficielles, il existe deux notions fondamentales sur lesquelles la plupart d'entre elles s'appuient et se recoupent. Même si les termes employés pour décrire ces notions diffèrent, ils pointent tous vers une vérité fondamentale en forme de doublet. Le premier aspect de cette vérité est la réalisation que l'état « normal » d'esprit de la plupart des êtres humains comporte un puissant élément propre à ce que nous pourrions appeler « dysfonctionnement » ou même « folie ». Ce sont certains enseignements de l'hindouisme pur qui arrivent le plus près de présenter ce dysfonctionnement comme une forme de maladie mentale collective. Ces enseignements qualifient ce dysfonctionnement de *maya*, d'illusion. Ramana Maharshi, un des plus grands sages de l'Inde le dit sans détour : « Le mental est pure illusion. »

Le bouddhisme emploie aussi d'autres termes. En effet, selon Bouddha, l'esprit humain dans son état normal engendre *dukkha*, que l'on peut traduire par souffrance, insatisfaction ou tout simplement misère. Selon le bouddhisme, *dukkha* est une caractéristique de la condition humaine. Où que vous alliez, quoi que vous fassiez, dit Bouddha, vous rencontrerez la souffrance et, tôt ou tard, elle se manifestera dans toutes les situations.

Selon les enseignements chrétiens, l'humanité se trouve dans un état collectif normal de « péché originel ». Le terme « péché » a grandement été incompris et mal interprété. Dans la traduction littérale de l'ancien grec, langue dans laquelle le Nouveau Testament fut rédigé, pécher veut dire « manquer le but », comme l'archer manque sa cible. Pécher veut donc dire *manquer le but* de l'existence humaine. Pécher veut dire vivre maladroitement et aveuglément, et par conséquent souffrir et faire souffrir. Ici encore, le terme, une fois débarrassé de son bagage culturel et des mauvaises interprétations, désigne le dysfonctionnement inhérent à la condition humaine.

Les réalisations et les accomplissements de l'humanité sont certes indéniables et impressionnants. Nous avons créé d'incroyables œuvres musicales, littéraires, picturales, architecturales et sculpturales. Récemment, la science et la technologie ont instauré des changements radicaux dans notre façon de vivre et nous ont permis d'accomplir et de créer des choses que l'on aurait considérées comme des miracles ne serait-ce que 200 ans plus tôt. Il ne fait aucun doute que l'esprit humain est hautement intelligent. Pourtant, cette même intelligence est entachée de folie. La science et la technologie ont amplifié l'impact destructeur de ce dysfonctionnement sur la planète, sur les autres formes de vie et sur les humains eux-mêmes. C'est donc dans l'histoire du XXe siècle que l'on constate le plus clairement ce dysfonctionnement, cette insanité collective. Un autre facteur vient s'ajouter à cet état de choses : l'intensification et l'accélération de ce dysfonctionnement.

La Première Guerre mondiale éclata en 1914. Comme toutes les guerres s'étant produites dans l'humanité, elle fut destructrice, cruelle, motivée par la peur, la cupidité et la soif de pouvoir. Dans un autre ordre d'idée, l'esclavage, la torture et la violence généralisée ont toujours été infligés par les humains à d'autres humains au nom de la religion et de l'idéologie. Les humains ont toujours plus souffert à cause d'autres humains qu'à cause de catastrophes naturelles. En 1914, l'esprit humain hautement intelligent avait non seulement inventé le moteur à combustion interne, mais également les tanks, les bombes, les mitraillettes, les sous-marins, les lance-flammes et les gaz toxiques. L'intelligence mise au service de la folie, quoi! Dans la guerre des tranchées qui eut lieu en France et en Belgique, des millions d'hommes périrent pour gagner quelques kilomètres de boue seulement. À la fin de la guerre, en 1918, les survivants jetèrent un regard horrifié et incrédule sur la dévastation laissée par ce conflit : dix millions d'êtres humains tués et un nombre encore plus grand de personnes estropiées, mutilées ou défigurées. Jamais auparavant la folie humaine n'avait été aussi destructrice, aussi tangiblement visible. Ces survivants étaient loin de se douter que ce n'était que le début.

À la fin du XXe siècle, le nombre de personnes tuées violemment par d'autres humains a dépassé les cent millions. Ces personnes sont non seulement mortes dans des guerres entre nations mais aussi dans de grands génocides et exterminations : meurtre de 20 millions « d'ennemis de la classe, d'espions et de traîtres » en URSS sous le régime de Staline ou horreurs indicibles de l'holocauste de l'Allemagne nazie. Ces personnes sont également mortes dans d'innombrables petits conflits internes tels la Guerre civile d'Espagne ou le régime des Khmers rouges au Cambodge. Dans ce dernier pays, le quart de la population fut assassinée.

Il nous suffit de regarder les nouvelles à la télévision pour réaliser que la folie n'a pas diminué, qu'elle se perpétue effectivement au XXIe siècle. La violence sans précédent infligée aux autres formes de vie et à la planète est un autre aspect du dysfonctionnement collectif de l'esprit humain, comme la destruction des forêts qui produisent de l'oxygène, celle des plantes et des animaux, les mauvais traitements infligés aux animaux de ferme, l'empoisonnement des rivières, des océans et de l'air. Poussés par la cupidité et inconscients du fait qu'ils sont reliés au tout, les humains continuent d'adopter un comportement qui, à la longue, ne peut se solder que par leur propre destruction.

Les manifestations collectives de la folie propre à la condition humaine constituent en grande partie l'histoire de l'humanité. Dans une grande mesure, c'est l'histoire de la folie. Si l'histoire de l'humanité concernait les cas cliniques individuels d'êtres humains, les diagnostics se liraient comme suit : illusions paranoïaques chroniques, propension pathologique au meurtre, actes d'extrême violence et cruauté envers ses soi-disant ennemis. Ici, l'inconscience propre est projetée vers l'extérieur. Donc, folie criminelle avec quelques éclaircies de lucidité.

La peur, la cupidité et la soif de pouvoir sont les forces de motivation psychologique à l'œuvre non seulement dans les conflits et les violences entre nations, tribus, religions et idéologies, mais également dans les incessants conflits entre personnes. Ces émotions de peur, de cupidité et de violence amènent une distorsion de la perception que vous avez des humains et de vous-même. Elles créent un filtre à travers lequel vous interprétez mal chaque situation. Ce qui vous amène à agir de façon mal avisée tout simplement pour vous débarrasser de la peur et pour satisfaire votre besoin *d'avoir toujours plus*, de combler un trou sans fond qui ne peut en fait jamais l'être.

Il est cependant important de comprendre que la peur, la cupidité et la soif de pouvoir ne constituent pas le dysfonctionnement dont il est question ici, mais qu'elles sont engendrées par ce dysfonctionnement. Ce dernier est une illusion collective profondément ancrée dans l'esprit de chaque être humain. Même si un certain nombre d'enseignements spirituels nous disent de lâcher la peur et le désir, dans la pratique, cela ne fonctionne généralement pas. Pourquoi ? Parce que ces enseignements n'ont pas atteint la racine du dysfonctionnement. La peur, la cupidité et la soif de pouvoir n'en sont pas les facteurs causaux ultimes. Il est tout à fait louable et noble de vouloir devenir une bonne ou une meilleure personne. Cependant, on ne peut réussir dans cette démarche que s'il y a un basculement dans la conscience. À vrai dire, le fait de vouloir devenir meilleur appartient encore au même dysfonctionnement, sous une forme plus subtile d'amélioration personnelle, de désir de plus et de renforcement de l'identité, de renforcement de l'image personnelle. On ne devient pas bon en essayant d'être bon, mais en trouvant la bonté qui est déjà en soi et en lui permettant de s'exprimer. Mais celle-ci ne peut émerger que si des changements fondamentaux se produisent dans l'état de conscience.

L'histoire du communisme, idéologie inspirée à l'origine par de nobles idéaux, illustre parfaitement ce qui se produit lorsque les gens essayent de changer la réalité extérieure – créer une nouvelle Terre – sans avoir auparavant changé leur réalité intérieure, c'est-à-dire leur état de conscience. Ils tracent des plans sans tenir compte de l'engramme de dysfonctionnement porté par chaque être humain, sans tenir compte de l'ego.

L'émergence d'une nouvelle conscience

La plupart des anciennes religions et traditions spirituelles s'entendent sur une notion selon laquelle notre état « normal » d'esprit est altéré par un défaut fondamental. Cependant, de cette notion sur la nature humaine – que l'on pourrait qualifier de mauvaise nouvelle – émerge une seconde notion – que l'on pourrait qualifier de bonne nouvelle : il est possible de transformer radicalement la conscience humaine. Selon les enseignements hindous, et parfois dans les enseignements bouddhistes aussi, cette transformation est appelée *illumination*. Dans ses enseignements, Jésus la nommait *salut*. Quant au bouddhisme, il l'appelle *fin de la souffrance*. On utilise aussi les termes *éveil*, *libération* et *réalisation* pour décrire cette transformation.

Le plus grand accomplissement de l'humanité n'est pas ses œuvres d'art, sa science ou sa technologie, mais plutôt la reconnaissance de son propre dysfonctionnement, de sa propre folie. Il y a très longtemps, certaines personnes isolées ont reconnu cette folie. Un homme appelé Gautama Siddhartha et ayant vécu il y a 2 600 ans en Inde fut peut-être le premier à le voir avec une clarté absolue. Ce n'est que plus tard que le titre de Bouddha lui fut attribué, terme qui signifie « celui qui est éveillé ». Environ à la même époque, la Chine vit naître un autre des maîtres éveillés de l'humanité, Lao-tseu. Ce dernier nous a légué ses enseignements sous la forme d'un des livres spirituels les plus profonds jamais écrit, le Tao-tö-king (*Le livre de la voie et de la vertu*).

Quand on reconnaît sa propre folie, on permet à la santé mentale d'émerger et à la guérison et à la transcendance de s'effectuer. Une nouvelle dimension de la conscience avait donc commencé à voir le jour sur notre planète. Les rares personnes chez qui elle était advenue s'adressèrent à leurs contemporains, leur parlèrent de péché, de souffrance, d'illusion : « Observez la façon dont vous vivez. Observez ce que vous faites. Regardez la souffrance que vous causez. » Ils leur ont ensuite montré qu'il était possible de sortir du cauchemar collectif de l'existence humaine « normale ». Ils leur ont montré le chemin.

Même si le monde n'était pas encore prêt à les entendre, ces maîtres furent pourtant un élément crucial et nécessaire à l'éveil des humains. Ces rares personnes furent bien entendu incomprises de leurs contemporains ainsi que des générations suivantes. Leurs enseignements simples mais puissants furent déformés et mal interprétés, dans certains cas par leurs disciples, lorsqu'ils consignèrent par écrit ces enseignements. Au fil des siècles, de nombreux éléments furent ajoutés qui n'avaient rien à voir avec les enseignements d'origine. Ils n'étaient que le reflet d'une incompréhension fondamentale. Certains de ces maîtres furent ridiculisés, injuriés ou même tués. D'autres devinrent adorés comme des dieux. Les enseignements qui indiquaient la voie pour dépasser le dysfonctionnement, pour dépasser la folie collective, furent déformés et devinrent eux-mêmes partie intégrante de la folie.

C'est ainsi que les religions, dans une grande mesure, dissocièrent plutôt qu'elles unirent. Au lieu de mettre fin à la violence et à la haine par la réalisation de l'unité fondamentale propre à la vie, elles engendrèrent davantage de violence et de haine, davantage de division entre les peuples, entre les diverses religions et même au sein d'une religion. Les religions devinrent des idéologies, des systèmes de croyances auxquels les gens pouvaient s'identifier et qu'ils pouvaient utiliser pour intensifier le faux sens de soi qu'ils avaient d'eux-mêmes. Ces idéologies et croyances leur permettaient d'avoir raison, les autres ayant ainsi automatiquement tort, et de définir leur identité à travers leurs ennemis, les « autres », les « mécréants », les « non-croyants », se donnant par là le droit justifié de les tuer au besoin. L'homme fit Dieu à son image. L'éternel, l'infini et l'innommable fut réduit à une idole mentale en laquelle il fallait croire et qu'il fallait vénérer comme « mon dieu » ou « notre dieu ».

Et pourtant, malgré tous les gestes déments posés au nom de la religion, la Vérité vers laquelle ces gestes veulent tendre brille toujours et encore. Elle brille toujours, même si ce n'est que faiblement, à travers de multiples couches de déformations et de mauvaises interprétations. Il est cependant improbable que vous puissiez la percevoir à moins que vous en ayez déjà eu quelques petits aperçus en vous. Tout au long de l'histoire, il y a toujours eu quelques rares personnes qui ont connu un basculement de leur conscience et qui ont vu en eux *Ce* vers quoi toutes les religions tendent. Pour décrire cette Vérité non conceptuelle, ils se sont servis du cadre conceptuel de leurs propres religions respectives.

Par ces hommes et ces femmes, des écoles ou des mouvements virent le jour au sein de la plupart des religions. Ces écoles ou mouvements représentèrent non seulement une redécouverte de la lumière propre aux enseignements originaux, mais une intensification de celle-ci. C'est ainsi que le gnosticisme et le mysticisme virent le jour dans la chrétienté médiévale, le soufisme dans la religion islamique, l'hassidisme et la cabale dans le judaïsme, l'advaïta vedenta dans l'hindouisme, le zen et le dzogchen dans le bouddhisme. Iconoclastes, ces écoles firent pour la plupart table rase de toutes les couches de conceptualisation étouffante et des structures mentales des croyances. C'est pour cette raison que la plupart de ces écoles étaient considérées avec défiance et même hostilité par la hiérarchie religieuse établie. À l'inverse de la religion courante, ces écoles dispensaient des enseignements mettant l'accent sur la transformation intérieure et sur la réalisation. C'est par le biais de ces écoles ou mouvements ésotériques que les plus grandes religions retrouvèrent le pouvoir transformateur de leurs enseignements originaux, même si dans la plupart des cas, seulement une infime minorité de gens y avait accès. En effet, ils ne furent jamais assez nombreux pour avoir un impact significatif sur l'inconscient collectif de la majorité. Avec le temps, certaines de ces écoles devinrent trop rigides sur le plan de la forme ou du fond.

Spiritualité et religion

Quel est le rôle des religions établies dans l'émergence de cette nouvelle conscience ? Bien des gens sont déjà conscients du fait qu'il existe une différence entre spiritualité et religion. Ils réalisent que le fait de disposer d'un système de croyances – un ensemble de pensées que vous considérez comme vérité absolue – ne fait pas de vous une personne spirituelle, quelle que soit la nature de ces croyances. En fait, plus vous assimilez vos pensées (croyances) à votre identité, plus vous vous coupez de votre dimension spirituelle intérieure. Bien des gens « religieux » restent pris à ce niveau. Comme ils assimilent la vérité à la pensée, une fois qu'ils sont complètement identifiés à leurs pensées (leur mental), ils prétendent être les seuls possesseurs de la vérité. Inconsciemment, ils ne font que protéger leur identité et ne réalisent surtout pas les limites de la pensée. À moins de croire (penser) exactement comme eux, vous êtes selon eux dans l'erreur. Il n'y a pas si longtemps, ils vous auraient tué pour cela tout en se sentant tout à fait justifiés de le faire. C'est d'ailleurs ce que certains font encore de nos jours.

La nouvelle spiritualité, c'est-à-dire la transformation de la conscience, émerge dans une grande mesure en dehors des structures religieuses institutionnalisées actuelles. La spiritualité a toujours existé dans les religions dominées par le mental. Mais les hiérarchies institutionnalisées se sont toujours senties menacées par elle et ont souvent essayé de la supprimer. L'ouverture à la spiritualité à grande échelle en dehors des structures religieuses est un phénomène entièrement nouveau. Autrefois, cela n'aurait pas pu se concevoir, surtout en Occident, la culture la plus dominée de toutes par le mental, culture où l'Église chrétienne avait une franchise virtuelle sur la spiritualité. Il était foncièrement impossible de discourir sur la spiritualité ou de publier des livres dans ce domaine à moins d'avoir été approuvé par l'Église. Si vous ne l'étiez pas, on vous réduisait *illico presto* au silence. Mais de nos jours, il y a des signes de changements, même dans certaines confessions et religions. Il est réconfortant et gratifiant de constater le moindre signe d'ouverture, entre autre la visite du pape Jean-Paul II à une mosquée et une synagogue.

En partie à cause des enseignements spirituels issus des religions établies, mais aussi grâce à l'arrivée des anciens enseignements orientaux, un nombre croissant d'adeptes des religions traditionnelles peuvent désormais se détacher de leur identification à la forme, au dogme et aux systèmes de croyances rigides pour découvrir la profondeur cachée originale propre à leur tradition spirituelle. Par la même occasion, ils découvrent cette profondeur en eux. Ces adeptes réalisent ainsi que le degré de spiritualité n'a rien à voir avec ce en quoi vous croyez, mais tout à voir avec votre état de conscience. Et cette prise de conscience détermine la façon dont vous agissez dans le monde et avec autrui.

Ceux qui ne réussissent pas à voir au-delà de la forme s'incrustent davantage dans leurs croyances, c'est-à-dire dans leur mental. Nous assistons donc en ce moment non seulement à une expansion sans précédent de la conscience, mais également, en parallèle, à un fort renforcement de l'ego. Certaines institutions religieuses acceptent de s'ouvrir à cette conscience nouvelle, alors que d'autres durcissent leurs positions et rejoignent les rangs de toutes les autres structures créées par l'homme pour permettre à l'ego de se défendre et de contre-attaquer. Certains cultes, confessions, sectes ou mouvements religieux forment des entités collectives totalement fondées sur l'ego et aussi rigidement identifiées à leurs positions mentales que les partisans de n'importe quelle idéologie politique fermée à une quelconque autre interprétation de la réalité que la leur.

Mais, comme l'ego est destiné à se dissoudre, toutes ses structures rigides, qu'elles soient de nature religieuse, institutionnelle, corporative ou gouvernementale, se désintégreront de l'intérieur, même si elles semblent profondément ancrées. Ce sont les structures les plus rigides, les plus hermétiques au changement qui s'effondreront les premières. C'est ce qui s'est déjà produit dans le cas du communisme soviétique. Ce régime politique ne semblait-il pas ancré à tout jamais, solide et monolithique ? Pourtant, en quelques années, il s'est désintégré de l'intérieur. Personne ne l'avait prévu et tout le monde fut pris par surprise. Quelques autres belles surprises de cet ordre nous attendent !

L'urgence de la transformation

Quand on se trouve devant une crise radicale, quand la vieille façon d'être dans le monde, d'interagir avec autrui et avec la nature ne fonctionne plus, quand la survie est menacée par des problèmes apparemment insurmontables, soit une forme de vie particulière ou une espèce mourra, soit elle dépassera les limites qui lui sont imposées et fera un bond évolutif.

Les formes de vie de notre planète auraient tout d'abord évolué dans la mer. Alors qu'il n'y avait aucun animal sur la terre, la mer regorgeait déjà de vie. À un moment donné, une de ces créatures marines a dû s'aventurer sur la terre. Elle a probablement au tout début rampé quelques centimètres puis, épuisée par l'énorme force gravitationnelle de la planète, a dû retourner dans l'eau, où la force de gravité étant presque nulle, elle pouvait vivre plus facilement. Puis, après d'incalculables tentatives, elle s'est adaptée à la vie sur terre, a développé des pattes à la place des nageoires et des poumons, à la place des branchies. Une espèce ne s'aventure pas dans un milieu si étranger et ne subit pas une telle transformation évolutive à moins qu'une situation critique ne la force à le faire. Peut-être une grande partie de la mer fut-elle coupée du reste et vit-elle son niveau baisser au fil des millénaires, forçant les poissons à quitter leur milieu et à évoluer ailleurs.

C'est à ce genre de défi auquel l'humanité est confrontée actuellement : l'humanité doit réagir à une situation critique qui menace sa survie même. Le dysfonctionnement de l'esprit (ego), déjà reconnu il y a plus de 2 500 ans par les anciens sages et maintenant amplifié par la science et la technologie, menace pour la première fois la survie de la planète tout entière. Jusqu'à récemment, la transformation de la conscience humaine, également mentionnée par les anciens sages, n'était rien d'autre qu'une possibilité, concrétisée ça et là chez quelques rares personnes, indépendamment de leur culture ou de leur confession religieuse. Un tel avènement de la conscience humaine ne se produisait pas parce que ce n'était pas impératif.

Une portion significative de la population terrestre reconnaîtra bientôt, si ce n'est déjà fait, que l'humanité se trouve devant un choix brutal : évoluer ou mourir. Un pourcentage encore relativement faible mais constamment croissant de l'humanité est en train de faire sauter les vieilles structures de l'ego et d'entrer dans une nouvelle dimension de la conscience.

Ce qui émerge en ce moment, ce n'est pas un nouveau système de croyances, une nouvelle religion, mythologie ou idéologie spirituelle, puisque nous arrivons au bout non seulement des mythologies, mais également des idéologies et des systèmes de croyances. Le changement se situe au-delà du contenu du mental, au-delà de nos pensées. En fait, au cœur de la nouvelle conscience se trouve la transcendance de la pensée, l'habileté nouvellement trouvée de s'élever au-dessus de la pensée et de réaliser une dimension en soi infiniment plus vaste que la pensée. Le sens de votre identité ne vient alors plus de l'incessant flot de pensées que vous preniez pour vous dans l'état de l'ancienne conscience. Quelle libération de réaliser que la « voix dans ma tête » n'est pas ce que je suis ! Mais alors, qui suis-je ? Je suis celui qui voit ceci. Je suis celui qui est là avant la pensée. Je suis la présence dans laquelle la pensée, l'émotion ou la perception se produisent.

L'ego n'est rien d'autre qu'une identification à la forme, principalement aux formes-pensées. Si le diable est un tant soit peu une réalité (pas une réalité dans l'absolu, mais quelque chose d'apparenté), cette définition lui convient bien aussi : complète identification à la forme, qu'il s'agisse de formes physiques, de formes-pensées, de formes émotionnelles. Cette identification se traduit par une inconscience totale de mon lien avec le Tout, avec tout autre être et avec la Source. Cet oubli, c'est le péché originel, la souffrance, l'illusion. Quand cette illusion de division sous-tend et gouverne tout ce que je pense, dis et fais, quelle sorte de monde puis-je créer? Pour trouver la réponse à cette question, il suffit d'observer la façon dont les humains agissent les uns envers les autres, de lire un livre d'histoire ou de simplement regarder les nouvelles à la télévision le soir.

Si les structures du mental humain restent telles qu'elles sont, nous finirons toujours par fondamentalement recréer le même monde, les mêmes démons, le même dysfonctionnement.

Un nouveau paradis et une nouvelle Terre

Pour le titre de cet ouvrage, je me suis inspiré d'une prophétie de la Bible qui semble plus appropriée maintenant qu'à n'importe quel autre moment de l'histoire de l'humanité. Cette prophétie, qui se retrouve aussi bien dans l'Ancien que dans le Nouveau Testament, parle de l'effondrement de l'ordre mondial existant et de l'émergence d'un « nouveau paradis et d'une nouvelle terre[1] ». Il faut comprendre ici que le paradis n'est pas un lieu à proprement parler, mais le royaume intérieur de la conscience. Tel est le sens ésotérique de ce terme. C'est également le sens des enseignements de Jésus. Quant à la Terre, elle est la manifestation extérieure de ce paradis intérieur. La conscience humaine collective et la vie sur notre planète sont intrinsèquement liées. *Le « nouveau paradis », c'est l'avènement d'un état de conscience humaine transformée, la « nouvelle Terre » en étant le reflet dans le monde physique.* Étant donné que la vie et la conscience humaines font intrinsèquement un avec la vie de la planète, et à mesure que l'ancienne conscience se dissout, il est certain que, parallèlement, des bouleversements géographiques et climatiques se produisent à bien des endroits de la planète, bouleversements auxquels nous assistons déjà.

Chapitre 2

État actuel de l'humanité : ego

Qu'ils soient formulés à voix haute ou gardés silencieusement sous forme de pensées, les mots peuvent presque avoir un effet envoûtant sur vous. Vous pouvez facilement vous y perdre, les laisser vous hypnotiser et croire implicitement que lorsque vous avez associé un mot à un objet, vous savez ce que cet objet est. Une chose est sûre : vous ne savez pas ce qu'il *est*. Vous avez seulement apposé une étiquette sur le mystère qu'il abrite. Tout ce qui existe – un oiseau, un arbre, une simple pierre et bien entendu un être humain – ne peut être totalement connu. Pour quelle raison ? Parce que chaque chose possède une profondeur insondable. Tout ce que nous percevons, expérimentons ou pensons n'est que la couche superficielle de la réalité, l'extrême pointe de l'iceberg.

Sous cette apparence de surface, tout est non seulement connecté à tout le reste, mais également à la Source, d'où tout provient. Même une pierre, et certainement une fleur ou un oiseau, pourrait vous montrer comment revenir à Dieu, à la Source, à vous. Lorsque vous regardez cette pierre et la *laissez être* sans lui apposer d'étiquette verbale ou mentale, un sentiment de révérence, d'émerveillement, monte en vous. Son essence se communique silencieusement à vous et vous renvoie à votre propre essence. C'est ce que les grands artistes sentent et réussissent à transmettre dans leur art. Van Gogh n'a jamais dit : « C'est juste une vieille chaise. » Il l'a regardée, et regardée et encore regardée. Il en a senti l'essence et ensuite, il s'est assis devant sa toile vierge en saisissant son pinceau. La chaise elle-même se serait vendue pour l'équivalent de quelques dollars. La peinture de cette chaise se vendrait probablement plus de 25 millions de dollars.

Lorsque vous ne cachez pas le monde derrière des paroles et des étiquettes, le sens du miraculeux revient dans votre vie, sens qui s'est perdu depuis longtemps, depuis que l'humanité s'est retrouvée possédée par les mots au lieu de simplement les utiliser. De cette façon, une certaine profondeur réapparaît dans votre vie. Les choses retrouvent leur nouveauté, leur fraîcheur. Et le plus grand des miracles est de faire l'expérience de votre essence avant toute parole, toute pensée, toute étiquette mentale, toute image. Pour que cela se produise, il faut dégager le sens de votre Être de toutes les choses auxquelles il s'est retrouvé mêlé, auxquelles il s'est retrouvé identifié. Ce dégagement constitue le thème fondamental de ce livre.

Plus vous attribuez des étiquettes verbales ou mentales aux choses, aux gens ou aux situations, plus votre réalité sera superficielle et inerte. Plus vous serez hermétique à la réalité, au miracle de la vie qui se déploie continuellement en vous et autour de vous. Avec les étiquettes, on gagne en ingéniosité mais on perd en sagesse, joie, amour, créativité et vivacité. Toutes ces belles choses restent prises entre la perception et l'interprétation. Certes, nous avons besoin des mots et des pensées. Ils ont même une beauté propre. Mais avons-nous vraiment besoin d'en faire notre prison ?

Les mots réduisent la réalité à quelque chose que l'esprit humain peut saisir, ce qui ne se résume pas à grand chose. Le langage consiste en cinq sons de base produits par les cordes vocales. Il s'agit des voyelles « a, e, i, o, u ». Les autres sons sont des consonnes, produites par la pression de l'air, entre autres « s, f et g ». Pensez-vous vraiment qu'une quelconque combinaison de tels sons de base puisse jamais expliquer en profondeur qui vous êtes, ou expliquer la raison d'être ultime de l'univers, ou encore expliquer un arbre ou une pierre ?

Le Moi illusoire

Le mot « Je » incarne la plus grande erreur et en même temps la plus grande vérité, selon la façon dont on s'en sert. Dans son emploi conventionnel, il n'est pas seulement un des mots les plus employés dans le langage (comme les mots qui lui sont associés, moi, mon, ma, mien, mienne, moi-même), mais également un des plus trompeurs. Dans l'usage quotidien normal, le « je » incarne l'erreur primordiale, une perception erronée de qui vous êtes, un sens illusoire de votre identité. Le « je » représente l'ego. Ce sens illusoire du moi est ce qu'Albert Einstein qualifiait « d'illusion d'optique de la conscience ». Cet homme de science avait non seulement de la perspicacité dans le domaine de l'espace et du temps, mais aussi dans celui de la nature humaine. Ce moi illusoire sert ensuite de fondement à toute interprétation subséquente de la réalité, ou plus justement dit, toute mauvaise interprétation de la réalité, de tous les processus de pensée, de toutes les interactions et de toutes les relations. Votre réalité devient le miroir de l'illusion originale.

Mais il y a une bonne nouvelle : si vous pouvez reconnaître l'illusion comme telle, elle se dissout. La reconnaissance d'une illusion est aussi sa fin. Sa survie dépend du fait qu'on la prend à tort pour la réalité. Alors, en voyant ce que vous n'êtes pas, la réalité de ce que vous êtes émerge toute seule. C'est ce qui se produit pendant que vous lisez lentement et attentivement ce chapitre et le suivant, qui traitent des mécanismes du faux moi que nous appelons l'ego. Quelle est donc la nature de ce moi illusoire ?

Ce à quoi vous faites référence quand vous dites « je » n'est pas qui vous êtes. Par un monstrueux acte de réductionnisme, l'infinie profondeur de votre essence est confondue avec un son produit par les cordes vocales, avec la pensée du moi dans votre esprit ou quoi que ce soit à quoi le moi s'est identifié. Alors, à quoi renvoie ce je, ce moi, et leurs collègues mon, ma, mien, mienne ?

Quand un jeune enfant apprend qu'une séquence de sons émise par les cordes vocales de ses parents est son nom, il commence à assimiler le mot – devenu une pensée dans son esprit – à ce qu'il est. À ce stade, certains enfants parlent d'eux-mêmes à la troisième personne : « Jean a faim. » Pas longtemps après, les enfants apprennent le mot magique « je » et l'assimilent à leur nom, qu'ils ont déjà assimilé à qui ils sont. Puis arrivent d'autres pensées qui fusionnent avec la pensée « je » originale. Au stade suivant, ce sont les pensées « moi » et « mien » qui désignent des choses et font en quelque sorte partie du « je ». Il s'agit d'une identification aux objets : on attribue aux *objets* (en fait aux pensées qui représentent ces objets) un certain sens de soi et on en tire ainsi une impression d'identité. Alors, lorsque « mon » jouet se casse ou qu'on me le prend, il en résulte une grande souffrance. Non pas en raison de la valeur intrinsèque du jouet, mais à cause de la pensée « mon ». Le jouet fait partie du sens du moi, du je, que l'enfant développe. Il faut préciser ici que l'enfant perdra rapidement intérêt pour le jouet en question, qu'il remplacera par d'autres.

Ainsi, à mesure que l'enfant grandit, la pensée d'origine « je » attire d'autres pensées : elle s'identifie à un genre, à des possessions, à un corps, à une nationalité, une race, une religion, une profession. Le « je » s'identifie à d'autres choses, entre autres à des rôles (celui de mère, de père, de mari, de femme, etc.), à des connaissances ou des opinions, à des goûts et à tout ce qui est arrivé au « moi » par le passé, ces souvenirs étant des pensées qui définissent encore plus le sens du moi avec le concept de « moi et mon histoire ». Ceci n'est qu'un aperçu des choses à partir desquelles les gens tirent le sens de leur identité. Il ne s'agit en fin de compte de rien d'autre que de pensées maintenues ensemble de façon précaire par le fait qu'on leur attribue une partie de notre identité. Cette construction mentale est ce à quoi vous faites normalement référence quand vous dites ou pensez « je ». Pour être plus précis, la plupart du temps ce n'est pas vous qui parlez quand vous dites ou pensez « je », c'est un aspect de cette construction mentale, de ce moi-ego. Quand vous avez atteint l'éveil, vous utilisez encore le terme « je », mais il provient d'un espace beaucoup plus profond en vous.

La plupart des gens sont encore totalement identifiés au flot incessant des pensées compulsives, la plupart étant répétitives et vaines. Chez eux, il n'existe pas de « je » en dehors du processus « pensée » et des émotions l'accompagnant. C'est ce qu'on appelle *l'inconscience spirituelle*. Quand on leur dit qu'une voix dans leur tête n'arrête jamais de parler, ils vous disent : « Quelle voix ? » ou nient avec colère. Évidemment, ceci est encore la voix, le penseur, le mental non observé. On pourrait presque considérer cette voix comme une entité qui a pris possession d'eux.

Certains n'oublient jamais la première fois où ils se sont désidentifiés de leurs pensées et ont brièvement fait l'expérience du basculement de l'identité. Au lieu de se sentir identifiés au contenu de leur mental, ils sont devenus la présence qui se trouve à l'arrière-plan et qui observe.

La petite voix dans la tête

En ce qui me concerne, le premier aperçu de cette présence intérieure s'est produit alors que j'étais en première année à l'université de Londres. Je prenais le métro deux fois par semaine pour me rendre à la bibliothèque de l'université, en général vers neuf heures du matin et à la fin de l'heure de pointe. Une fois, une femme dans la jeune trentaine était assise en face de moi. Je l'avais déjà vue à quelques reprises dans le métro. On ne pouvait pas ne pas la remarquer. Même si le wagon était bondé, les deux sièges à côté d'elle étaient toujours libres du fait qu'elle avait vraiment l'air folle. Elle semblait prise par une tension extrême et se parlait sans cesse tout haut avec colère. Elle était si absorbée par ses pensées qu'elle était apparemment totalement inconsciente des autres ou du lieu. Sa tête était inclinée vers le bas et la gauche, comme si elle s'adressait à quelqu'un assis dans le siège vide à côté d'elle. Bien que je ne me souvienne pas du contenu précis de son discours, son monologue ressemblait à quelque chose du genre « Et alors, elle m'a dit… alors, je lui ai dit que tu étais un menteur, comment oses-tu m'accuser de… alors que c'est toi qui as toujours profité de moi… je t'ai fait confiance et tu as trahi ma confiance… » Dans sa voix en colère, on reconnaissait le ton de quelqu'un envers qui on a été injuste et qui a besoin de défendre sa position pour ne pas être annihilé.

Quand le métro s'approcha de la station Tottenham Court Road, elle se leva et se dirigea vers la porte tout en continuant de parler. Comme c'était là où je descendais aussi, je me retrouvai derrière elle. Rendue dans la rue, elle se mit à marcher vers Bedford Square, toujours absorbée par son dialogue imaginaire, accusant avec colère et se défendant avec force. Ma curiosité étant piquée, je la suivis aussi longtemps qu'elle se dirigeait dans la même direction que moi. Même si elle était totalement prise par son dialogue imaginaire, elle semblait savoir où elle allait. Soudain, l'imposante structure de Senate House s'imposa devant nous. Ce bâtiment à étages multiples des années 1930 abritait l'administration générale et la bibliothèque de l'université. J'eus un grand choc. Nous rendions-nous tous deux au même endroit ? Oui, c'était bien là où elle allait ! Était-elle un professeur, une étudiante, une employée, une bibliothécaire ? Peut-être était-elle le sujet de recherche d'un psychologue ? Je n'en sus jamais rien. Comme je la suivais à une distance de vingt pas, elle s'engouffra dans un ascenseur au moment où j'entrais dans le bâtiment. Ironiquement, ce bâtiment fut le quartier général de la « Mind Police » dans la version filmée du roman de Georges Owell, *1984*.

Je restai abasourdi par ce dont je venais d'être témoin. Étudiant adulte de première année parce que j'avais 25 ans, je me considérais comme un intellectuel et j'étais convaincu que toutes les réponses aux dilemmes de l'existence humaine pouvaient être trouvées par l'intellect, c'est-à-dire par la pensée. Je ne réalisais pas encore que la pensée sans la conscience *est* le principal dilemme de l'existence humaine. Je considérais les professeurs comme des sages détenant toutes les réponses et l'université, comme le temple de la connaissance. Comment une femme aussi folle pouvait-elle faire partie d'une université comme celle-là ?

Je pensais toujours à cette femme en me rendant à la toilette des hommes avant d'aller à la bibliothèque. Pendant que je me lavais les mains, je me dis la chose suivante : « J'espère que je ne finirai pas comme elle. » L'homme se trouvant à côté de moi regarda brièvement dans ma direction, ce qui me fit soudainement réaliser dans un choc que j'avais non seulement pensé, mais également parlé tout haut. « Mon Dieu, je suis déjà comme elle ! », pensai-je. Mon esprit n'était-il pas aussi incessamment actif que le sien ? Les différences entre nous étaient minimes. Alors que l'émotion principale sous-jacente à sa pensée semblait être la colère, il s'agissait dans mon cas de l'anxiété. Elle pensait tout haut. Je pensais tout bas (en général). Si elle était folle, alors tout le monde l'était aussi, moi y compris. Ce n'était qu'une question de degré.

Pendant un bref instant, je pus me détacher de mon

propre mental, m'en tenir en retrait et le voir tel qu'il était à partir d'une perspective plus profonde. Il y eut un bref basculement de la pensée à la conscience. J'étais encore dans les toilettes des hommes, mais seul, à me regarder dans le miroir. Au moment où il y eut ce recul, ce détachement de mon mental, j'éclatai de rire. On m'aurait peut-être traité de fou, mais ce rire était celui de la santé mentale, celui du bouddha au gros ventre. Mais ce ne fut qu'un aperçu fugitif, rapidement oublié. Je passai les trois années suivantes dans l'anxiété et la dépression, complètement identifié à mon mental. Il me fallut me rendre près du suicide pour que cette conscience revienne. Cette fois-là, ce fut beaucoup plus qu'un petit aperçu puisque je fus irrémédiablement libéré de la pensée compulsive et du faux « je » fabriqué par l'ego.

Non seulement cet incident me permit d'avoir un premier aperçu de la conscience, mais il sema le premier doute dans mon esprit quant à l'absolue validité de l'intellect humain. Quelques mois plus tard, quelque chose de tragique se produisit, qui accentua ce doute. Un lundi matin, alors que nous étions dans la salle où nous devions assister au cours d'un professeur dont j'admirais beaucoup l'esprit, on nous annonça qu'il s'était suicidé d'une balle dans la tête au cours de la fin de semaine précédente. Je restai stupéfait. C'était un professeur fort respecté qui semblait détenir les réponses à toutes les questions. À cette époque cependant, je n'étais pas conscient du fait qu'autre chose pouvait remplacer la pensée. Je ne réalisais pas encore que la pensée n'était qu'un infime aspect de la conscience que nous sommes et je ne savais rien de l'ego. Alors que dire de le voir chez moi !

Contenu et structure de l'ego

L'ego, le mental, est complètement conditionné par le passé. Son conditionnement comporte deux aspects : le contenu et la structure.

Dans le cas de l'enfant qui pleure parce qu'on lui a pris son joujou, le jouet représente le contenu. Ce dernier est interchangeable : il peut s'agir d'un autre jouet ou objet. Le contenu avec lequel vous vous identifiez est conditionné par votre milieu, votre éducation et la culture où vous évoluez. Que l'enfant soit riche ou pauvre, que le jouet soit un simple morceau de bois en forme d'animal ou un gadget électronique sophistiqué ne fait aucune différence en ce qui concerne la souffrance causée par sa perte. La raison pour laquelle une telle souffrance se produit se cache dans le mot « mon », qui est la structure. La compulsion inconsciente à renforcer sa propre identité par une association à un objet fait partie prenante de la structure même de l'ego.

La plus fondamentale des structures mentales par laquelle l'ego peut exister est donc l'identification. Étymologiquement, le terme « identification » vient du latin *idem*, qui veut dire « pareil » et *facere*, qui veut dire « faire ». Donc, quand je m'identifie à quelque chose, je le « fais pareil ». Pareil à quoi ? Pareil à moi. Je confère à cet objet un sentiment de moi et ainsi il devient partie prenante de mon « identité ». Un des types d'identification de base est l'identification aux objets : mon jouet devient plus tard ma voiture, ma maison, mes vêtements, etc. J'essaie de me trouver dans des objets, n'y réussis jamais vraiment et finis par m'y perdre. Tel est le destin de l'ego.

Identification aux choses

Les spécialistes du monde de la publicité savent très bien que s'ils veulent vendre ce dont les gens n'ont pas vraiment besoin, ils doivent les convaincre que ces choses ajouteront quelque chose à la façon dont ils se voient ou dont ils sont vus par les autres. Autrement dit, ces choses ajouteront quelque chose au sens qu'ils ont d'eux-mêmes. C'est ce qu'ils font en vous disant par exemple que vous vous distinguerez des autres en employant tel ou tel produit, ceci sous-entendant que vous serez plus pleinement vous-même. Ou bien ces spécialistes créeront une association dans votre esprit entre le produit et une personne célèbre, une personne jeune et attirante ou une personne qui a l'air heureuse. Même les photos de célébrités âgées ou décédées les montrant dans la force de l'âge fonctionnent bien. La supposition silencieusement suggérée est que, en achetant le produit et par quelque geste magique d'appropriation, vous deviendrez comme eux, ou plutôt comme l'image qu'ils renvoient. Alors, dans bien des cas, vous n'achetez pas un produit, mais un « renforceur d'identité ». Les étiquettes de grande marque sont fondamentalement des identités collectives que vous « achetez ». Comme elles coûtent cher, elles ont par conséquent un caractère d'exclusivité. Si tout le monde pouvait les acheter, elles perdraient leur valeur psychologique et tout ce qu'il vous resterait, ce serait leur valeur matérielle, qui ne correspond qu'à une fraction de ce que vous avez payé.

Les choses auxquelles vous vous identifiez varient selon les personnes, selon l'âge, le genre, le revenu, la classe sociale, la mode, la culture, etc. *Ce* à quoi vous

vous identifiez concerne le contenu, alors que la compulsion inconsciente à l'identification concerne la structure. C'est une des façons les plus fondamentales dont le mental fonctionne.

Paradoxalement, ce qui maintient la soi-disant société de consommation active, c'est le fait que la tentative de se retrouver dans ces objets ne fonctionne pas. Comme la satisfaction de l'ego est de courte durée, vous en voulez davantage. Donc, vous continuez d'acheter, de consommer.

Bien entendu, dans cette dimension physique où notre moi de surface réside, les choses font nécessairement et inéluctablement partie de nos vies. Nous avons besoin d'un toit sur la tête, de vêtements, de meubles, d'outils, de moyens de transport. Il se peut également que nous accordions de la valeur à certains objets en raison de leur beauté ou de leur qualité intrinsèque. Il ne faut pas mépriser le monde des choses, il faut l'honorer. Chaque chose possède son essence propre, chaque chose est une forme temporaire dont l'origine remonte au grand Tout sans forme, à la source de tous les objets, corps et formes. Dans la plupart des cultures anciennes, les gens croyaient que tout, même les objets soi-disant inanimés, possédait un esprit. À cet égard, ces gens étaient plus près de la vérité que nous le sommes de nos jours. Quand vous vivez dans un monde tétanisé par l'abstraction mentale, vous ne percevez plus la vitalité de l'univers. La plupart des gens n'évoluent pas dans une réalité vivante, mais dans une réalité conceptuelle.

Mais nous ne pouvons pas véritablement honorer les objets si nous les employons pour renforcer notre identité, autrement dit si nous essayons de nous trouver en eux. C'est exactement ce que l'ego fait. L'identification de l'ego aux objets crée un attachement à ces derniers, une obsession des objets, qui à son tour crée une société de consommation et des structures économiques où la seule mesure de progrès est l'« éternel *plus* ». La quête sans frein de ce plus, d'une croissance infinie est un dysfonctionnement, une maladie. Il s'agit du même dysfonctionnement que l'on trouve chez les cellules cancéreuses dont le seul but est de se multiplier, inconscientes du fait que cette même multiplication amène leur propre destruction en détruisant l'organisme dont elles font partie. Certains économistes sont tellement attachés à la notion de « croissance » qu'ils ne peuvent se défaire de ce terme, qualifiant une récession de période de « croissance négative ».

Une grande partie de la vie de bien des gens est vouée à une préoccupation obsédante des choses. C'est pour cette raison qu'un des maux de notre époque est la prolifération d'objets. Quand vous ne pouvez plus sentir la vie en vous, il est probable que vous la remplirez d'objets. Je vous suggère, comme pratique spirituelle, d'observer le rapport que vous entretenez avec le monde des objets. Observez particulièrement ce rapport en ce qui concerne les objets précédés de l'adjectif possessif « mon » ou « ma ». Il vous faudra faire preuve de vigilance et d'honnêteté pour découvrir si le sens que vous avez de votre valeur personnelle est lié à vos possessions. Certaines choses vous donnent-elles un subtil sentiment d'importance ou de supériorité ? Le manque de certains objets vous fait-il sentir inférieur à ceux qui en ont plus que vous ? Mentionnez-vous avec désinvolture les choses que vous possédez ou les étalez-vous pour renforcer le sens de votre valeur personnelle aux yeux d'une autre personne et, par le fait même, aux vôtres ? Éprouvez-vous du ressentiment ou de la colère, et vous sentez-vous diminué sur le plan de votre valeur quand quelqu'un possède plus que vous ou quand vous perdez une possession précieuse ?

La bague perdue

À l'époque où je rencontrais des gens en tant que conseiller et guide spirituel, j'allais rendre visite deux fois par semaine à une femme dont le corps était envahi par le cancer. Il s'agissait d'une enseignante dans la quarantaine à qui les docteurs n'avaient pas donné plus que quelques mois à vivre. Pendant ces visites, il arrivait que nous disions quelques mots. Mais la plupart du temps, nous restions assis en silence. C'est ainsi qu'elle eut son premier aperçu de la quiétude qui se trouvait en elle et qu'elle n'avait jamais sentie durant sa vie affairée d'enseignante.

Un jour, en arrivant, je la trouvai en grande détresse et en colère. Je lui demandai ce qui s'était passé. Elle me raconta que sa bague de diamants, qui avait pour elle une grande valeur pécuniaire et sentimentale, avait disparu. Elle était certaine que c'était l'accompagnatrice venant lui tenir compagnie pendant quelques heures chaque jour qui la lui avait volée. Elle ne pouvait comprendre comment quelqu'un pouvait être aussi sans cœur et lui faire ce mauvais coup. Elle me demanda si elle devait confronter la femme ou bien s'il valait mieux appeler la police immédiatement. Je lui répondis que je ne pouvais pas lui dire quoi faire et lui demandai de vérifier à quel point une bague ou tout autre chose était importante à ce moment-là de sa vie. « Vous ne comprenez pas, me répondit-elle, c'était la bague de ma grand-mère. Je la portais tous les jours avant de tomber malade et que mes doigts enflent. Pour moi, c'est plus qu'une bague. Comment puis-je ne pas être contrariée ? »

La rapidité de sa répartie ainsi que le ton de colère et de défensive dans sa voix indiquaient qu'elle n'était pas encore assez consciente pour regarder en elle, pour dissocier sa réaction de la situation et observer les deux. La colère et la défensive indiquaient que l'ego s'exprimait encore chez elle. « Je vais vous poser quelques questions, lui dis-je, mais au lieu d'y répondre maintenant, voyez si vous pouvez trouver les réponses en vous. Je m'arrêterai brièvement après chaque question. Quand une réponse viendra, elle ne se présentera pas nécessairement sous forme de mots. » Elle me dit qu'elle était prête à m'écouter. « Réalisez-vous que vous devrez lâcher la bague à un moment donné, peut-être même très bientôt ? Combien de temps vous faut-il encore pour être prête à lâcher votre bague ? Serez-vous moins que ce que vous êtes si vous la laissez aller ? Est-ce que *ce que vous êtes* a été diminué par cette perte ? » Il y eut quelques minutes de silence après la dernière question.

Quand elle reprit la parole, elle souriait et semblait en paix. « La dernière question m'a fait réaliser quelque chose d'important. Tout d'abord, c'est mon mental qui est entré en scène pour répondre et dire que oui, bien sûr, j'avais été diminuée. Puis, je me suis reposée la question. Est-ce que ce que je suis a été diminué ? Cette fois-là, j'ai essayé de sentir plutôt que de penser la réponse. Et tout d'un coup, j'ai senti mon essence. Je ne l'avais jamais sentie auparavant. Je me dis que si je peux sentir mon essence si fortement, c'est qu'elle n'a pas été diminuée du tout. Je peux encore la sentir maintenant. C'est quelque chose de paisible mais de très vivant. » « C'est la joie de l'Être, lui dis-je. Vous ne pouvez la sentir que lorsque vous sortez de votre tête. L'Être doit être senti : il ne peut être pensé. Cela est étranger à l'ego parce qu'il n'est fait que de pensées. En fait, la bague était dans votre tête sous la forme d'une pensée que vous avez prise comme faisant partie de votre essence. Vous avez pensé que votre essence ou une partie d'elle se trouvait dans la bague. »

« Tout ce à quoi l'ego cherche à s'attacher est un substitut de l'Être qu'il ne réussit pas à sentir. Bien entendu, vous pouvez accorder une certaine valeur à vos choses et en prendre soin, mais chaque fois que vous vous y attachez, vous pouvez être assurée que l'ego entre en jeu. Et vous n'êtes jamais vraiment attachée à un objet, mais plutôt à une pensée qui s'accompagne d'un "je", d'un "moi", d'un "mon" ou d'un "ma". Chaque fois que vous acceptez totalement une perte, vous transcendez l'ego. Et ce que vous êtes, l'essence de votre conscience, émerge. »

« Je comprends maintenant quelque chose que Jésus a dit, répondit-elle, et qui n'avait jamais vraiment eu de sens pour moi : "Si quelqu'un t'arrache la chemise, laisse-lui aussi ton manteau." » « C'est exact, lui dis-je, mais ça ne veut pas dire que vous devez toujours laisser votre porte déverrouillée. Tout ce que cela veut dire, c'est que lâcher-prise est parfois un acte bien plus puissant que celui de se défendre ou de s'accrocher. »

Au cours des dernières semaines de sa vie, alors

que son corps s'affaiblissait de plus en plus, elle devint de plus en plus radieuse, comme si la lumière brillait à travers elle. Elle fit don d'un grand nombre de ses possessions, entre autres à la femme qu'elle avait soupçonnée de lui avoir volé la bague. À chaque chose qu'elle donnait, sa joie s'approfondissait. Quand sa mère m'appela pour m'annoncer son décès, elle me mentionna aussi le fait qu'on avait retrouvé la fameuse bague dans l'armoire à pharmacie de la salle de bain. La femme de compagnie y avait-elle remis la bague ou celle-ci s'y était-elle toujours trouvée? Personne ne le saura jamais. Mais une chose est sûre : la vie vous procure exactement l'expérience dont vous avez le plus besoin pour que votre conscience évolue. Comment savoir si c'est l'expérience dont vous avez besoin? Parce que c'est l'expérience qui vous arrive en ce moment.

Est-ce que c'est mal d'être fier de ses possessions ou d'éprouver du ressentiment envers les gens qui possèdent plus que vous? Pas du tout. Le sentiment de fierté, de se distinguer des autres, l'apparent renforcement du soi par un «plus que» et l'apparente diminution du soi par un «moins que» ne sont jamais bien ou mal. C'est juste l'ego. Et il n'y a rien de mal à l'ego : il est seulement inconscient. Quand vous observez l'ego en vous, c'est que vous commencez à le dépasser. Ne prenez pas l'ego trop au sérieux et, quand vous le surprenez chez vous dans certains comportements, souriez-en. Riez-en même. Comment l'humanité a-t-elle pu se faire prendre par lui pendant si longtemps? Sachez par-dessus tout que l'ego n'est pas personnel et qu'il n'est pas ce que vous êtes. Si vous faites de l'ego un problème personnel, vous retombez encore dans l'ego.

L'illusion de la possession

Qu'est-ce que « posséder quelque chose » veut vraiment dire ? Qu'est-ce que s'approprier quelque chose signifie réellement ? Si vous êtes dans une rue de New York et que vous pointez du doigt un gratte-ciel en disant « Ce gratte-ciel m'appartient », vous êtes soit très riche, soit un fieffé menteur ou bien un fou. Dans les trois cas, vous racontez une histoire où la forme-pensée « je » fusionne avec la forme-pensée « gratte-ciel ». C'est ainsi que fonctionne le concept mental de la possession. Si tout le monde tombe d'accord avec votre histoire, des documents seront signés pour confirmer cet accord. Vous êtes donc riche. Si personne ne tombe d'accord avec vous, on vous enverra voir un psychiatre. Vous êtes fou ou mythomane.

Que les gens tombent d'accord ou pas, il est important de reconnaître que l'histoire et les formes-pensées constituant cette histoire n'ont absolument rien à voir avec ce que vous êtes en essence. Et même si les gens tombent d'accord, il s'agit en bout de compte d'une fiction. Bien des gens ne réalisent que sur leur lit de mort et quand tout ce qui est extérieur s'effondre, que jamais quoi que ce soit, jamais *une chose*, n'a eu à voir avec ce qu'ils sont en essence. À l'approche de la mort, toute la notion de possession se révèle finalement totalement insignifiante. Dans les derniers moments de leur vie, ces gens réalisent aussi, alors qu'ils ont cherché un sens plus profond de leur Moi tout au cours de leur vie, que ce qu'ils cherchaient vraiment, c'est-à-dire leur être, avait toujours été là. Mais leur identification aux choses, autrement dit au mental, le leur avait caché.

« Bénis soient les pauvres d'esprit, a dit Jésus, car leur royaume sera celui des cieux[1] » Qu'est-ce que « pauvres d'esprit » signifie ? Tout simplement pas de bagage intérieur, pas d'identification. Pas d'identification aux objets, aux concepts qui contribuent à renforcer le sens du Moi. Et qu'est le royaume des cieux ? La simple et profonde joie de l'Être qui est là lorsque vous lâchez les identifications et devenez « pauvre d'esprit ».

C'est la raison pour laquelle le renoncement à toute possession est une vieille tradition spirituelle aussi bien en Orient qu'en Occident. Mais le renoncement aux possessions ne vous libère cependant pas automatiquement de l'ego. Ce dernier essaiera d'assurer sa survie en trouvant autre chose à quoi s'identifier, par exemple à l'image mentale de vous en tant que personne ayant transcendé tout intérêt pour les possessions matérielles et étant par conséquent supérieure et *plus* spirituelle que les autres. Il y a des gens qui ont renoncé à tout mais qui ont cependant un plus gros ego que celui de certains millionnaires. Si vous lui soustrayez une sorte d'identification, l'ego se hâtera d'en trouver une autre. Finalement, peu lui importe ce à quoi il s'identifie, pourvu qu'il s'identifie à quelque chose. Le mouvement contre la consommation ou contre la propriété privée est une autre forme-pensée, une autre position mentale, qui peut remplacer l'identification aux possessions. Cette position peut vous donner raison et donner tort aux autres. Comme nous le verrons plus loin, avoir raison et donner tort aux autres est un des principaux schèmes mentaux de l'ego, une des principales formes de l'inconscience. Autrement dit, même si le contenu de l'ego change, la structure mentale qui le maintient en vie ne change pas, elle.

Inconsciemment, il y a, entre autres suppositions, qu'en s'identifiant à un objet par la fiction de la possession, la solidité et la permanence apparentes de cet objet matériel conféreront une plus grande solidité et une plus grande permanence au sentiment que vous avez de votre Moi. Ceci est particulièrement vrai dans le cas des immeubles et encore plus dans celui des terrains, puisque c'est la seule chose, selon vous, que vous pouvez posséder qui ne peut être détruite. L'absurdité de la notion de propriété, de possession, est encore plus évidente dans le cas de la terre. À l'époque où les Blancs s'installèrent en Amérique du Nord, la notion de possession de terres par l'homme était totalement incompréhensible aux autochtones. C'est pour cette raison qu'ils les perdirent lorsque les Européens leur firent signer des bouts de papier qui leur étaient tout aussi incompréhensibles. À leurs yeux, c'était eux qui appartenaient à la terre, pas la terre qui leur appartenait.

L'ego a tendance à assimiler l'avoir à l'être : j'ai, donc je suis. Et plus j'ai, plus je suis. L'ego vit de comparaison. La façon dont les autres vous voient devient la façon dont vous vous voyez. Si tout le monde habitait dans un château ou que tout le monde était riche, votre château ou votre fortune ne vous servirait plus à renforcer votre sentiment du Moi. Pour vous distinguer, vous pourriez aménager dans une hutte toute simple, renoncer à vos richesses et retrouver une autre identité en vous considérant et vous faisant considérer comme plus spirituel que les autres. La façon dont les autres vous considèrent devient le miroir qui vous dit qui vous êtes et de quoi vous avez l'air. Le sens que l'ego a de votre valeur personnelle est dans la plupart des cas associé à la valeur que vous avez aux yeux d'autrui. Comme vous avez besoin des autres pour conférer un sens à votre Moi, et si vous vivez dans une culture qui associe dans une grande mesure la valeur personnelle à la fortune et aux possessions, et aussi si vous ne savez pas démystifier cette illusion collective, vous serez condamné à la quête des objets pour le reste de vos jours dans le vain espoir d'y trouver votre valeur personnelle et d'atteindre la réalisation de votre essence.

Comment se débarrasser de l'attachement aux objets ? N'essayez même pas, c'est impossible. L'attachement aux objets s'efface de lui-même quand vous n'essayez plus de vous trouver en eux. Entre-temps, soyez juste conscient de votre attachement. Parfois, vous ne savez même pas que vous êtes attaché à quelque chose, c'est-à-dire identifié à ce quelque chose, jusqu'à ce que vous le perdiez ou qu'il y ait une possibilité de le perdre. Si vous vous retrouvez contrarié, anxieux, etc., cela signifie que vous y êtes attaché. Si vous êtes conscient que vous êtes identifié à une chose, l'identification cesse d'être totale. « Je suis la vigilance qui est consciente de cet attachement. » C'est ainsi que commence la transformation de la conscience.

Le vouloir : le besoin d'en avoir plus

L'ego s'identifie avec l'avoir, mais sa satisfaction à avoir, réduite et de courte durée, est entachée d'un profond sentiment d'insatisfaction, d'incomplétude, de « pas assez ». La notion du « Je n'ai pas assez encore » de l'ego veut dire « Je ne *suis* pas assez encore ».

Comme nous l'avons vu, *l'avoir* – la notion de possession – est une fiction créée par l'ego pour se donner solidité et permanence, et pour se distinguer et se rendre spécial. Étant donné que vous ne pouvez vous réaliser dans l'avoir, l'ego utilise une autre structure encore plus puissante, le besoin d'en avoir plus, que l'on pourrait aussi appeler *le vouloir*. Aucun ego ne tient très longtemps sans le besoin d'en avoir plus. Par conséquent, le vouloir maintient l'ego plus en vie que l'avoir. Donc, l'ego trouve bien plus de satisfaction dans le vouloir que dans l'avoir. Ainsi, cette maigre satisfaction d'*avoir* est toujours supplantée par le besoin d'en *avoir plus*. Tel est le besoin psychologique d'avoir plus de choses auxquelles s'identifier. Ce besoin s'apparente à une drogue. Il n'est pas un vrai besoin.

Dans certains cas, le besoin psychologique d'en avoir plus ou le sentiment si caractéristique de l'ego de ne pas en avoir assez est transféré au plan physique et se transforme en une faim insatiable. Les gens qui souffrent de boulimie se feront souvent vomir pour pouvoir continuer à manger. C'est donc leur esprit qui a faim, pas leur corps. Ce problème d'alimentation serait résolu si, au lieu de s'identifier à son mental, la personne pouvait être en contact avec son corps et sentir les véritables besoins de son corps plutôt que les pseudo besoins de son ego.

Certains egos savent pertinemment ce qu'ils veulent et poursuivent leurs objectifs avec une détermination inflexible et impitoyable, comme Genghis Khan, Staline, Hitler, pour ne citer que quelques exemples exagérés de l'ego. Mais l'énergie qui sous-tend ce vouloir crée cependant une énergie opposée d'égale intensité qui les conduit finalement à leur chute. Entre-temps, ils se rendent malheureux et rendent malheureux les autres, ou dans le cas des exemples exagérés mentionnés ci-dessus, ils créent l'enfer sur Terre. La plupart des egos veulent des choses qui sont contradictoires. Ils veulent différentes choses à différents moments ou bien ne savent même pas ce qu'ils veulent, excepté qu'ils ne veulent pas ce qui est, c'est-à-dire le moment présent. Malaise, agitation, ennui, anxiété, insatisfaction sont le produit d'un vouloir non comblé. Comme le vouloir est de nature structurale, aucun contenu, petit ou grand, ne peut procurer de satisfaction durable aussi longtemps que cette structure existe. L'intense vouloir qui n'a aucun objet particulier se retrouve souvent chez l'ego encore en formation des adolescents, certains d'entre eux étant dans un état permanent de négativité et d'insatisfaction.

Les commodités de base et les besoins physiques (nourriture, eau, abri et vêtements) des humains de la planète pourraient facilement être comblés, si ce n'était de la cupidité de l'ego, ce besoin rapace et dément d'en avoir toujours plus, qui a créé ce déséquilibre dans les ressources. Cette cupidité s'exprime collectivement dans les structures économiques de ce monde, comme les multinationales, qui sont des entités de l'ego rivalisant les unes avec les autres pour en avoir plus. Leur seul but aveugle est le profit, et elles s'y consacrent absolument sans pitié. La nature, les animaux, les gens et même leurs employés ne sont que des chiffres dans leurs bilans, des objets inanimés à utiliser et à jeter.

Les formes-pensées *moi*, *mon*, *plus que*, *je veux*, *j'ai besoin*, *je dois avoir* et *pas assez* concernent non pas le contenu de l'ego, mais sa structure. Le contenu, lui, est interchangeable. Aussi longtemps que vous ne les reconnaissez pas en vous, aussi longtemps qu'elles restent inconscientes, vous croirez ce qu'elles disent. Vous serez condamné à actualiser ces pensées inconscientes, condamné à chercher et à ne pas trouver, parce que lorsque ces formes-pensées sont à l'œuvre, aucune possession, aucun lieu, aucune personne, aucune condition ne vous satisferont jamais. Aucun contenu ne vous satisfera aussi longtemps que la structure propre à l'ego sera maintenue. Peu importe ce que vous avez ou acquérez, vous ne serez pas heureux. Vous serez toujours en quête de quelque chose d'autre qui promet de mieux vous satisfaire, qui promet de rendre complet le sens incomplet que vous avez de vous et de combler ce sentiment de manque que vous ressentez en vous.

Identification avec le corps

À part l'identification aux choses, il existe une autre forme d'identification : celle avec *mon* corps. Tout d'abord, le corps est masculin ou féminin. Le fait d'être un homme ou une femme représente une grande partie du sens que les gens ont d'eux. Le genre devient une identité et l'identification au genre est encouragée dès le plus jeune âge. Elle vous confine à un rôle, à des schèmes comportementaux conditionnés qui colorent non seulement votre sexualité, mais tous les aspects de votre vie. C'est un rôle dans lequel bien des gens se font complètement piéger, et ceci bien plus dans les sociétés traditionnelles que dans la culture occidentale, où l'identification au genre commence à s'estomper quelque peu. Dans certaines sociétés traditionnelles, le pire sort d'une femme est d'être sans époux ou stérile, et celui d'un homme, d'être impuissant et de ne pas procréer. Dans ces cultures, la réalisation dans la vie est perçue comme étant la réalisation de l'identité associée au genre.

En Occident, c'est l'apparence physique qui contribue beaucoup à l'impression de ce que vous pensez être : la force ou la faiblesse du corps, sa beauté ou sa laideur relativement à celle des autres. Pour bien des gens, le sentiment de la valeur personnelle est intimement lié à la force physique, à la beauté, à la forme et à l'apparence. Bien des gens se sentent dévalorisés parce qu'ils perçoivent leur corps comme étant laid ou imparfait.

Dans certains cas, l'image mentale ou le concept « mon corps » est une totale déformation de la réalité. Par exemple, une jeune femme se considérant comme trop grosse se privera de nourriture alors qu'elle est vraiment maigre. En fait, elle ne voit plus son corps. Tout ce qu'elle « voit », c'est le concept mental de son corps qui dit « Je suis grosse » ou « Je vais grossir ». Cette « maladie » trouve sa source dans l'identification au mental. Étant donné que les gens sont de plus en plus identifiés au mental et que le dysfonctionnement de l'ego s'intensifie, on enregistre une augmentation incroyable de cas d'anorexie depuis les dernières décennies. Si la personne souffrant d'anorexie pouvait regarder son corps sans l'interférence des jugements portés par son mental ou encore reconnaître ces jugements pour ce qu'ils sont, au lieu d'y croire, ou encore mieux si elle pouvait sentir son corps de l'intérieur, se serait le début de la guérison.

Tous les gens qui sont identifiés à leur beauté, à leur force physique ou à leurs habiletés connaissent la souffrance quand ces attributs commencent à s'estomper et à disparaître, comme ils le font inéluctablement. Basée sur ces attributs, leur identité menace alors de s'effondrer. Que les gens soient beaux ou laids, ils tirent tous en grande partie leur identité de leur corps, que cette identité soit de nature positive ou négative. Je dirais plus précisément qu'ils tirent leur identité de la pensée « Je » qu'ils rattachent à tort à l'image mentale ou au concept de leur corps, corps qui n'est après tout rien d'autre qu'une forme physique partageant la même destinée que toutes les formes, c'est-à-dire l'impermanence et, en bout de ligne, la putréfaction.

Quand on assimile le « je » au corps physique qui est destiné à vieillir, à se flétrir et à mourir, la souffrance fait tôt ou tard toujours surface. Ne pas s'identifier au corps ne veut pas dire qu'il faille négliger, mépriser ou ne plus prendre soin de son corps. S'il est fort, beau ou vigoureux, vous pouvez prendre plaisir à ces attributs et les apprécier... pendant qu'ils durent. Vous pouvez également améliorer sa condition en vous alimentant bien et en faisant de l'exercice. Si vous n'assimilez pas le corps à ce que vous êtes, votre sentiment de valeur personnelle ou d'identité ne sera pas amoindri quand la beauté se fanera, que la vigueur diminuera ou que le corps sera frappé d'incapacité. En fait, lorsque le corps commencera à faiblir, la dimension sans forme, la lumière de la conscience, pourra briller plus facilement à travers la forme en train de dépérir.

Ce ne sont pas seulement les gens ayant de beaux corps ou des corps presque parfaits qui assimilent ce dernier à leur identité. En effet, vous pouvez tout aussi facilement vous identifier à un corps problématique et faire de son imperfection, de sa maladie ou de son handicap une identité. Vous penserez et parlerez de vous comme de celui ou celle qui souffre de telle ou telle maladie chronique ou de tel ou tel handicap. Quand vous êtes malade, vous recevez beaucoup d'attention de la part des médecins et des autres, attention qui vient constamment vous confirmer votre identité conceptuelle en tant que personne souffrante ou malade. Vous vous accrochez alors inconsciemment à la maladie parce qu'elle est devenue la partie la plus importante de ce que vous percevez comme étant vous. La maladie devient une autre forme-pensée à laquelle l'ego peut s'identifier. Une fois que l'ego s'est trouvé une identité, il ne la lâche plus. Il est fréquent et frappant que l'ego en quête d'une identité plus forte puisse créer des maladies pour pouvoir se renforcer.

Comment sentir le corps subtil

Bien que l'identification au corps soit une des formes principales de l'ego, vous serez heureux d'apprendre que c'est celle que vous pouvez le plus facilement dépasser. Pour ce faire, point besoin de vous convaincre que vous n'êtes pas votre corps. Il suffit de faire passer votre attention de la forme extérieure de votre corps et des pensées que vous entretenez à son sujet – beau, laid, fort, faible, trop gros, trop maigre – à la sensation de vitalité qui en émane. Quelle que soit l'apparence extérieure de votre corps, il existe au-delà de la forme un champ énergétique intensément vivant.

Si vous n'êtes pas habitué à être en contact avec votre corps subtil, fermez les yeux pendant quelques instants et sentez la vie dans vos mains. Ne demandez pas à votre mental parce qu'il vous dira : « Je ne sens rien. ». Il vous dira aussi « Donne-moi quelque chose de plus intéressant à quoi penser. » Alors, au lieu de demander à votre mental, allez directement à vos mains. Je veux dire par là que vous devez devenir conscient de la subtile sensation de vitalité qu'il y a en elles. Cette vitalité est là. Il vous suffit d'y amener votre attention pour la remarquer. Il se peut que vous ressentiez tout d'abord un léger picotement, puis ensuite une sensation d'énergie ou de vitalité. Si vous maintenez votre attention sur vos mains pendant quelques instants, ce sentiment de vitalité s'intensifiera. Certaines personnes n'ont même pas besoin de fermer les yeux pour ça. Elles peuvent sentir la vitalité dans leurs mains tout en lisant ces pages. Dirigez maintenant votre attention vers vos pieds et maintenez-la à cet endroit pendant une minute ou deux. Vous verrez que vous sentirez vos mains et vos pieds en même temps. Ajoutez d'autres parties de votre corps – les jambes, les bras, l'abdomen, la poitrine, etc. – jusqu'à ce que vous soyez conscient de façon globale du corps subtil et de sa vitalité.

Ce que j'appelle « corps subtil » ou encore « corps énergétique », n'est plus vraiment le corps, mais l'énergie vitale, le lien entre la forme et l'absence de forme. Prenez l'habitude de sentir le corps subtil aussi souvent que vous le pouvez. Après un certain temps, vous n'aurez plus besoin de fermer les yeux pour le sentir. Vérifiez par exemple si vous sentez votre corps subtil quand vous écoutez quelqu'un. Il y a là presque un paradoxe : quand vous êtes en contact avec votre corps subtil, vous n'êtes plus identifié à votre corps ni à votre mental. Ceci veut dire que vous n'êtes plus identifié à la forme et que vous dépassez l'identification à la forme pour aller vers l'absence de forme, que l'on peut aussi appeler l'Être. Vous allez vers votre essence, vers votre identité première. Non seulement la présence au corps vous ancre dans le moment présent, mais elle est la porte qui vous permet de sortir de la prison qu'est l'ego. Cette présence au corps stimule également le système immunitaire et la capacité d'auto-guérison du corps.

L'oubli de l'Être

L'ego s'identifie toujours à la forme, faisant ainsi en sorte que vous vous cherchez et vous vous perdez dans une forme ou une autre. Les formes ne sont pas uniquement des objets matériels et des corps physiques. Encore plus fondamentales que les formes extérieures (choses et corps), les formes-pensées surgissent continuellement dans le champ de la conscience. Même s'il s'agit de formations énergétiques plus subtiles et moins denses que les formes matérielles, il s'agit tout de même de formes. Peut-être êtes-vous conscient d'une voix dans votre tête qui ne s'arrête jamais de jacasser : c'est le flot incessant de la pensée compulsive. Lorsque chaque pensée absorbe toute votre attention, lorsque vous êtes tellement identifié à cette voix et aux émotions qui l'accompagnent que vous vous perdez dans chaque pensée et dans chaque émotion, dites-vous que vous êtes totalement identifié à la forme et, par conséquent, sous l'emprise de l'ego. Ce dernier est donc une agglutination de formes-pensées récurrentes et de schèmes émotifs et mentaux conditionnés et associés à un sentiment de soi, de je. L'ego apparaît quand le sens de l'Être, du « je suis », c'est-à-dire la conscience sans forme, est confondu avec la forme. Telle est la signification de l'identification. L'oubli de l'Être, illusion première, illusion de la division absolue, fait de la réalité un cauchemar.

De l'erreur de Descartes à la révélation de Sartre

Philosophe français du XVIIe siècle et considéré comme le fondateur de la philosophie moderne, Descartes rendit cette illusion première par son célèbre énoncé (qu'il considérait comme une vérité première) : « Je pense, donc je suis. » Telle était la réponse qu'il avait trouvée à la question suivante : « Existe-t-il quelque chose que je peux savoir avec une certitude absolue ? » Il réalisa que le fait qu'il était toujours occupé à penser ne pouvait être remis en question et il associa ainsi la pensée à l'Être, c'est-à-dire l'identité à la pensée. Il n'avait pas trouvé la vérité ultime, mais le fondement ultime de l'ego. Mais ça, il ne le savait pas.

Il fallut presque 300 ans avant qu'un autre célèbre philosophe voie quelque chose dans l'énoncé de Descartes que tous les autres avaient manqué. Cet homme s'appelait Jean-Paul Sartre. En observant intensément l'énoncé de Descartes, « Je pense, donc je suis », il réalisa soudainement, ainsi qu'il le dit, que « la conscience qui dit "je suis" ne peut pas être la conscience qui pense ». Que voulait-il dire par là ? Quand vous êtes conscient que vous pensez, cette conscience ne fait pas partie de la pensée. Il s'agit d'une conscience appartenant à une autre dimension. Et c'est cette conscience qui dit « je suis ». S'il n'y avait que des pensées en vous, vous ne sauriez même pas que vous pensez. Vous seriez comme le rêveur qui ne sait pas qu'il rêve. Vous seriez autant identifié à chaque pensée que le rêveur l'est à chaque image d'un rêve. Bien des gens vivent de cette façon, comme des somnambules pris dans de vieux états d'esprit dysfonctionnels qui recréent sans arrêt la même réalité cauchemardesque. Quand vous savez que vous rêvez, vous êtes éveillé dans votre rêve et une autre dimension de la conscience entre en jeu. La révélation de Jean-Paul Sartre a de profondes implications. Mais ce philosophe était encore trop identifié à la pensée pour réaliser l'entière signification de sa découverte, c'est-à-dire l'émergence d'une nouvelle dimension de la conscience.

La paix qui dépasse tout entendement

On a souvent entendu parler de gens ayant connu l'émergence de cette nouvelle dimension de la conscience suite à une perte tragique à un moment donné de leur vie. Certains ont perdu toutes leurs possessions, d'autres leurs enfants et leur épouse, leur statut social, leur réputation ou leurs capacités physiques. Dans certains cas, que ce soit à cause d'un désastre ou d'une guerre, certains ont simultanément perdu tous ces éléments et se sont retrouvés avec « rien ». Appelons cela une situation extrême. Tout ce à quoi ils s'étaient identifiés, tout ce qui leur donnait un sentiment d'identité, leur a été repris. Puis, soudainement et de façon inexplicable, l'angoisse et l'intense peur qu'ils ressentaient au début, ont fait place à un sentiment sacré de présence, à une paix et une sérénité profondes, à une libération totale de la peur. C'est un phénomène que saint Paul devait connaître car il a utilisé l'expression « la paix de Dieu qui dépasse tout entendement[2] ». Il s'agit bien entendu d'une paix qui ne semble avoir aucun sens et les gens qui l'ont connue se posent la question suivante : « Comment se peut-il que, face à tout cela, je ressente une telle paix ? »

La réponse est simple une fois que vous comprenez la nature et le fonctionnement de l'ego. Quand les formes auxquelles vous vous étiez identifié s'effondrent ou vous sont reprises, il y a effondrement de l'ego étant donné que l'ego *est* identification à la forme. Alors, quand il n'y a plus rien à quoi s'identifier, qui êtes-vous ? Quand les formes autour de vous meurent ou que la mort approche, le sentiment de l'Être, du Je suis, est libéré de son association à la forme : l'esprit est libéré de son emprisonnement dans la matière. Vous réalisez alors que votre identité essentielle est sans forme, qu'elle est une présence omniprésente, qu'elle est l'Être précédant toutes les formes et toutes les identifications. Vous réalisez que votre véritable identité est la conscience elle-même plutôt que ce à quoi la conscience s'était identifiée. Ceci est la paix de Dieu. La vérité ultime, c'est que vous n'êtes pas ceci ou cela, vous êtes.

Ce ne sont pas tous les gens connaissant de grandes pertes qui font aussi l'expérience de cet éveil, de cette désidentification à la forme. Certains se créent immédiatement une forte image mentale ou une forte forme-pensée par laquelle ils se voient comme les victimes des circonstances, d'un destin injuste ou de Dieu. Cette forme-pensée engendre des émotions (colère, ressentiment, apitoiement sur soi, etc.) auxquelles ils s'identifient fortement. Ces émotions prennent immédiatement la place de toutes les autres identifications perdues dans la perte en question. Autrement dit, l'ego ne perd pas de temps à trouver une nouvelle forme. Le fait que cette forme en soit une de nature très malheureuse ne préoccupe pas le moins du monde l'ego. Aussi longtemps qu'il a une identité, bonne ou mauvaise, il est satisfait. En fait, ce nouvel ego sera plus contracté, plus rigide et plus impénétrable que l'ancien.

Chaque fois qu'un humain subit une perte tragique, il résiste ou il cède. Certaines personnes deviennent amères ou pleines de ressentiment. D'autres deviennent sages, tendres et pleines de compassion. Céder veut dire accepter ce qui est et être ouvert à la vie. La résistance est une contraction interne, un durcissement de la carapace de l'ego. Vous vous fermez. Tout geste que vous posez quand vous vous trouvez dans cet état de résistance (que l'on peut aussi appeler négativité) créera davantage de résistance extérieure et l'univers ne sera pas de votre côté. La vie ne vous aidera pas. Si les volets sont clos, la lumière du soleil ne peut entrer. Quand vous cédez intérieurement, quand vous lâchez prise, une nouvelle dimension de la conscience s'ouvre. Si vous pouvez ou devez poser un geste, ce dernier sera posé en harmonie avec le tout et soutenu par l'intelligence créatrice, par la conscience non conditionnée avec laquelle vous devenez un grâce à l'ouverture dont vous faites preuve. Les circonstances et les gens sont alors de votre côté, des coïncidences se produisent. Et si aucun geste ou aucune action n'est possible, vous demeurez dans la paix et la quiétude intérieures engendrées par le lâcher-prise. *Vous demeurez avec Dieu*.

Chapitre 3

Au cœur de l'ego

La plupart des gens sont si totalement identifiés à la voix dans leur tête – cet incessant flot de pensées involontaires, compulsives, et d'émotions les accompagnant – que nous pourrions dire qu'ils sont possédés par leur mental. Aussi longtemps que vous êtes complètement inconscient de cela, vous prenez le penseur pour ce que vous êtes. Mais il s'agit en fait de l'ego. Nous lui donnons le nom d'ego car il y a un certain sens de soi, de je (ego) dans chaque pensée, chaque souvenir, chaque interprétation, opinion, point de vue, réaction, émotion. Spirituellement parlant, il s'agit d'inconscience. Il va sans dire que votre pensée, c'est-à-dire le contenu de votre mental, est conditionnée par votre passé, autrement dit par votre éducation, votre culture, votre famille, etc. Le cœur de toute votre activité mentale consiste en un certain nombre de pensées, émotions et réactions répétitives et persistantes auxquelles vous vous identifiez le plus. Cette entité, c'est l'ego lui-même.

Le plus souvent, quand vous dites « je », c'est l'ego qui parle, pas vous, ainsi que nous l'avons vu. L'ego est fait de pensées et d'émotions, d'un fatras de souvenirs auxquels vous vous identifiez en tant que « moi et mon histoire », de rôles habituels que vous jouez sans le savoir, d'identifications collectives comme la nationalité, la religion, la race, la classe sociale ou l'allégeance politique. On trouve également dans l'ego des identifications personnelles non seulement aux possessions, mais également aux opinions, à l'apparence extérieure, aux vieux ressentiments, aux concepts de vous comme étant mieux ou moins bien que les autres, aux réussites et aux échecs.

Même si le contenu de l'ego varie d'une personne à une autre, sa structure est toujours la même. Autrement dit, les egos ne diffèrent que superficiellement et sont, au fin fond, tous pareils. En quoi sont-ils tous pareils? En ce qu'ils se nourrissent tous d'identification et de division. Quand vous vivez par le truchement du moi créé par le mental fait de pensées et d'émotions qu'est l'ego, le fondement de votre identité est précaire parce que, de par leur nature, les pensées et les émotions sont éphémères. C'est ce qui fait que chaque ego se bat continuellement pour survivre et qu'il essaie de se protéger et de se renforcer. Pour maintenir la pensée « Je », l'ego a besoin de la pensée opposée « l'autre ». L'idée de « je » ne peut survivre sans l'idée de « l'autre ». Les autres sont surtout « autre » quand je les considère comme mes ennemis. En bas de l'échelle de ce scénario inconscient de l'ego, on trouve l'habitude compulsive de se plaindre des autres et de leur donner tort. C'est ce à quoi Jésus fit allusion quand il dit « Pourquoi voyez-vous la paille qui est dans l'œil de votre prochain, mais pas la poutre qui est dans le vôtre[1] ? » En haut de l'échelle, on trouve la violence physique entre personnes et la guerre entre nations. Dans la Bible, la question de Jésus reste sans réponse, réponse qui est bien entendu la suivante :

parce que quand je critique ou condamne les autres, je me sens plus important, je me sens supérieur.

Récrimination et ressentiment

La récrimination est une des stratégies que l'ego préfère pour se renforcer. Chaque doléance est une petite histoire que le mental invente et en laquelle vous croyez complètement. Que vous vous plaigniez à voix haute ou en pensée ne fait aucune différence. Certains egos n'ayant peut-être pas grand chose d'autre à quoi s'identifier survivent facilement rien qu'avec les récriminations. Quand vous êtes contrôlé par un tel ego, votre habitude c'est de vous plaindre, surtout des autres, et bien entendu de façon inconsciente. Ceci veut dire que vous ne savez pas ce que vous faites. L'attribution d'étiquettes mentales aux gens, que ce soit directement à eux ou plus communément quand vous parlez d'eux à d'autres ou quand vous pensez à eux fait souvent partie de ce scénario. Les insultes sont la forme la plus grossière d'attribution d'étiquettes aux autres et du besoin de l'ego d'avoir raison et de triompher des autres. « Abruti, salaud, salope » sont toutes des interjections sans appel. Au palier inférieur suivant de l'échelle de l'inconscience, vous avez les cris et les hurlements, et pas très loin en dessous, la violence physique.

Le ressentiment est l'émotion qui accompagne les doléances et l'étiquetage mental. Il redonne davantage d'énergie à l'ego. Avoir du ressentiment veut dire se sentir amer, indigné, lésé ou offensé. Vous en voulez aux autres parce qu'ils sont cupides, malhonnêtes et qu'ils manquent d'intégrité. Vous leur en voulez pour ce qu'ils font, ce qu'ils ont fait, ce qu'ils ont dit, ce qu'ils ont dit qu'ils feraient et n'ont pas fait, pour ce qu'ils auraient dû faire ou ne pas faire. L'ego adore ça. Au lieu de fermer les yeux sur l'inconscience des autres, vous l'associez à leur identité. Et qui fait ça? L'inconscience qui est en vous, l'ego. Parfois, le défaut que vous percevez chez l'autre ne s'y trouve même pas. Il s'agit d'une interprétation totalement erronée, d'une projection du mental conditionné à voir des ennemis partout pour se donner raison et se rendre supérieur. D'autres fois, le défaut est là, mais en mettant l'accent sur celui-ci, parfois à l'exclusion de tout le reste, vous l'amplifiez. Et ce à quoi vous réagissez chez l'autre, vous le renforcez chez vous.

Ne pas réagir à l'ego des autres est une des façons les plus efficaces non seulement de dépasser l'ego chez vous, mais également de participer à la dissolution de l'ego collectif. Mais vous serez en état de ne pas réagir seulement si vous réussissez à reconnaître que le comportement de telle ou telle personne provient de l'ego et qu'il est l'expression du dysfonctionnement humain collectif. Quand vous réalisez que le comportement n'a rien de personnel, il n'y a pour ainsi dire plus de compulsion à réagir. En ne réagissant pas à l'ego, vous réussirez souvent à faire ressortir ce qu'il y a de sain chez les autres, c'est-à-dire la conscience non conditionnée. Il se peut que vous ayez parfois besoin de prendre des mesures pratiques pour vous protéger de gens profondément inconscients, et ce, sans en faire des ennemis. Mais votre plus grande protection, c'est d'être conscient. Une personne deviendra un ennemi si vous personnalisez l'inconscience qu'est l'ego. Ne pas réagir, ce n'est pas faire preuve de faiblesse, mais de force. On pourrait employer le terme pardon à la place de non-réaction. Pardonner, c'est fermer les yeux, ou encore mieux, voir à travers. À travers l'ego, vous voyez ce qu'il y a de sain chez chaque être humain et ce qui constitue son essence.

L'ego aime se plaindre et éprouver du ressentiment non seulement envers les autres, mais également envers les situations. Ce que vous faites avec une personne, vous pouvez aussi le faire avec une situation, c'est-à-dire en faire un ennemi. C'est toujours la même rengaine : ceci ne devrait pas se produire, je ne veux pas être ici, je ne veux pas faire ça, on me traite injustement. Et le plus grand ennemi de l'ego est bien entendu le moment présent, c'est-à-dire la vie elle-même.

Mais il ne faut pas confondre se plaindre avec informer quelqu'un d'une erreur ou d'un manque, afin que la situation puisse être redressée. Et s'abstenir de se plaindre ne veut pas nécessairement dire endurer de la mauvaise qualité ou un mauvais comportement. L'ego n'entre pas en jeu si vous dites à un serveur que votre soupe est froide et qu'il faudrait la réchauffer, du moins si vous vous en tenez aux faits toujours neutres. « Comment osez-vous me servir de la soupe froide... » En disant cela, vous vous plaignez, vous faites entrer en jeu un « me » qui aime se sentir personnellement offensé par la soupe froide et qui va tirer le maximum de la situation, un « me » qui aime donner tort à l'autre. Le genre de plainte dont il est question ici est au service de l'ego, pas du changement. Parfois, il est évident que l'ego ne veut pas réellement de changement afin de pouvoir continuer à se plaindre.

Voyez si vous réussissez à attraper (remarquer) la

voix dans votre tête au moment même où elle se plaint de quelque chose. Reconnaissez-la pour ce qu'elle est, c'est-à-dire la voix dans votre tête, rien de plus qu'un schème mental conditionné, une pensée. Chaque fois que vous remarquerez cette voix, vous réaliserez également que vous n'êtes pas la voix mais celui qui en est conscient. En fait, vous êtes la conscience qui est consciente de la voix. En arrière, il y a la conscience et en avant, la voix, le penseur. De cette façon, vous commencez à vous libérer de l'ego, à vous libérer du mental. Dès l'instant où vous devenez conscient de l'ego en vous, il n'est plus à proprement parler l'ego, mais juste un vieux schème mental conditionné. Comme ego veut dire inconscience, conscience et ego ne peuvent coexister. Il se peut que le vieux schème mental survive et réapparaisse pendant un certain temps puisqu'il suit un mouvement d'entraînement vieux de milliers d'années d'inconscience humaine collective. Cependant, chaque fois que ce vieux schème est reconnu, il s'affaiblit.

Réactivité et rancune

Alors que les récriminations sont souvent accompagnées de ressentiment, elles peuvent aussi être accompagnées d'une émotion plus forte comme la colère ou toute autre forme de contrariété. La charge énergétique de la plainte est ainsi plus forte, cette dernière se transformant en réactivité, qui est une autre façon que l'ego adopte pour se renforcer. Bien des gens attendent toujours que certaines situations se présentent pour pouvoir réagir, se sentir agacés ou dérangés et il ne leur faut pas grand temps pour en trouver. « C'est scandaleux », disent-ils. « Comment oses-tu... » « Je déteste ça. » Ils ont développé une dépendance à la contrariété et à la colère comme d'autres en développent une aux drogues. En réagissant à ceci ou cela, ils affirment et renforcent le sens de leur identité.

Le ressentiment qui dure s'appelle rancune. Porter de la rancune en soi, c'est être en permanence « contre » et c'est la raison pour laquelle la rancune constitue une partie significative de l'ego chez bien des gens. Les rancunes collectives peuvent survivre pendant des siècles dans la psyché d'une nation ou d'une tribu et alimenter un cycle sans fin de violence.

La rancune est une forte émotion négative reliée à un événement ayant parfois eu lieu il y a longtemps et que l'on entretient par la pensée compulsive en se répétant l'histoire dans sa tête ou tout haut sous la forme de « ce que quelqu'un m'a fait » ou « ce que quelqu'un nous a fait ». La rancune contaminera d'autres secteurs de votre vie. Par exemple, pendant que vous ressassez et sentez la rancune, l'énergie émotionnelle négative qui lui est rattachée peut déformer votre perception d'un événement se produisant dans le présent ou influencer la façon dont vous parlez ou agissez avec une personne dans le présent. Une forte rancune arrive à contaminer de grands secteurs de votre vie et à vous maintenir sous l'emprise de l'ego.

Il faut de l'honnêteté pour reconnaître que vous abritez encore de la rancune, qu'il y a quelqu'un, un ennemi, dans votre vie à qui vous n'avez pas complètement pardonné. Si c'est le cas, soyez conscient de la rancune aussi bien sur le plan cognitif qu'émotionnel. En d'autres mots, soyez conscient des pensées qui entretiennent cette rancune et sentez l'émotion que le corps génère en réponse à ces pensées. N'essayez pas de vous débarrasser de la rancune. *Essayer* de se débarrasser ou de pardonner ne fonctionne pas. Le pardon se produit naturellement quand vous voyez que la rancune n'a d'autre raison d'être que de renforcer un faux sens de soi, de maintenir l'ego. Voir, c'est se libérer. Quand Jésus disait « Pardonnez à vos ennemis », il enseignait essentiellement aux gens à défaire une des principales structures de l'ego humain.

Le passé n'a pas le pouvoir de vous empêcher d'être présent maintenant. Seule la rancune concernant un fait passé a ce pouvoir. Et qu'est la rancune sinon un fardeau de vieilles pensées et de vieilles émotions.

Avoir raison, donner tort

Se plaindre, réagir et trouver les défauts des autres constituent des stratagèmes qui renforcent le sens des limites et de la division de l'ego, et qui en assurent la survie. Ils renforcent également l'ego en lui donnant une impression de supériorité, dont il se nourrit. Il ne semble pas immédiatement évident de quelle façon les doléances – disons au sujet des embouteillages, des politiciens, des « gens riches et cupides », des « gens paresseux au chômage », de vos collègues ou ex-conjoint, des hommes ou des femmes – peuvent vous procurer un sentiment de supériorité. Voici comment. Lorsque vous vous plaignez, il y a le sous-entendu implicite que vous avez raison et que la personne ou la situation dont vous vous plaignez a tort.

Il n'y a rien qui renforce le plus l'ego que le fait d'avoir raison. Avoir raison, c'est s'identifier à une position mentale, un point de vue, une opinion, un jugement, une histoire. Mais bien entendu, pour que vous ayez raison, quelqu'un doit avoir tort. L'ego adore donc donner tort puisque cela lui donne le droit d'avoir raison. Autrement dit, vous devez donner tort aux autres pour acquérir un sens plus fort d'identité. Avec les doléances et la réactivité, ce ne sont pas seulement les gens qui peuvent être dans le tort, mais aussi les situations : « ceci ne devrait pas arriver ». Le fait d'avoir raison vous met dans une position de supériorité morale imaginaire par rapport à la personne ou à la situation qui est jugée et que l'on trouve imparfaite. C'est ce sentiment de supériorité dont l'ego se repaît pour se renforcer.

La défense d'une illusion

Les faits existent hors de tout doute. Si vous dites que la lumière se déplace plus rapidement que le son et qu'une autre personne prétend que c'est le contraire qui est vrai, vous avez évidemment raison et l'autre, tort. La simple observation que la foudre précède le tonnerre en est une confirmation. Donc, non seulement vous avez raison, mais vous savez que vous avez raison. L'ego joue-t-il un rôle là-dedans ? Peut-être, mais pas nécessairement. Si vous énoncez simplement ce que vous savez être vrai, l'ego ne joue aucun rôle du tout puisqu'il n'y a aucune identification. Identification à quoi ? Au mental et à une position mentale. Mais une telle identification peut facilement intervenir. Si vous vous surprenez à dire « Croyez-moi, je le sais » ou « Pourquoi ne me crois-tu jamais ? », dites-vous que l'ego a déjà fait son entrée en scène. Il se cache derrière le petit mot

« moi » ou « me ». Alors, le simple énoncé « la lumière se déplace plus vite que le son » se retrouve au service de l'ego, même s'il est vrai. Il s'est fait contaminer par un faux sens de « je », il s'est personnalisé et transformé en position mentale. Le « je » se sent diminué ou offensé parce que quelqu'un ne croît pas ce que « je » a dit.

L'ego prend tout personnellement, ce qui suscite des émotions comme la résistance ou l'agressivité. Pensez-vous que vous défendez la vérité ? Non, car la vérité n'a pas besoin d'être défendue. La lumière ou le son n'ont rien à faire de ce que vous pensez ou de ce que les autres pensent. C'est vous que vous défendez, ou plutôt l'illusion de vous-même, le substitut créé par le mental. Il serait encore plus précis de dire que c'est l'illusion qui se défend elle-même. Si le domaine simple et direct des faits peut se prêter à la déformation et aux illusions, qu'en est-il alors des domaines beaucoup moins tangibles des opinions, des jugements et des points de vue, tous étant des formes-pensées pouvant facilement être imprégnées d'un sens d'identité.

Les egos confondent opinions et points de vue avec faits. Qui plus est, ils ne savent pas faire la différence entre un événement et une réaction à cet événement. Chaque ego est un spécialiste de perception sélective et d'interprétation déformée. C'est seulement avec la conscience, pas avec la pensée, que l'on peut distinguer un fait d'une opinion. C'est seulement avec la conscience que l'on peut voir la situation d'un côté et, de l'autre, la colère que l'on ressent à son sujet, et que l'on réalise qu'il existe d'autres façons d'aborder la situation, d'autres façons de la voir et de composer avec elle. C'est seulement avec la conscience que l'on peut voir la totalité d'une situation ou d'une personne au lieu d'adopter une perspective limitée.

La vérité : relative ou absolue ?

Au-delà du domaine des simples faits vérifiables, la certitude que « j'ai raison et que vous avez tort » est une chose dangereuse dans les relations personnelles et dans les relations entres nations, tribus, confessions, etc.

Mais si la croyance « J'ai raison, vous avez tort » est une des façons qu'a l'ego de se renforcer, si vous donnez raison et donnez tort aux autres est un dysfonctionnement mental perpétuant la division et le conflit entre êtres humains, cela veut-il dire que les bons ou mauvais comportements, actes ou croyances n'existent pas comme tels ? Ne s'agirait-il pas du relativisme moral que certains enseignements chrétiens contemporains considèrent comme le grand démon de notre époque ?

L'histoire de la chrétienté est bien entendu un exemple flagrant de la façon dont la croyance d'être le seul possesseur de la vérité, c'est-à-dire avoir raison, peut corrompre vos actes et vos comportements au point de vous rendre fou. Pendant des siècles, on a considéré qu'il était juste de brûler et torturer des gens vivants si leurs opinions divergeaient ne serait-ce qu'un tantinet de la doctrine de l'Église ou des interprétations étroites des écritures (la « vérité ») et que par conséquent ils avaient tort. Ils avaient tellement tort qu'il fallait les tuer. On accordait plus d'importance à la Vérité qu'à la vie humaine. Et cette Vérité, c'était quoi ? Une histoire à laquelle vous deviez croire, ce qui veut dire un ramassis de pensées.

Le million de personnes que le dictateur dément du Cambodge, Pol Pot, a ordonné de tuer incluait tous ceux qui portaient des lunettes. Pourquoi ? Parce que, selon lui, l'interprétation marxiste de l'histoire était la vérité absolue et que selon celle-ci, ceux qui portaient des lunettes appartenaient à la classe instruite, à la bourgeoisie, aux exploiteurs des paysans. Il fallait donc les éliminer pour faire de la place à un nouvel ordre social. Sa vérité était aussi un ramassis de pensées.

L'Église catholique, ainsi que d'autres Églises, est juste quand elle considère le relativisme, cette croyance selon laquelle il n'existe pas de vérité absolue pour guider le comportement humain, comme un des démons de notre temps. Mais vous ne trouverez pas la vérité absolue si vous la cherchez là où elle ne peut être trouvée, c'est-à-dire dans les doctrines, les idéologies, les règles ou les histoires. Qu'ont donc en commun tous ces éléments ? Ils sont faits de pensées. Au mieux, la pensée peut pointer vers la vérité, mais elle n'*est* jamais la vérité. C'est pour cette raison que les bouddhistes affirment que « le doigt qui pointe vers la lune n'est pas la lune ». Toutes les religions sont également fausses et également vraies, selon la façon dont vous vous en servez. Vous pouvez les utiliser en les mettant au service de l'ego ou bien en les mettant au service de la Vérité. Si vous croyez que votre religion est la Vérité, vous l'utilisez pour la mettre au service de l'ego. Employée de cette façon, la religion devient une idéologie et crée un sens illusoire de supériorité ainsi que division et conflit entre les gens. Mis au service de la Vérité, les enseignements religieux constituent des panneaux indicateurs laissés par des êtres humains éveillés pour vous aider à vous éveiller spirituellement, c'est-à-dire à vous libérer de l'identification à la forme.

Il n'existe qu'une seule Vérité absolue, dont toutes les autres découlent. Quand vous trouvez cette Vérité, vos actes en sont un reflet. Et les actes humains peuvent soit refléter la Vérité, soit refléter l'illusion. Peut-on verbaliser la Vérité ? Oui, mais les mots ne sont pas la vérité. Ils ne font que pointer vers elle.

La Vérité est inséparable de qui vous êtes. Oui, vous *êtes* la Vérité. Si vous la cherchez ailleurs, vous serez chaque fois déçu. L'Être même que vous êtes est Vérité. C'est ce que Jésus voulait transmettre quand il a dit « Je suis la voie, la vérité et la vie[2] ». Ces paroles sont un des indicateurs les plus puissants et directs de la Vérité, si on les comprend correctement. Par contre, si on les interprète mal, ils se transforment en obstacle. Jésus parle ici du « Je suis » le plus profond, de l'essence de chaque homme et de chaque femme, de chaque forme de vie. Il parle de la vie que vous êtes. Certains mystiques chrétiens ont appelé cette essence le Christ intérieur. Pour les bouddhistes, il s'agit de votre nature de Bouddha. Pour les hindous, c'est l'*atman*, le Dieu qui réside à l'intérieur. Lorsque vous êtes en contact avec cette dimension en vous – et être en contact avec elle est votre état naturel, pas un accomplissement miraculeux – tous vos actes et toutes vos relations reflètent le sentiment d'unité que vous ressentez profondément en vous. Ceci est l'amour. Ce sont les gens coupés de leur vérité qui ont besoin de lois, de commandements, de règles et de règlements. Ces structures empêchent en général les pires excès de l'ego, mais parfois pas. « Aime et fais ta volonté » a dit Saint Augustin. Les mots ne pourraient pas se rapprocher davantage de la Vérité.

L'ego n'est pas personnel

Sur un plan collectif, l'état d'esprit « Nous avons raison et ils ont tort » est profondément et particulièrement ancré, en particulier dans les endroits du monde où les conflits entre nations, races, tribus ou idéologies durent depuis longtemps ou quand ils sont extrêmes et endémiques. Les opposants sont chacun totalement identifiés à leur point de vue, leur propre « histoire », c'est-à-dire à leurs pensées. Les deux sont totalement incapables de voir qu'un autre point de vue, une autre histoire, peut exister et être tout aussi valide. L'écrivain israélien Yossie Halevi dit qu'on pourrait « faire de la place à une histoire autre[3] », mais, dans bien des endroits du monde, les gens ne sont pas encore prêts ou pas disposés à le faire. Les parties opposées croient qu'elles sont en possession de la vérité. Toutes deux se considèrent respectivement comme des victimes et voient l'autre comme le méchant. Et parce que chacune a conceptualisé et, par là même, déshumanisé l'autre en en faisant l'ennemi, elles peuvent tuer et infliger toutes sortes de violences à l'autre, même aux enfants, sans sentir leur part d'humanité ni souffrir. Chacune se retrouve prise au piège d'une spirale démente de perpétration et de rétribution, d'action et de réaction.

Il devient évident ici que l'ego humain dans son aspect collectif de « nous » contre « eux » est encore plus dément que le « moi » contre « toi », même si le mécanisme est fondamentalement le même. Ce sont de loin de respectables citoyens bien normaux au service de l'ego collectif qui ont infligé la plus grande violence à d'autres humains, pas des criminels ni des détraqués mentaux. On peut donc aller jusqu'à dire que sur cette planète, « normal » équivaut à fou. Et qu'est-ce qui se trouve à l'origine de cette folie ? L'identification complète aux pensées et aux émotions, autrement dit l'identification à l'ego.

La cupidité, l'égoïsme, l'exploitation, la cruauté et la violence sont encore présents partout sur la planète. Lorsque vous ne les reconnaissez pas en tant que manifestations individuelles et collectives d'un dysfonctionnement sous-jacent ou d'une maladie mentale sous-jacente, vous faites l'erreur de les personnaliser. Vous élaborez une identité conceptuelle pour une personne ou un groupe en disant : « C'est ce qu'il est. C'est ce qu'ils sont. » Lorsque vous prenez l'ego des autres pour leur identité, c'est votre propre ego qui se sert de cette fausse perception pour se renforcer en se donnant raison et en étant supérieur. Vous réagissez donc en condamnant, en vous indignant et souvent en vous mettant en colère contre celui que vous percevez comme l'ennemi. Tout ceci est extrêmement satisfaisant pour l'ego et renforce le sentiment de division entre vous et l'autre, dont la « différence » est grossie au point que vous ne réussissez plus à sentir votre part d'humanité commune, pas plus que la source de vie, l'essence divine, que vous avez en commun.

Les schèmes de l'ego d'autrui auxquels vous réagissez particulièrement fort et que vous prenez pour leur identité ont souvent tendance à être les mêmes schèmes qui se trouvent aussi en vous mais que vous ne pouvez ou ne voulez voir. Vous avez donc dans ce sens-là beaucoup à apprendre de vos ennemis ! Qu'est-ce qui vous dérange le plus chez eux ? Leur égoïsme ? Leur cupidité ? Leur soif de pouvoir et de contrôle ? Leur manque de sincérité ? Leur malhonnêteté, leur propension à la violence, etc. ? Tout ce que vous détestez et à quoi vous réagissez fortement chez l'autre est aussi en vous. Mais ce n'est rien de plus qu'une forme d'ego et, comme tel, quelque chose de complètement impersonnel. Ce trait n'a rien à voir avec ce que la personne est ni avec ce que vous êtes. Ce n'est que lorsque vous prenez ce trait pour ce que vous êtes et que vous le remarquez chez vous qu'il devient une menace pour votre sentiment d'identité.

La guerre est un état d'esprit

Dans certains cas, il se peut que vous ayez besoin de vous protéger ou de protéger quelqu'un d'une autre personne. Faites attention de ne pas en faire une mission visant à « éradiquer le démon », car vous vous transformerez probablement en la chose même contre laquelle vous vous battez. En vous battant contre l'inconscience, vous tomberez dans l'inconscience. On ne peut jamais battre l'inconscience, le comportement dysfonctionnel de l'ego, en s'attaquant à elle. Même si vous battez votre opposant, l'inconscience sera encore là : elle aura simplement changé de camp ou bien elle prendra une nouvelle forme chez votre opposant. Vous renforcez tout ce contre quoi vous vous battez. Et ce à quoi vous résistez se perpétue.

Actuellement, on entend fréquemment l'expression « la guerre contre » ceci ou cela. Chaque fois que je l'entends, je sais que cette guerre est vouée à l'échec. Il y a la guerre contre la drogue, la guerre contre la criminalité, la guerre contre le terrorisme, la guerre contre le cancer, la guerre contre la pauvreté, etc. Malgré la guerre contre la criminalité et la drogue, il y a eu une augmentation spectaculaire de la criminalité et des délits reliés aux drogues aux cours des 25 dernières années. Le nombre de prisonniers aux États-Unis est passé d'un peu moins de 300 000 en 1980 à 2,1 millions en 2004[4]. La guerre contre les maladies nous a entre autres donné les antibiotiques. Ils ont tout d'abord fonctionné de façon spectaculaire, semblant nous rendre vainqueurs de la guerre contre les maladies infectieuses. Actuellement, bien des experts tombent d'accord pour affirmer que l'usage sans discernement et trop répandu des antibiotiques a créé une bombe à retardement parce que des souches de bactéries résistantes aux antibiotiques, que l'on qualifie de super bactéries, déclencheront une recrudescence de ces maladies et peut-être même des épidémies. Selon le *Journal of the American Association*, les traitements médicaux aux États-Unis constituent la troisième cause de mortalité après les maladies cardiaques et le cancer. L'homéopathie et la médecine traditionnelle chinoise représentent une alternative intéressante pour soigner des maladies puisqu'elles ne considèrent pas ces dernières comme l'ennemi et, par conséquent, ne créent pas de nouvelles maladies.

La guerre est un état d'esprit et tout acte en émanant renforcera le méchant ennemi ou, si la guerre est gagnée, il créera un nouvel ennemi, un nouveau méchant égal à celui qui a été battu ou pire que lui. Il existe une profonde corrélation entre votre état de conscience et la réalité externe. Quand vous êtes sous l'emprise d'un état d'esprit comme la « guerre », vos perceptions deviennent extrêmement sélectives et déformées. Autrement dit, vous ne verrez que ce que vous voulez voir et vous l'interpréterez mal. Il vous est facile d'imaginer quels actes peuvent naître d'un tel système désaxé. Ou bien, au lieu de l'imaginer, vous pouvez aussi regarder les nouvelles à la télévision ce soir !

Reconnaissez l'ego pour ce qu'il est : un dysfonctionnement collectif, la folie de l'esprit humain. Lorsque vous le reconnaissez pour ce qu'il est, vous ne le prenez plus pour l'identité d'une autre personne. Une fois que vous le voyez pour ce qu'il est, il est plus facile de ne pas y réagir. Vous ne prenez plus les choses personnellement. Il n'y a plus récrimination, reproches, accusations, tort. Personne n'a tort. C'est l'ego. C'est tout. La compassion naît quand vous reconnaissez que tout le monde souffre de la même maladie mentale, certains davantage que d'autres. Alors, vous n'alimentez plus le drame qui est propre à toute relation fondée sur l'ego. Quel est le combustible du drame ? La réactivité. L'ego s'en repaît.

Cherchez-vous la paix ou le mélodrame ?

Vous voulez la paix. Tout le monde veut la paix. Pourtant, il y a autre chose en vous qui veut le mélodrame, qui veut le conflit. Peut-être ne le sentez-vous pas en ce moment et vous faudra-t-il attendre une situation propice ou même seulement une pensée qui déclenchera une réaction en vous : quelqu'un qui vous accuse de ceci ou cela, qui ne vous salue pas, qui envahit votre territoire, qui remet en question la façon dont vous faites les choses, une mésentente au sujet de l'argent, etc. Sentez-vous l'énorme vague qui surgit en force en vous, la peur, cachée peut-être par la colère ou l'hostilité ? Entendez-vous votre propre voix devenir cassante, stridente, plus forte ou plus grave ? Réussissez-vous à observer votre mental en train de pédaler pour défendre ses positions, se justifier, attaquer, faire des reproches ? En d'autres mots, réussissez-vous à vous réveiller à ce moment-là d'inconscience ? Sentez-vous que quelque chose en vous est en guerre, quelque chose qui se sent menacé et qui veut survivre à tout prix, quelque chose qui a besoin de mélodrame pour pouvoir affirmer son identité de personnage victorieux dans cette production théâtrale ? Sentez-vous que quelque chose en vous préfère avoir raison que d'être en paix ?

Au-delà de l'ego : votre véritable identité

Quand l'ego est en guerre, dites-vous que ce n'est rien de plus qu'une illusion qui se bat pour survivre. Cette illusion pense que c'est vous. Au début, il n'est pas facile d'*être* la présence-témoin, surtout quand l'ego est en mode survie ou qu'un schème émotionnel du passé a été activé. Mais une fois que vous y avez goûté, la présence prendra de l'ampleur et l'ego perdra de son emprise sur vous. Ainsi arrive dans votre vie une force qui est bien plus grande que l'ego, bien plus grande que le mental. Tout ce qu'il faut pour se libérer de l'ego, c'est en devenir conscient, puisque l'ego et la conscience sont deux choses incompatibles. La conscience de ce qui est représente la force que le moment présent abrite. C'est pour cette raison qu'on l'appelle aussi Présence. La raison d'être ultime de l'existence humaine, ou en d'autres mots la raison d'être, c'est d'actualiser cette force dans le monde. C'est aussi pour cette raison que la libération de l'ego ne peut être un but que l'on atteindra à un moment donné dans l'avenir. Seule la Présence peut vous libérer de l'ego et vous ne pouvez être présent que maintenant, pas hier, ni demain. Seule la Présence peut défaire le passé en vous et ainsi transformer votre état de conscience.

Qu'est-ce que la réalisation spirituelle ? La croyance que vous êtes esprit ? Non, ceci est une pensée. On se rapproche de la vérité si l'on pense que vous êtes celui que votre certificat de naissance dit que vous êtes. Mais il s'agit encore d'une pensée. La réalisation spirituelle, c'est voir clairement que ce dont je fais l'expérience, ce que je pense, perçois ou sens n'est pas finalement qui je suis. C'est voir clairement que je ne peux me trouver dans toutes ces choses qui passent et disparaissent. Bouddha fut certainement le premier être humain à le voir clairement. C'est ainsi qu'*anata* (l'absence de moi) devint un des points centraux de son enseignement. Et lorsque Jésus a dit « Renie-toi toi-même », il voulait dire « détruis » (donc défais) l'illusion du moi. Si le moi, l'ego, était vraiment ce que je suis, il serait absurde de le renier.

Tout ce qui reste, c'est la lumière de la conscience sous laquelle les perceptions, les expériences, les pensées et les émotions vont et viennent. C'est l'Être, c'est le moi vrai et profond. Quand je me connais comme tel, tout ce qui arrive dans ma vie n'a plus une importance absolue, seulement une importance relative. J'honore ce qui se produit, mais il n'y a plus de sérieux, plus de lourdeur. La seule chose qui compte en fin de compte est la suivante : Est-ce que je peux sentir mon essence en tant qu'Être, le Je suis, en arrière-plan de ma vie en tout temps ? Ou pour être plus précis, est-ce que je peux sentir le Je suis que Je suis en ce moment ? Est-ce que je peux sentir mon identité essentielle comme étant la conscience elle-même ? Ou bien est-ce que je me perds dans les événements, le mental, le monde ?

Toutes les structures sont instables

Quelle que soit la forme qu'elle prend, la pulsion inconsciente sous-jacente à l'ego a comme fonction de renforcer l'image de ce que je pense être, du moi fantôme qui est né lorsque la pensée – un grand bienfait en même temps qu'une grande malédiction – a commencé à prendre le dessus et a fait disparaître la joie simple mais cependant profonde d'être relié à l'Être, à la Source, à Dieu. Quel que soit le comportement manifesté par l'ego, la force cachée le motivant est toujours la même : le besoin de se distinguer, d'être spécial, d'avoir le contrôle et de l'attention, le besoin de pouvoir, le besoin de plus. Et, bien entendu, le besoin d'avoir un sentiment de division, d'opposition, le besoin d'avoir des ennemis.

L'ego veut toujours obtenir quelque chose des autres ou des circonstances. Il a toujours un programme caché, toujours un sentiment de « pas encore assez », d'insuffisance et de manque qui doit être comblé. L'ego se sert des gens et des situations pour obtenir ce qu'il veut, et même quand il y réussit, il ne reste jamais satisfait pendant longtemps. Comme il est souvent contrecarré dans ses objectifs, l'espace entre le « ce que je veux » et le « ce qui est » devient une source constante d'angoisse et de contrariété. La célèbre chanson des Rolling Stones devenue maintenant un classique, *I Can't Get No Satisfaction*, est la chanson de l'ego par excellence. L'émotion sous-jacente qui gouverne l'activité de l'ego est la peur. La peur de n'être personne, la peur de ne pas exister, la peur de mourir. Toutes les activités de l'ego cherchent au bout du compte à éliminer cette peur. Mais tout ce que l'ego réussit à faire, c'est à la masquer temporairement avec une relation intime, une nouvelle possession ou une victoire. L'illusion ne vous satisfera jamais, seule la vérité de ce que vous êtes, quand elle est réalisée, vous libérera.

Pourquoi la peur? Parce que l'ego existe du fait qu'il s'identifie à la forme et que, au fin fond, il sait qu'aucune forme n'est permanente. Il sait que toutes les formes sont éphémères. Il y a donc toujours un sentiment d'insécurité autour de l'ego, même s'il a l'air très sûr de lui de l'extérieur.

Un jour, alors que je me promenais avec un ami dans une belle réserve naturelle près de Malibu, en Californie, nous sommes tombés sur les ruines de ce qui semblait avoir été un manoir détruit par un incendie plusieurs décennies plus tôt. En nous approchant de la propriété, depuis longtemps envahie par des arbres et toutes sortes de plantes magnifiques, nous avons vu une pancarte apparaître sur le bord du sentier, plantée là par les responsables du parc. Dessus, il y avait écrit : « Danger. Toutes les structures sont instables. ». Je dis à mon ami : « Ce sutra (écriture sacrée) est vraiment profond ». Et nous sommes restés là, pleins de révérence. Une fois que vous réalisez et acceptez que toutes les structures (formes) sont instables, y compris les structures matérielles qui ont l'air solides, la paix s'installe en vous. Pourquoi? Parce que, en reconnaissant l'impermanence de toutes les formes, vous vous éveillez à la dimension de l'absence de forme en vous, à ce qui est au-delà de la mort. C'est ce que Jésus appelait la « vie éternelle ».

Le besoin de l'ego de se sentir supérieur

Il existe de nombreuses formes subtiles de l'ego non remarquées que l'on peut cependant détecter chez les autres et, chose plus importante, chez soi. Rappelez-vous que dès l'instant où vous devenez conscient de l'ego en vous, cette conscience émergente est ce que vous êtes au-delà de l'ego, le « je » profond. Dans la reconnaissance du faux, il y a déjà la naissance du vrai.

Par exemple, vous êtes sur le point de raconter à quelqu'un un événement qui s'est produit. « Devine un peu? Tu ne le sais pas encore? Laisse-moi te le raconter. » Si vous êtes suffisamment vigilant, vous pourrez peut-être détecter en vous un sentiment momentané de satisfaction juste avant de raconter votre histoire, même s'il s'agit de mauvaises nouvelles. Ce sentiment provient du fait que pendant un bref instant, aux yeux de l'ego, il y a un déséquilibre en votre faveur entre vous et votre interlocuteur. Pendant ce bref instant, vous en savez *plus* que lui. La satisfaction que vous ressentez provient de l'ego et du fait que votre sentiment de moi est plus fort que celui de votre interlocuteur. Qu'il s'agisse d'un chef d'état ou du pape, vous vous sentez supérieur à cet instant-là parce que vous en savez *plus*. C'est pour cette raison que bien des gens aiment faire des commérages. De plus, les commérages permettent d'ajouter un élément de critique et de jugement malicieux sur les autres, ce qui renforce aussi l'ego par la supériorité mentale sous-entendue mais imaginaire qui est là chaque fois que vous jugez négativement quelqu'un.

Si quelqu'un d'autre a plus, sait plus ou peut faire plus, l'ego se sent menacé parce que ce sentiment de « moins » vient diminuer le sentiment imaginaire du moi en rapport à l'autre. Alors il essayera de se rétablir en diminuant, critiquant ou rabaissant la valeur des possessions, des connaissances ou des capacités de l'autre personne. Ou bien l'ego adoptera une autre stratégie et au lieu d'entrer en concurrence avec l'autre, il se rehaussera en s'associant à cette personne si celle-ci est importante aux yeux des autres.

L'ego et la célébrité

Le phénomène bien connu qui veut qu'on laisse tomber dans la conversation des noms célèbres et donc « importants » de gens avec qui l'on s'associe, de les mentionner comme si de rien n'était, fait partie de la stratégie de l'ego pour acquérir de la supériorité aux yeux des autres et, par conséquent, à ses propres yeux. C'est un vrai fléau que de devenir célèbre dans ce monde parce que vous disparaissez totalement derrière une image mentale collective. Presque tous les gens que vous rencontrez veulent renforcer leur identité, veulent renforcer l'image mentale de qui ils sont par association avec vous. Ces gens ne savent peut-être pas eux-mêmes que ce qui les intéresse, ce n'est pas vous, mais c'est de renforcer le faux sens qu'ils ont d'eux. Ils pensent que, par vous, ils peuvent être plus. Par vous, ils cherchent à devenir complets, ou plutôt par l'image mentale qu'ils se font de vous en tant que personne célèbre, en tant qu'identité collective conceptuelle exagérée.

La surévaluation absurde de la célébrité n'est qu'une des manifestations de la folie de l'ego dans notre monde. Certaines personnes célèbres font l'erreur de s'identifier à la fiction collective, à l'image que les gens et les médias ont créée d'eux, et ils commencent effectivement à se sentir supérieur aux autres mortels. Résultat ? Ils s'aliènent de plus en plus d'eux et des autres, ils sont de plus en plus malheureux et de plus en plus dépendants de leur popularité. Entourés uniquement de gens qui alimentent l'image gonflée d'eux, ils deviennent alors incapables d'entretenir des relations authentiques.

Albert Einstein, qui fut admiré, presque considéré comme un surhumain et dont la destinée fut de devenir la personne la plus célèbre sur Terre, ne s'identifia jamais à l'image que le mental collectif avait créée de lui. Il resta humble, sans ego. En fait, comme il le dit, il s'agissait d'une « grotesque contradiction entre ce que les gens considéraient comme mes réalisations et mes capacités, et la réalité de qui je suis et de ce dont je suis capable[5] ».

C'est pour cette raison que les gens célèbres ont de la difficulté à être authentiques dans leurs relations. Une relation authentique en est une qui n'est pas dominée par l'ego et la recherche d'image et de Moi. Dans une relation véritable, il y a une attention vigilante et une ouverture envers l'autre personne, sans aucun « vouloir ». Cette attention vigilante, c'est la Présence. Celle-ci est obligatoire pour qu'une relation soit authentique. En général, l'ego veut toujours quelque chose. S'il pense qu'il ne peut rien obtenir de l'autre, il reste alors dans une indifférence totale et se fout complètement de vous. Les trois états prédominants de l'ego dans les relations sont les suivants : le vouloir, le vouloir non satisfait (colère, ressentiment, reproches, doléances) et l'indifférence.

Chapitre 4

Les rôles joués par les divers visages de l'ego

Un ego qui veut quelque chose d'un autre – et quel ego ne le veut pas ! – adoptera en général un rôle ou un autre pour combler ses « besoins », qu'il s'agisse de biens matériels, de pouvoir, de supériorité, d'éminence ou de gratification physique ou psychologique. En général, les gens sont totalement inconscients des rôles qu'ils adoptent : ils *sont* ces rôles. Certains rôles sont subtils alors que d'autres sont flagrants, sauf pour la personne qui les a adoptés. Certains rôles sont conçus simplement pour attirer l'attention des autres, vu que l'ego se repaît d'attention et que celle-ci est après tout une forme d'énergie psychique. Comme l'ego ne sait pas que la source de toute énergie est en vous, il la cherche à l'extérieur. L'ego ne cherche pas l'attention sans forme qu'est la Présence, mais l'attention sous une forme ou une autre, entre autres la reconnaissance, les louanges, l'admiration. Ou bien il veut simplement être remarqué, il veut qu'on reconnaisse son existence.

Le fait qu'une personne timide ait peur de l'attention des autres ne veut pas dire qu'elle soit libérée de l'ego. En effet, son ego est ambivalent : d'un côté, il veut l'attention et, de l'autre, il en a peur. La personne timide a peur que l'attention prenne la forme de désapprobation ou de critique, c'est-à-dire de quelque chose qui amoindrisse le sentiment de soi au lieu de le renforcer. Chez la personne timide, la peur de l'attention est donc plus grande que le besoin d'attention. La timidité s'accompagne souvent d'une notion de soi surtout négative : la croyance d'être inadéquat. Toute notion conceptuelle de soi – c'est-à-dire se voir comme ci ou comme ça – appartient à l'ego, qu'il s'agisse d'une notion surtout positive (je suis le meilleur) ou d'une notion surtout négative (je ne vaux rien). Derrière toute notion positive de soi se cache la peur de ne pas être assez bien. Derrière toute notion négative de soi se cache le désir d'être meilleur que les autres ou le meilleur. Derrière le continuel besoin de se sentir supérieur et le sentiment d'assurance conféré à l'ego par la supériorité se cache la peur inconsciente d'être inférieur. Et inversement, l'ego timide et inadéquat qui se sent inférieur a un fort désir caché d'être supérieur. Bien des gens oscillent entre les sentiments d'infériorité et de supériorité, selon les situations ou les personnes qu'ils rencontrent sur leur chemin. Il y a juste une chose que vous devez savoir et observer en vous : chaque fois que vous vous sentez supérieur ou inférieur à quelqu'un d'autre, c'est l'ego qui entre en jeu.

Les malveillants, les victimes et les amoureux

Quand certains egos ne réussissent pas à se faire louanger ou admirer, ils se contentent d'autres formes d'attention et adoptent certains rôles pour les provoquer. S'ils ne réussissent pas à obtenir d'attention positive, ils chercheront probablement de l'attention négative, par exemple en provoquant une réaction négative chez quelqu'un. C'est d'ailleurs ce que font les enfants quand ils se conduisent mal. Les rôles négatifs deviennent particulièrement prononcés chaque fois que l'ego est amplifié par un corps de souffrance actif, c'est-à-dire par une souffrance émotionnelle du passé qui veut se renouveler en faisant de nouveau l'expérience de souffrance. Certains egos commettent des crimes pour devenir célèbres. Ils cherchent l'attention par la notoriété et la condamnation. « S'il vous plaît, dites-moi que j'existe, que je ne suis pas insignifiant », semblent-ils dire. Une telle forme pathologique d'ego est la version extrême de l'ego « normal ».

Un rôle très commun joué par l'ego est celui de la victime, qui cherche de l'attention sous forme de pitié ou de sympathie. La victime veut que les autres s'intéressent à *son* problème, à « elle et à son histoire ». Ce rôle de victime se retrouve dans bien des schèmes de l'ego, entre autres les récriminations, le sentiment d'être offensé, indigné, etc. Bien entendu, une fois que je suis identifié à une histoire dans laquelle je me donne le rôle de victime, je ne veux pas que cette histoire finisse. Alors, comme tout thérapeute le sait pertinemment, l'ego ne veut pas mettre fin à ses problèmes parce qu'ils font partie de son identité. Si personne ne veut entendre mon histoire triste, je peux me la raconter à volonté dans ma tête, me prendre en pitié et ainsi avoir l'identité d'une personne traitée injustement par la vie, par les autres, par le destin ou par Dieu. Ce rôle vient définir mon image personnelle, faire quelqu'un de moi. C'est tout ce qui compte pour l'ego.

Au tout début de bien des relations soi-disant

romantiques, il est tout à fait commun de jouer des rôles afin d'attirer et de garder la personne que l'ego perçoit comme étant celle qui va « me rendre heureuse, me faire sentir spéciale et combler tous mes besoins ». L'accord tacite et inconscient est le suivant : « Je jouerai à qui tu voudras et tu joueras à qui je voudrai. » Mais il n'est pas facile de jouer un rôle et de le maintenir indéfiniment, surtout quand on commence à vivre ensemble. Et lorsque ces rôles sautent, que voyez-vous ? Malheureusement pas encore la véritable essence de l'être qui est en face de vous, du moins dans la plupart des cas, mais ce qui recouvre cette essence, c'est-à-dire l'ego à l'état brut. Un ego investi dans ses rôles, dans son corps de souffrance, dans ses désirs contrecarrés qui se transforment alors en colère, le plus probablement dirigée vers le conjoint qui n'a pas réussi à éliminer la peur sous-jacente et le sentiment de manque faisant intrinsèquement partie du sens de soi propre à l'ego.

Ce que l'on appelle communément « tomber amoureux » est dans la plupart des cas une intensification du « vouloir » et de « l'avoir besoin » de l'ego. Vous devenez en quelque sorte « accro » à une autre personne, ou plutôt à l'image que vous vous faites de cette personne. Ceci n'a rien à voir avec l'amour vrai qui ne comprend aucun vouloir d'aucune sorte. C'est la langue espagnole qui est la plus honnête en ce qui concerne les notions conventionnelles de l'amour. En effet, *te quiero* veut aussi bien dire « Je te veux » que « Je t'aime ». L'autre expression pour dire « Je t'aime », *te amo*, qui n'a pas cette ambiguïté de sens, est rarement utilisée. Peut-être parce que le véritable amour existe rarement lui aussi.

Renoncer aux définitions de soi

À mesure que les cultures tribales se développèrent dans les civilisations anciennes, certaines fonctions commencèrent à être attribuées à certaines personnes : le souverain, le prêtre ou la prêtresse, le guerrier, le fermier, le marchand, l'artisan, l'ouvrier, etc. Un système de classe fut ainsi instauré. Dans la plupart des cas, la fonction venait avec la naissance et déterminait votre identité, aux yeux des autres ainsi qu'à vos propres yeux. Votre fonction devenait donc un rôle, qui n'était cependant pas reconnu comme tel. C'était qui vous étiez ou qui vous pensiez être. Seuls quelques rares êtres, comme Jésus ou Bouddha, virent la non-pertinence totale des castes ou des classes sociales. Ils les reconnurent en effet comme étant identification à la forme et comprirent qu'une telle identification au pouvoir temporel et au conditionnement ne pouvait que masquer la lumière de l'inconditionnel et de l'éternel qui brille en chaque être humain.

Dans notre monde actuel, les structures sociales sont moins rigides et moins clairement définies qu'auparavant. Bien que les gens soient bien entendu encore conditionnés par leur milieu de vie, ils n'héritent plus automatiquement d'une fonction qui leur procure une identité. En fait, dans le monde moderne, de plus en plus de gens sont confus quant à la place qu'ils devraient occuper, quant à leur raison d'être et même quant à leur identité.

En général, je félicite les gens quand ils me disent qu'ils ne savent plus qui ils sont. Ils me regardent avec perplexité et me demandent : « Êtes-vous en train de dire que c'est bien d'être confus ? » Je leur suggère de se demander ce qu'être confus veut dire pour eux. « Je ne sais pas » n'est pas de la confusion, alors que « Je ne sais pas, mais je devrais savoir ou j'ai besoin de savoir » en est. Vous est-il possible de renoncer à la croyance que vous devriez ou auriez besoin de savoir qui vous êtes ? En d'autres termes, pouvez-vous cesser de chercher des définitions conceptuelles pour vous donner un sentiment de soi ? Pouvez-vous cesser de faire appel à la *pensée* pour trouver une identité ? Quand vous renoncez à la croyance que vous devriez ou auriez besoin de savoir qui vous êtes, qu'arrive-t-il à la confusion ? Elle disparaît tout d'un coup. Quand vous acceptez totalement que vous ne savez pas, vous accédez à un état de paix et de clarté bien plus près de ce que vous êtes vraiment que ce que vous avez jamais pensé pouvoir l'être. Quand vous vous définissez par le truchement de la pensée, vous vous limitez.

Les rôles pré-établis

Différentes personnes occupent différentes fonctions en ce monde. Il ne peut en être autrement. En effet, les êtres humains diffèrent beaucoup les uns des autres en ce qui concerne les aptitudes intellectuelles ou physiques, entres autres sur le plan des connaissances, des talents, des habiletés et des niveaux énergétiques. Ce qui importe vraiment, ce n'est pas tant la fonction que vous occupez dans le monde, mais le fait que vous vous identifiez à elle au point qu'elle prenne le dessus et devienne un rôle que vous adoptez. Et quand vous jouez un rôle, vous êtes inconscient. Dès que vous vous surprenez à jouer un rôle, un espace se crée entre vous et ce rôle. De cette façon, vous commencez à vous libérer du rôle. Mais quand vous êtes totalement identifié à un rôle, vous confondez un schème de comportement avec ce que vous êtes et vous vous prenez très au sérieux. Par ailleurs, vous attribuez automatiquement aux autres des rôles qui correspondent aux vôtres. Par exemple, lorsque vous allez voir un médecin qui est totalement identifié à son rôle, vous n'êtes plus à ses yeux un être humain, mais un patient ou un cas médical.

Bien que les structures sociales de notre monde contemporain soient moins rigides que celles des anciennes cultures, il existe de nombreuses fonctions ou rôles pré-établis auxquels les gens s'identifient facilement et qui font ensuite partie intégrante de leur ego. C'est pour cette raison que les échanges entre humains deviennent aliénants, déshumanisés et faux. Il se peut que ces rôles pré-établis vous donnent un certain sentiment réconfortant d'identité, mais finalement vous vous y perdez. Les fonctions que les gens occupent dans la hiérarchie de certains organismes, entre autres l'armée, l'église, le gouvernement ou une grande compagnie, peuvent facilement devenir des rôles-identités. Les interactions authentiques entre humains deviennent donc impossibles parce que vous vous perdez dans un rôle.

Nous pourrions qualifier certains rôles pré-établis d'archétypes sociaux. En voici quelques-uns : la femme bourgeoise au foyer (rôle moins répandu qu'il ne l'était mais encore largement répandu), le mâle macho dur à cuire, la femme séductrice, l'artiste non conformiste, la personne cultivée (un rôle très commun en Europe) qui étale ses connaissances en littérature, art et musique de la même façon que d'autres étaleraient leurs vêtements ou leur voiture de prix. Et puis, il y a le rôle universel de l'adulte qui, lorsque vous le jouez, vous fait prendre vous et la vie très au sérieux. La spontanéité, la légèreté et la joie sont exclues de ce rôle.

Le mouvement hippie qui commença sur la côte ouest des États-Unis dans les années 60 pour ensuite se propager dans tout le monde occidental est né du rejet par de nombreux jeunes gens des archétypes sociaux, des rôles, des schèmes pré-établis de comportement ainsi que des structures sociales et économiques fondées sur l'ego. Ces jeunes refusèrent de jouer les rôles que leurs parents et la société voulaient leur imposer. Il est significatif que ce mouvement ait coïncidé avec les horreurs de la guerre du Vietnam au cours de laquelle plus de 57 000 jeunes Américains et 3 millions de Vietnamiens perdirent la vie et par laquelle la folie du système et de l'état d'esprit lui étant sous-jacent fut exposée au vu et au su de tous. Alors que dans les années 50 la plupart des Américains étaient de grands conformistes en pensée et en comportement, dans les années 60, des millions de personnes commencèrent à se démarquer de l'identité collective vu l'évidence même de la folie collective. Le mouvement hippie constitua un relâchement des structures jusque-là si rigides de l'ego dans la psyché de l'humanité. Le mouvement comme tel dégénéra et prit fin, mais il laissa derrière lui une ouverture, et pas uniquement chez ceux qui participèrent au mouvement. C'est cette ouverture qui permit aux vieilles sagesse et spiritualité orientales de pénétrer en Occident et de jouer un rôle essentiel dans l'éveil de la conscience globale.

Les rôles temporaires

Si vous êtes assez éveillé et assez présent pour pouvoir observer la façon dont vous interagissez avec les autres, il vous sera possible de détecter les subtils changements qui se produisent dans votre élocution, votre attitude et votre comportement selon votre interlocuteur. Ce phénomène sera tout d'abord plus facile à observer chez les autres, et ensuite chez vous. La façon de vous adresser au PDG d'une grande compagnie différera en de subtils points de la façon dont vous vous adressez au concierge. Vous ne vous adressez pas à un enfant comme vous le faites à un adulte. Pourquoi ? Parce que vous jouez des rôles. Quand vous entrez dans un magasin pour acheter quelque chose, quand vous allez au restaurant, à la banque ou au bureau de poste, vous adoptez des rôles sociaux pré-établis. Vous devenez un client et vous vous exprimez et agissez comme tel. Et le vendeur ou le serveur, qui joue également un rôle, vous traitera probablement comme un client. Tout un éventail de schèmes conditionnés de comportement s'installent entre deux êtres humains qui déterminent la nature de l'interaction. À la place d'êtres humains, ce sont des images mentales qui interagissent les unes avec les autres. Plus les gens sont identifiés à leurs rôles respectifs, plus les relations deviennent fausses.

Vous avez non seulement une image mentale de qui est l'autre personne, mais aussi une image mentale de qui vous êtes, surtout par rapport à la personne avec laquelle vous interagissez. Alors, *vous* n'interagissez pas du tout avec la personne, mais qui vous pensez être est en relation avec qui vous pensez que la personne est, et vice-versa. L'image conceptuelle que votre esprit a créée de vous est en relation avec sa propre création, c'est-à-dire avec l'image conceptuelle qu'il a créée de l'autre personne. Et comme le mental de l'autre personne a probablement procédé de même, chaque interaction entre deux personnes est en réalité une interaction entre quatre identités conceptuelles de l'ego, qui en fin de compte ne sont que des fictions. Il n'est donc pas surprenant qu'il y ait tant de conflits dans les relations. Il n'y a pas de vraies relations.

Le moine aux mains moites

Kasan, un moine et maître zen, s'apprêtait à célébrer les funérailles d'un noble fort connu. Alors qu'il attendait, debout, la venue du gouverneur de la province et d'autres seigneurs et dames, il remarqua qu'il avait les mains moites.

Le jour suivant, il rassembla ses disciples et leur avoua qu'il n'était pas encore prêt à être un véritable maître. Il leur expliqua qu'il ne réussissait pas encore à être le même devant tous les humains, mendiants et rois confondus. Il ne réussissait pas encore à voir au-delà des rôles sociaux et des identités conceptuelles, ni à voir la similitude de l'Être chez tous les êtres humains. Il partit et devint l'élève d'un autre maître. Huit ans plus tard, il retourna vers ses disciples, illuminé cette fois.

Le bonheur en tant que rôle et le bonheur en tant que vérité

« Comment allez-vous ? » « Bien. Ça ne pourrait aller mieux. » Vrai ou faux ?

Dans bien des cas, le bonheur est un rôle que les gens jouent. Derrière la façade souriante, il y a beaucoup de souffrance. Les états dépressifs, les dépressions nerveuses et les réactions exagérées sont communes lorsque le malheur se cache derrière un extérieur souriant et des dents blanches bien brillantes, lorsqu'on nie, parfois même à soi, qu'on est très malheureux.

« Très bien » est un rôle que l'ego endosse plus communément en Amérique que dans certains autres pays où être et paraître malheureux est presque la norme, et par conséquent socialement plus acceptable. Il s'agit probablement d'une exagération, mais on m'a dit que dans la capitale d'un pays nordique, vous courrez le risque de vous faire arrêter pour conduite en état d'ébriété si vous souriez à des étrangers dans la rue.

Si vous êtes malheureux, il faut en premier lieu le reconnaître. Mais ne dites pas « Je suis malheureux », car ce malheur intérieur n'a rien à voir avec qui vous êtes. Dites « Il y a du malheur en moi. » Ensuite, observez. Il se peut qu'une situation dans laquelle vous vous trouvez ait quelque chose à voir avec votre malaise. Il faudra alors passer à l'action pour changer la situation ou bien vous en soustraire. Si vous ne pouvez rien faire, faites face à la situation et dites-vous : « Bon, maintenant, c'est ainsi que les choses sont. Je peux soit accepter, soit me rendre la vie impossible. » La cause première du malheur n'est jamais la situation, mais toujours les pensées qui concernent celle-ci. Soyez donc conscient des pensées qui vous viennent et dissociez-les de la situation, qui est toujours neutre, qui est toujours telle qu'elle est. Il y a la situation et il y a mes pensées à son sujet.

Au lieu d'inventer des histoires, tenez-vous en aux faits. Par exemple, si vous dites « Je suis ruiné », c'est une fiction qui vous limite et vous empêche de passer effectivement à l'action. Si vous dites « Il me reste 50 cents dans mon compte en banque », vous énoncez un fait. Affronter les faits redonne toujours du pouvoir. Soyez conscient que vos pensées créent dans une large mesure les émotions que vous ressentez. Établissez le lien entre pensées et émotions. Au lieu d'être vos pensées et vos émotions, soyez la conscience derrière elles.

Ne cherchez pas le bonheur, vous ne le trouverez pas. Pourquoi ? Parce que chercher est l'antithèse même du bonheur. Le bonheur est toujours insaisissable, alors que la libération de la misère intérieure est possible tout de suite, en affrontant ce qui est plutôt qu'en inventant des histoires à son sujet. La misère intérieure dissimule votre état naturel de bien-être et de paix intérieure, qui sont la source naturelle du vrai bonheur.

La paternité et la maternité : des rôles ou des fonctions ?

De nombreux adultes endossent des rôles quand ils s'adressent à de jeunes enfants. Ils emploient des mots et des sons stupides. Ils parlent de haut à l'enfant et ne le traitent pas d'égal à égal. Le fait que vous en savez temporairement plus ou que vous êtes plus grand que lui ne veut pas dire que l'enfant n'est pas votre égal. À un moment donné de leur vie, la majorité des adultes se retrouvent à être parent, un des rôles les plus universels. La question cruciale est la suivante : Êtes-vous capable de bien vous acquitter de cette fonction de parent sans vous identifier à elle, c'est-à-dire sans qu'elle devienne un rôle ? La fonction de parent vous demande en partie de prendre soin des besoins de l'enfant, d'empêcher l'enfant de se mettre en danger et de lui dire de temps en temps ce qu'il faut faire et ne pas faire. Lorsque vous vous identifiez au rôle de parent, par contre, lorsque votre identité en dépend en grande partie ou en totalité, la fonction parentale devient exagérée, trop accentuée et prend le dessus. Vous ne prenez plus soin des besoins de l'enfant, vous le gâtez. Vous n'empêchez plus votre enfant de se mettre en danger, vous le surprotégez, ce qui l'empêche de satisfaire son besoin d'explorer le monde et de faire ses propres expériences. Vous ne lui dites plus quoi faire ou ne pas faire, vous le contrôlez avec autorité.

Qui plus est, ce rôle devenu identité subsiste longtemps une fois que ces fonctions particulières ne sont plus nécessaires. Le parent ne peut s'empêcher d'être un parent même quand l'enfant est devenu un adulte. Le parent ne peut renoncer au besoin que l'enfant ait besoin de lui. Même lorsque l'enfant est âgé de 40 ans, le parent ne réussit pas à se débarrasser de l'idée qu'il sait mieux que l'enfant ce qui est mieux pour lui. Dans ces circonstances, le rôle de parent se joue encore de manière compulsive et il n'y a toujours pas de relation authentique. Le parent se définit par ce rôle et a inconsciemment peur d'une perte d'identité en cessant d'être parent. Si le désir du parent de contrôler ou d'influencer les actes de son enfant maintenant adulte est contrecarré – comme c'est habituellement le cas – il critiquera, désapprouvera ou essaiera de provoquer de la culpabilité chez son enfant. Tout cela dans la tentative inconsciente de préserver son rôle, son identité. En apparence, on dirait que le parent se fait du souci pour son enfant, chose qu'il croit réellement, alors que son unique préoccupation est de conserver son role-identité. À la base de toutes les motivations de l'ego, il y a le renforcement du Moi et l'intérêt pour le Moi, parfois habilement dissimulé, même aux yeux de la personne.

Une mère ou un père qui s'identifie à son rôle essaiera peut-être aussi d'atteindre plus de complétude personnelle par le biais de ses enfants. Le besoin de l'ego de manipuler les autres pour combler un continuel sentiment de manque est alors dirigé vers les enfants. Si les présomptions et motivations inconscientes à l'origine de la compulsion du parent à manipuler ses enfants étaient conscientisées et formulées à voix haute, elles ressembleraient à ceci : « Je veux que tu réussisses là où je n'ai jamais réussi ; je veux que tu sois "quelqu'un" aux yeux du monde pour que je puisse moi aussi être quelqu'un par toi. Ne me déçois pas, je me suis tellement sacrifié pour toi. Ma désapprobation a pour but de te faire sentir tellement coupable et mal à l'aise que tu finiras par te conformer à ce que je veux. Et il va sans dire que je sais bien mieux que toi ce qui est le mieux pour toi. Je t'aime et je continuerai à t'aimer si tu fais ce que je sais être juste pour toi. »

Quand vous conscientisez ces motivations, vous vous rendez immédiatement compte de leur absurdité. L'ego qui les anime devient visible, ainsi que son dysfonctionnement. Certains parents à qui j'ai parlé se sont exclamés : « Mon Dieu, c'est ce que je faisais ? » Une fois que vous voyez ce que vous faites ou ce que vous avez fait, vous en voyez également la futilité. Et ce schème inconscient prend fin de lui-même. La « conscience-présence » est le plus puissant facteur de changement.

Si vous constatez que c'est ce que vos parents font avec vous, ne leur dites pas qu'ils sont inconscients et dominés par l'ego. En effet, cela ne pourrait que les rendre davantage inconscients vu que leur ego adoptera une position défensive. Il vous suffit de reconnaître que leur ego est à l'œuvre et que ce n'est pas ce qu'ils sont. Les schèmes de l'ego, même ceux qui ont la vie dure, se dissolvent parfois presque miraculeusement quand vous ne les contrecarrez pas. Le fait de les contrecarrer leur donne plus de force. Et si ce n'est pas ce que vos parents font, vous pouvez alors accepter leur comportement avec compassion, sans avoir besoin d'y réagir, c'est-à-dire sans avoir besoin de le personnaliser.

Soyez également conscient de vos propres présomptions et attentes inconscientes derrière vos réactions habituelles à vos parents. « Mes parents devraient approuver ce que je fais. Ils devraient me comprendre et m'accepter tel que je suis. » Vraiment ? Pourquoi le devraient-ils ? Le fait est qu'ils ne le font pas parce qu'ils ne le peuvent pas. Leur conscience n'a pas encore fait le saut quantique vers ce niveau de la conscience. Ils ne sont pas encore capables de se démarquer de leur rôle. « Oui, mais je ne me sens pas bien ni à l'aise tel que je suis s'ils ne m'approuvent pas et ne me comprennent pas. » Vraiment ? Quelle différence leur approbation ou leur désapprobation peut faire à ce que vous êtes vraiment ? Toutes ces présomptions prises pour acquises engendrent beaucoup d'émotions négatives, beaucoup de misère non nécessaire.

Soyez vigilant. Certaines des pensées qui vous passent par la tête sont-elles la voix intériorisée de votre père ou de votre mère, la voix qui dit entre autres « Tu n'es pas assez bon. Tu n'arriveras jamais à rien. » Il s'agit peut-être aussi d'autres genres de jugement ou position. Si vous êtes vigilant, vous saurez reconnaître cette voix pour ce qu'elle est : une vieille pensée conditionnée par le passé. Si vous êtes vigilant, vous n'aurez plus besoin de croire à toutes les pensées qui vous viennent. Ce ne sera qu'une vieille pensée, rien de plus. Vigilance veut dire Présence. Et seule la Présence peut dissoudre le passé inconscient en vous.

Ram Dass a dit : « Si vous pensez être vraiment illuminé, allez donc passer une semaine avec vos parents. » C'est un excellent conseil. La relation avec vos parents est non seulement la relation première qui donne le ton à toutes vos relations subséquentes, mais aussi un bon test pour vérifier votre degré de présence. Plus il y a de passé en commun, plus vous devez être présent. Sinon, vous serez sempiternellement forcé de revivre le passé.

La souffrance consciente

Si vous avez de jeunes enfants, aidez-les, guidez-les et protégez-les du mieux que vous pouvez, mais chose encore plus importante, laissez-leur de l'espace, de l'espace pour être. Ils arrivent dans ce monde par vous mais ne sont pas à vous. La croyance « Je sais ce qui est le mieux pour toi » est peut-être vraie quand ils sont très jeunes, mais plus ils grandissent, moins elle est vraie. Plus vous avez d'attentes quant au déroulement de leur vie, plus vous êtes dans votre tête au lieu d'être présent à eux. Certes, ils feront des erreurs et en souffriront, comme tous les autres humains. Il se peut en fait qu'il s'agisse d'erreurs seulement à vos yeux. En fait, ce qui vous semble être une erreur peut s'avérer exactement ce qu'ils ont besoin de faire ou d'expérimenter. Donnez-leur autant d'aide et de conseils que vous pouvez, mais réalisez que vous devez à certains moments leur laisser faire des erreurs, surtout quand ils arrivent à l'âge adulte. Il se peut également, à certains moments, que vous deviez les laisser souffrir. La souffrance leur arrivera peut-être de nulle part ou alors elle sera la conséquence de leurs propres erreurs. Ne serait-il pas merveilleux de pouvoir leur épargner toute souffrance? Non, pas du tout. Pourquoi? Parce qu'ils n'évolueraient pas en tant qu'êtres humains et resteraient superficiels, identifiés à la forme externe des choses. La souffrance vous amène dans les profondeurs de votre être. Le paradoxe, c'est que la souffrance est causée par l'identification à la forme et que c'est cette même souffrance qui érode l'identification à la forme. En grande partie causée par l'ego, cette souffrance détruit à un moment donné l'ego, mais pas avant que vous ne souffriez consciemment.

L'humanité est destinée à dépasser l'ego, mais pas de la façon dont l'ego le pense. Une des nombreuses présomptions erronées de l'ego, une de ses nombreuses illusions, est que « Je ne devrais pas avoir à souffrir. » Cette pensée est parfois transférée à un de vos proches : « Mon enfant ne devrait pas avoir à souffrir. » C'est cette pensée même qui est à la source de la souffrance. La souffrance a une raison d'être noble : l'évolution de la conscience et la désintégration de l'ego. L'homme sur la croix est une image archétypale qui représente chaque homme et chaque femme.

Aussi longtemps que vous résistez à la souffrance, le processus est lent parce que la résistance crée davantage d'ego à désintégrer. Par contre, quand vous acceptez la souffrance, le processus s'accélère vu que vous souffrez consciemment. Mais, vous pouvez accepter la souffrance pour vous ou pour quelqu'un d'autre, par exemple pour un parent ou un enfant. Car au cœur de la souffrance consciente, il y a déjà transmutation. Le feu de la souffrance devient la lumière de la conscience.

Quand l'ego dit « Je ne devrais pas avoir à souffrir », cette pensée vous fait souffrir encore plus. C'est une déformation de la vérité qui est toujours paradoxale. En réalité et de façon paradoxale, vous avez besoin de dire « Oui » à la souffrance avant de pouvoir la transcender.

Parents conscients

Bien des enfants éprouvent colère et ressentiment envers leurs parents parce que la relation entre eux et leurs parents manque d'authenticité. L'enfant aspire profondément à ce que ses parents soient présents en tant qu'êtres humains, pas en tant que rôle, peu importe que ce rôle soit joué de façon consciente ou pas. Même si vous faites tout ce qu'il faut et de votre mieux pour votre enfant, ce n'est peut-être pas assez. *En fait, faire n'est jamais assez si vous négligez l'Être.* L'ego ne sait rien de l'Être mais croit que vous serez sauvé à un moment donné en faisant. Si vous êtes aux prises avec l'ego, vous croyez qu'en faisant toujours plus vous accumulerez suffisamment de « faire » pour pouvoir vous sentir complet plus tard. Ce ne sera pas le cas. Vous ne ferez que vous perdre dans le faire. La civilisation tout entière est en train de se perdre dans un faire qui n'a pas sa source dans l'Être et qui devient par conséquent futile.

Comment amener l'Être dans la vie d'une famille très occupée, dans la relation avec votre enfant ? La clé, c'est de donner de l'attention à votre enfant. En fait, il y a deux formes d'attention : celle que l'on pourrait qualifier de fondée sur la forme et celle fondée sur l'absence de forme. La première a toujours rapport d'une façon ou d'une autre avec le faire ou l'évaluation. « Est-ce que tu as fait tes devoirs ? Mange ! Range ta chambre ! Brosse-toi les dents ! Fais ci ! Arrête de faire ça ! Dépêche-toi de te préparer ! »

« Qu'est-ce que j'ai à faire maintenant ? » Cette question résume assez bien ce qu'est la vie de famille dans bien des foyers. L'attention fondée sur la forme est bien sûr nécessaire et a sa place. Mais si c'est tout ce qu'il y a entre vous et votre enfant, alors la dimension la plus vitale est absente et l'Être devient complètement caché par le faire, par les « occupations mondaines », ainsi que Jésus le dit. L'attention sans forme est inséparable de la dimension de l'Être. Comment fonctionne-t-elle ?

Quand vous écoutez, regardez, touchez ou aidez votre enfant, soyez vigilant, calme et totalement présent. Ne désirez pas autre chose que le moment tel qu'il est. De cette façon, vous faites de la place à l'Être. À ce moment-là, si vous êtes présent, vous n'êtes ni un père, ni une mère. Vous êtes la vigilance, la quiétude, l'être-là qui écoute, regarde, touche ou parle. Vous êtes l'Être derrière le faire.

Reconnaissez votre enfant

Vous êtes un être humain. Qu'est-ce que cela signifie ? Le talent à vivre sa vie n'est pas une question de contrôle, mais une question d'équilibre entre les aspects humain et Être. Les rôles que vous jouez – mère, père, mari, femme, jeune, vieux – et les fonctions que vous assumez appartiennent à la dimension humaine. Cette dimension a sa place et doit être honorée. Mais elle ne suffit pas pour qu'une relation ou une vie soit accomplie et vraiment significative. L'aspect humain n'est jamais suffisant à lui seul, peu importe vos efforts et vos accomplissements. Et puis il y a l'Être. On le trouve dans la quiétude, la quiddité vigilante de la conscience elle-même, la conscience que vous êtes. L'aspect humain correspond à la forme. L'aspect Être correspond à l'absence de forme. Et ces deux aspects ne sont pas dissociés, mais au contraire, intimement liés.

Dans la dimension humaine, vous êtes incontestablement supérieur à votre enfant. Vous êtes plus grand, plus fort, plus instruit et plus accompli que votre enfant. Si tout ce que vous connaissez consiste en cette dimension, vous vous sentirez supérieur à votre enfant, même inconsciemment. Et vous ferez sentir votre enfant inférieur, même inconsciemment. Il n'y a pas égalité entre vous et votre enfant parce qu'il n'est question que de forme entre lui et vous, et que dans la forme vous n'êtes bien sûr pas égaux. Même si vous aimez votre enfant, il s'agit d'amour humain seulement, c'est-à-dire d'amour conditionnel, possessif et intermittent. C'est seulement au-delà de la forme, au niveau de l'Être, que vous êtes égaux. C'est seulement quand vous trouvez la dimension sans forme en vous qu'il peut y avoir de l'amour vrai. La Présence que vous êtes, le « Je suis » intemporel, se reconnaît dans l'autre et l'autre, dans ce cas l'enfant, se sent aimé, c'est-à-dire reconnu.

Aimer, c'est vous reconnaître dans une autre personne. À ce moment-là, la différence de l'autre vous est révélée comme une illusion appartenant purement au domaine humain, au domaine de la forme. L'aspiration à l'amour qui existe chez tout enfant est une aspiration qui doit être reconnue, pas au niveau de la forme, mais au niveau de l'Être. Si les parents font seulement honneur au niveau de la forme et négligent le niveau de l'Être, l'enfant sentira que la relation n'est pas complète, que quelque chose d'absolument vital manque. Il accumulera intérieurement de la souffrance et éprouvera parfois inconsciemment du ressentiment envers ses parents. « Pourquoi ne me reconnais-tu pas ? » C'est ce que la souffrance ou le ressentiment semble vouloir dire.

Lorsqu'une autre personne vous reconnaît, cette reconnaissance ramène la dimension de l'Être plus pleinement dans le monde par vous et l'autre. Il s'agit de l'amour qui rachète le monde. Je viens de m'exprimer sur ce sujet en faisant particulièrement référence à la relation avec votre enfant, mais il en va de même avec toutes les relations.

On a toujours dit que Dieu était amour, mais ce n'est pas tout à fait exact. En effet, Dieu est l'Un dans et au-delà des innombrables formes de vie. Vu que l'amour sous-entend dualité, il y a celui qui aime et celui qui est aimé, il y a un sujet et un objet. L'amour est donc la reconnaissance de l'unité dans un monde de dualité. C'est la naissance de Dieu dans le monde de la forme. L'amour rend le monde moins séculier, moins dense, plus transparent à la dimension divine, à la lumière de la conscience elle-même.

Renoncer à jouer des rôles

Chacun de vous est ici pour apprendre à faire tout ce qu'il faut dans n'importe quelle situation sans que cela ne devienne un rôle auquel vous vous identifiez. Vous devenez très puissant dans tout ce que vous accomplissez si votre geste est posé comme tel plutôt que pour protéger et renforcer votre rôle-identité ou vous y conformer. Chaque rôle est un sens fictif de soi et tout à travers lui devient personnalisé, et par conséquent corrompu et déformé par le « petit moi » créé par l'ego, ainsi que par tout rôle joué par ce dernier. La plupart des gens se trouvant actuellement dans des positions de pouvoir dans le monde, entre autres les politiciens, les personnalités du monde de la télévision, les hommes du monde des affaires et de la religion, sont totalement identifiés à leur rôle, à part quelques exceptions notables. On les considère peut-être comme des VIP (personnes très importantes), mais elles ne sont rien de plus que des acteurs inconscients du jeu de l'ego, un jeu qui a l'air très important mais qui est en fin de compte vide de véritable raison d'être. Comme Shakespeare le dit, c'est « une histoire racontée par un idiot, une histoire pleine de bruits et d'agitation qui ne veut rien dire[1] ». Étonnamment, Shakespeare en est arrivé à cette conclusion sans la télévision. Si le drame de l'ego sur Terre a une raison d'être quelconque, c'en est une indirecte. En effet, vu que ce drame crée de plus en plus de souffrances sur la planète, cette souffrance finit aussi par détruire l'ego, même si c'est l'ego lui-même qui l'a créée. C'est le feu dans lequel l'ego se consume lui-même.

Dans un monde de personnalités qui jouent des rôles, seules quelques rares personnes ne projettent pas d'image créée par le mental. On les trouve même dans le monde de la télévision, celui des médias et des affaires. Ces personnes fonctionnent à partir de leur Être profond et n'essaient pas de paraître plus que ce qu'elles sont. Tout simplement elles-mêmes, elles se distinguent parce qu'elles sont remarquables, parce qu'elles sont les seules à vraiment changer les choses en ce monde. Ce sont ces personnes qui amènent la nouvelle conscience. Tout ce qu'elles entreprennent est puissant parce qu'en harmonie avec le Tout. Leur influence dépasse de loin les gestes qu'elles posent ou les fonctions qu'elles occupent. Leur seule présence – simple, naturelle et modeste – a un effet transformateur sur quiconque entre en contact avec elles.

Quand vous n'endossez pas de rôle, il n'y a pas d'ego dans ce que vous faites. Il n'y a pas de programme parallèle, comme la protection ou le renforcement du Moi. C'est ce qui fait que vos actes ont un bien plus grand pouvoir. Vous êtes totalement focalisé sur la situation, vous devenez un avec elle. Vous n'essayez pas de devenir quelqu'un en particulier. Vous êtes très puissant et très efficace quand vous êtes totalement vous-même. Mais n'essayez pas d'être vous-même. Ce serait encore un rôle que vous endosseriez, le rôle du « moi naturel et spontané ». Dès que vous essayez d'être ceci ou cela, vous endossez un rôle. « Soyez juste vous-même » est un bon conseil, mais qui peut aussi être trompeur. Le mental entrera en jeu et dira : « Voyons, comment puis-je être moi-même ? » Il se mettra alors à fabriquer la stratégie : « Comment être moi-même ». Un autre rôle. « Comment être moi-même » est en fait la mauvaise question à poser, car elle sous-entend que vous devez faire quelque chose pour être vous-même. Mais le « comment » est désuet ici parce que vous êtes déjà vous-même. Cessez simplement d'ajouter des bagages inutiles à ce que vous êtes déjà. « Mais je ne sais pas qui je suis. Je ne sais pas ce qu'être moi-même veut dire. » Alors, si vous pouvez vous sentir tout à fait à l'aise sans savoir qui vous êtes, ce qui reste, c'est ce que vous êtes. L'Être derrière l'humain, le champ d'un pur potentiel plutôt que quelque chose déjà défini.

Renoncez à vous définir, que ce soit à vous ou aux autres. Vous n'en mourrez pas. Au contraire, vous reviendrez à la vie. Et ne vous préoccupez pas de la façon dont les autres vous définissent. Quand ils le font, ils se limitent eux-mêmes. C'est donc leur problème. Chaque fois que vous interagissez avec des gens, ne soyez pas là principalement comme une fonction ou un rôle, mais comme un champ de Présence consciente.

Pourquoi l'ego endosse-t-il des rôles ? À cause d'une présomption prise pour acquise, d'une erreur fondamentale, d'une pensée inconsciente. Cette pensée est la suivante : *je ne suis pas assez*. Et suite à celle-ci, d'autres pensées viennent : *je dois jouer un rôle afin d'obtenir ce dont j'ai besoin pour être totalement moi-même; j'ai besoin d'avoir plus pour pouvoir être plus*. Mais vous ne pouvez pas être plus que ce que vous êtes parce que, sous votre forme physique et psychologique, vous ne faites qu'un avec la vie elle-même, un avec l'Être. De par la forme, vous êtes et serez toujours inférieur à certains et supérieur à d'autres. De par l'essence, vous n'êtes ni supérieur ni inférieur à personne. C'est en réalisant ceci que naissent la véritable estime de soi et la véritable humilité. Aux yeux de l'ego, l'estime de soi et l'humilité sont contradictoires. En vérité, elles sont une seule et même chose.

L'ego pathologique

Dans un sens plus large, l'ego lui-même est pathologique, peu importe la forme qu'il prenne. En nous penchant sur l'étymologie du terme « pathologie » en grec ancien, nous découvrons à quel point ce terme convient à l'ego. Bien qu'il soit habituellement utilisé pour décrire une maladie, ce terme vient du grec *pathos*, qui veut dire souffrir. C'est bien sûr exactement ce que Bouddha avait découvert il y a 2 600 ans comme étant une caractéristique de la condition humaine.

La personne sous le contrôle de l'ego ne peut cependant pas reconnaître la souffrance en tant que souffrance, mais la considérera comme l'unique réaction appropriée à toute situation donnée. Dans son aveuglement, l'ego est incapable de voir la souffrance qu'il s'inflige et qu'il inflige aux autres. Créé par le mental-ego, le malheur est une maladie ayant atteint des proportions endémiques. Il est l'équivalent intérieur de la pollution de notre planète. Les états négatifs comme la colère, l'anxiété, la haine, le ressentiment, le mécontentement, l'envie, la jalousie, etc., ne sont pas reconnus comme négatifs mais comme entièrement justifiés. De plus, ils sont perçus à tort comme provenant non pas de soi, mais comme causés par les autres ou par tout autre facteur extérieur. « Je te tiens responsable de ma souffrance. » C'est ce que l'ego dit en sous-entendu.

L'ego ne peut faire la distinction entre une situation et l'interprétation que nous en faisons ou la réaction qu'elle suscite chez nous. Vous direz ainsi « Quelle journée épouvantable » sans réaliser que le froid, le vent, la pluie, la canicule ou la neige auxquels vous réagissez n'ont rien d'épouvantable. Ils sont ce qu'ils sont. Ce qui est épouvantable, c'est votre réaction, votre résistance intérieure à eux et l'émotion qui est engendrée par cette résistance. Comme le dit Shakespeare, « Il n'y a rien de bien ou de mal en soi. C'est la pensée qui en fait un bien et un mal[2] ». Qui plus est, la souffrance et la négativité sont souvent perçues à tort par l'ego comme un plaisir parce que, jusqu'à un certain point, l'ego s'en trouve renforcé.

Par exemple, la colère et le ressentiment renforcent énormément l'ego en intensifiant le sentiment de division, en mettant l'accent sur la différence et en créant une position mentale de rectitude aussi colossale qu'une forteresse que l'on ne peut assaillir. Si vous pouviez observer les changements physiologiques qui se produisent dans votre corps lorsque vous êtes possédé par un tel état négatif, si vous pouviez constater à quel point ces états affectent le fonctionnement de votre cœur, de votre système digestif, de votre système immunitaire et d'autres innombrables fonctions corporelles, il vous deviendrait absolument clair que de tels états sont effectivement pathologiques, qu'ils sont des formes de souffrance, pas de plaisir.

Chaque fois que vous vous trouvez dans un état négatif, quelque chose en vous réclame la négativité, quelque chose en vous la perçoit comme étant agréable ou croit qu'elle vous permettra d'obtenir ce que vous voulez. Sinon, pourquoi s'accrocher à la négativité, se rendre malheureux, rendre les autres malheureux et créer des maladies dans votre corps ? Donc, chaque fois qu'il y a de la négativité en vous et que vous réussissez à devenir conscient que quelque chose en vous y prend plaisir ou croit qu'elle a une raison d'être utile, vous devenez directement conscient de l'ego. Dès l'instant où ceci se produit, votre identité passe de l'ego à la conscience. Ceci veut dire que l'ego diminue et que la conscience grandit.

Si, en pleine crise de négativité, vous réussissez à réaliser que « En ce moment, je suis en train de me créer de la souffrance », cela suffira à vous élever au-dessus des états et des réactions de l'ego. Cela vous amènera à d'infinies possibilités, à d'autres façons plus intelligentes de composer avec toute situation donnée. Vous serez libre de renoncer à votre malheur dès l'instant où vous le reconnaîtrez comme non intelligent. La négativité est non intelligente et elle provient toujours de l'ego. L'ego est peut-être rusé, mais il n'est pas intelligent. La ruse poursuit ses propres petits buts, alors que l'intelligence a une vue d'ensemble où tout est relié. La ruse est motivée par l'intérêt personnel et elle est extrêmement limitée. La plupart des politiciens et des hommes d'affaires sont rusés. Très peu sont intelligents. Tout ce qui est accompli par la ruse ne dure pas longtemps et va toujours à un moment donné à l'encontre du but recherché. La ruse divise, alors que l'intelligence unifie.

Le malheur de fond

L'ego crée la division et la division crée la souffrance. Par conséquent, l'ego est clairement pathologique. À part les formes évidentes de négativité comme la colère, la haine, etc., il y a d'autres formes subtiles de négativité si communes qu'on ne les reconnaît habituellement pas comme telles. Par exemple, l'impatience, l'irritation, la nervosité, l'agitation, le ras-le-bol, etc. Ces formes de négativité constituent le malheur de fond qui est l'état intérieur prédominant chez beaucoup de gens. Il vous faut être extrêmement vigilant et absolument présent pour pouvoir les détecter. Chaque fois que vous y réussissez, il s'agit d'un moment d'éveil, de désidentification du mental.

Il existe un état négatif très répandu que l'on ne voit pas justement parce qu'il est très commun, très normal. Il vous est peut-être familier. Ressentez-vous souvent une sorte de mécontentement que l'on pourrait plus justement décrire comme un ressentiment de fond ? Il peut avoir un objet ou pas. Bien des gens passent une grande partie de leur vie dans cet état. Ils lui sont si identifiés qu'ils sont incapables de prendre du recul pour le voir. Sous-jacentes à ce sentiment se trouvent des croyances inconscientes, c'est-à-dire des pensées. Celles-ci vous viennent de la même façon que vos rêves vous viennent dans le sommeil. En d'autres termes, vous ne savez pas que vous pensez ces pensées, comme le rêveur ne sait pas qu'il rêve.

Ci-dessous vous trouverez certaines des pensées les plus communes qui alimentent ce sentiment latent de mécontentement ou de ressentiment. J'en ai éliminé le contenu pour ne garder que la structure et la rendre plus clairement visible. Chaque fois qu'il y a du malheur à l'arrière-plan de votre vie (ou bien à l'avant-plan), observez laquelle de ces pensées est la plus pertinente et ajoutez-y votre propre contenu selon votre situation :

« Il faut que quelque chose se produise dans ma vie pour que je puisse trouver la paix intérieure (être heureux, comblé, etc.). Je déteste que ce ne soit pas encore arrivé. Peut-être que mon ressentiment le fera arriver. »

« Quelque chose s'est passé autrefois qui n'aurait pas dû se passer et je déteste ça. Si ça ne s'était pas passé, je serais en paix maintenant. »

« Quelque chose est en train ***de se passer*** *maintenant qui ne devrait pas se passer et qui m'empêche d'être en paix. »*

Souvent, les croyances inconscientes sont dirigées vers une personne et le « se passer » devient un « pousser à faire » :

« Tu devrais faire ceci ou cela afin que je puisse être en paix. Et ça me frustre que tu ne l'aies pas encore fait. Peut-être que mon ressentiment te ***poussera à le faire.*** *»*

« Quelque chose que tu as dit, fait ou pas fait dans le passé m'empêche d'être en paix maintenant. » Ou bien *« Quelque chose que j'ai dit, fait ou pas fait dans le passé m'empêche d'être en paix maintenant. »*

« Ce que tu fais ou ne fais pas en ce moment m'empêche d'être en paix. »

Le secret du bonheur

Tous les énoncés ci-dessus sont des présomptions, des pensées gratuites que l'on confond avec la réalité. Ce sont des histoires que l'ego crée pour vous convaincre que vous ne pouvez être en paix maintenant ou que vous ne pouvez être totalement vous-même dans l'instant. Être en paix et être vous-même, c'est-à-dire être ce que vous êtes, sont la seule et même chose. L'ego dit : Peut-être à un moment donné dans l'avenir, je serai en paix... si ceci ou cela se produit, ou si j'obtiens ceci ou cela, ou si je deviens ceci ou cela. Ou bien l'ego dit : je ne peux jamais être en paix à cause de quelque chose qui s'est produit autrefois. Si vous écoutez ce que les gens racontent, leurs histoires pourraient toutes s'intituler « Pourquoi je ne peux pas être en paix maintenant ». L'ego ne sait pas que la seule occasion d'être en paix, *c'est* maintenant. Ou bien il le sait et a peur que vous le découvriez. Après tout, la paix, c'est la fin de l'ego.

Comment être en paix dès maintenant ? En faisant la paix avec l'instant présent. L'instant présent est le terrain de jeu où la vie se joue. En effet, elle ne peut se jouer nulle part ailleurs. Une fois que vous avez fait la paix avec l'instant présent, observez ce qui se produit, ce que vous pouvez faire ou choisir de faire, ou plutôt, ce que la vie fait en vous. Le secret de l'art de vivre, le secret du succès et du bonheur se résume à cinq mots : **Faire un avec la vie**. Faire un avec la vie, c'est faire un avec le moment présent. À ce moment-là, vous réalisez que ce n'est pas vous qui vivez votre vie, mais la vie qui vous vit. La vie est le danseur et vous, la danse.

L'ego adore son aversion pour la réalité. Et qu'est la réalité ? Tout ce qui est. Bouddha l'appelait *tatata*, la quiddité de la vie, qui n'est rien de plus que la quiddité de ce moment. La résistance à une telle quiddité constitue une des principales caractéristiques de l'ego. En effet, cette résistance crée la négativité dont l'ego se repaît tant, le malheur qu'il adore. De cette façon, vous vous faites souffrir et vous faites souffrir les autres sans même le savoir, sans savoir que vous êtes en train de créer l'enfer sur Terre. Créer la souffrance sans le reconnaître, c'est vivre purement dans l'inconscience, c'est se trouver totalement aux prises avec l'ego. Le degré d'incapacité de l'ego à se reconnaître et à constater ce qu'il fait est stupéfiant et incroyable. Il fera exactement ce pour quoi il condamne les autres et ne le verra même pas. Quand on le lui fera voir, il niera avec colère, argumentera avec ruse et se justifiera pour déformer les faits. Les gens le font, les entreprises le font et les gouvernements le font. Quand toutes ces tactiques échouent, l'ego recourt aux cris ou même à la violence physique. Envoyez les mercenaires ! Il est maintenant plus facile de comprendre la sagesse profonde des paroles de Jésus sur la croix : « Pardonnez-leur, car ils ne savent pas ce qu'ils font. »

Pour mettre fin à la misère qui afflige les humains depuis des milliers d'années, il faut commencer par vous-même et prendre la responsabilité de votre propre état intérieur à tout moment donné. Ce qui veut dire MAINTENANT. Demandez-vous : « Est-ce qu'il y a de la négativité en moi en ce moment ? » Ensuite, observez avec vigilance vos pensées et vos émotions. Surveillez le malheur latent dont j'ai parlé plus haut, entre autres, le mécontentement, la nervosité, le ras-le-bol, etc. Surveillez les pensées qui semblent justifier ou expliquer le malheur en question, mais qui en fait l'occasionnent. Dès l'instant où vous devenez conscient d'un état négatif en vous, cela ne veut pas dire que vous avez échoué. Au contraire, cela veut dire que vous avez réussi. Avant l'apparition de cette conscience, il y a identification aux états intérieurs, une identification qui se résume à l'ego. Avec la conscience, il se produit une démarcation par rapport aux pensées, aux émotions et aux réactions, démarcation qu'il ne faut pas confondre avec la dénégation. Quand la conscience reconnaît les pensées, les émotions ou les réactions, il y a automatiquement désidentification. Ensuite, le sentiment de moi, de ce que vous êtes, subit une transformation. Avant, vous étiez les pensées, les émotions et les réactions. Maintenant, vous êtes la conscience, la Présence consciente qui est le témoin de ces états.

« Un jour, je serai libéré de l'ego. » Qui parle ici? C'est l'ego. Se libérer de l'ego n'est pas vraiment un gros boulot. Il vous suffit d'être conscient de vos pensées et de vos émotions, quand elles arrivent. Il ne s'agit pas vraiment d'un « faire », mais d'un « voir » vigilant. Et dans ce sens, il est vrai que vous ne pouvez rien faire pour vous libérer de l'ego. Quand le basculement de la pensée à la conscience se produit, une intelligence bien plus grande que la ruse de l'ego commence à entrer en jeu dans votre vie. Les émotions et même les pensées deviennent en quelque sorte dépersonnalisées par le biais de la conscience et leur nature impersonnelle, reconnue. Elles ne comportent plus d'identité et sont simplement des émotions et des pensées humaines. Toute votre histoire personnelle, qui n'est en fait rien d'autre qu'une histoire, un ramassis de pensées et d'émotions, devient secondaire et n'occupe plus l'avant-plan de votre conscience. Elle ne constitue plus le fondement de votre sentiment d'identité. Vous êtes la lumière de la Présence, la conscience qui existe bien avant toute pensée et émotion.

Les formes pathologiques de l'ego

Comme nous l'avons vu, l'ego est de nature pathologique, si nous employons ce qualificatif dans son sens le plus large pour désigner le dysfonctionnement et la souffrance. Bien des troubles mentaux sont constitués des traits de l'ego que l'on retrouve chez les personnes « normales », sauf que dans le cas de ces troubles, ces traits sont si prononcés que leur nature pathologique est évidente à tous, sauf au protagoniste.

Par exemple, bien des gens normaux racontent des mensonges de temps en temps pour paraître plus importants ou plus spéciaux, et pour renforcer leur image aux yeux des autres. Ils mentent sur les gens qu'ils connaissent, sur leurs accomplissements, sur leurs aptitudes, leurs possessions ou sur toute autre chose que leur ego peut mettre à contribution pour s'y identifier. Cependant, certaines personnes, poussées par le sentiment d'insuffisance de l'ego et par son besoin d'avoir ou d'être « plus » mentent de façon compulsive et permanente. Tout ce qu'elles vous racontent à leur sujet est pure fiction, pure construction fictive imaginée par l'ego pour se sentir plus grand, plus spécial. L'image grandiose et exagérée que ces gens projettent d'eux peut parfois en berner certains, mais pas pour longtemps. Les autres se rendent rapidement compte qu'il s'agit d'une fiction.

La maladie mentale appelée « schizophrénie paranoïaque » ou plus simplement paranoïa est fondamentalement une forme exagérée de l'ego. Elle consiste habituellement en une histoire fictive que le mental a inventé pour donner un sens à un sentiment permanent de peur sous-jacente. L'élément central de l'histoire consiste en la croyance que certaines personnes (ou parfois de nombreuses personnes ou même presque tout le monde) complotent contre moi, ou conspirent en vue de me contrôler ou de me tuer. L'histoire comporte souvent une logique et une force qui peuvent leurrer les autres et les amener à la croire. Il arrive parfois que des organismes et des nations entières aient comme fondement des systèmes de croyance paranoïaques. La peur et la méfiance de l'ego envers les autres, sa tendance à mettre l'accent sur la différence en focalisant sur les défauts des autres et en faisant de ces derniers une identité, sont poussées un peu plus loin au point de faire des autres des monstres inhumains. L'ego a besoin des autres. Le dilemme, c'est qu'il en a peur et les déteste profondément. L'affirmation de Jean-Paul Sartre « L'enfer, c'est les autres. » est la voix même de l'ego. La personne qui souffre de paranoïa vit cet enfer avec intensité et toute personne chez qui les schèmes de l'ego sont encore opérationnels, le ressent dans une certaine mesure. Plus l'ego est fort en vous, plus il est probable que vous perceviez les autres comme la principale source de vos problèmes dans la vie. Il est également plus que probable que vous rendiez la vie difficile aux autres. Mais, vous ne pouvez pas le voir puisque ce sont toujours les autres qui semblent vous la rendre difficile à vous.

La maladie mentale que nous appelons « paranoïa » se traduit par un autre symptôme, qui appartient à tous les egos mais qui prend une forme plus extrême dans la paranoïa. Plus le malade se sent persécuté, espionné ou menacé par les autres, plus son sentiment d'être le centre de l'univers et le centre d'attention est prononcé. Son impression d'être victime et d'être lésé par tellement de gens le fait se sentir très spécial. Dans l'histoire qui sert de fondement à son système illusoire, il se donne souvent aussi bien le rôle de la victime que celui du héros potentiel qui va sauver le monde ou renverser les forces du mal.

L'ego collectif de tribus, nations et confessions religieuses comprend aussi fréquemment un fort élément paranoïaque : c'est nous contre les autres, ces démoniaques. Ceci est la cause de bien des souffrances humaines. L'Inquisition en Europe, qui fit persécuter et brûler des hérétiques et des « sorcières », les relations entre nations qui s'envenimèrent et conduisirent aux Première et Deuxième Guerres mondiales, le communisme, la Guerre froide, le maccarthysme aux États-Unis dans les années 50, les violents conflits au Moyen-Orient, sont tous des épisodes douloureux d'une histoire humaine dominée par une paranoïa collective extrême.

Plus les individus, groupes ou nations sont inconscients, plus la pathologie de l'ego prendra la forme de violence physique. La violence est une façon primitive mais encore fort répandue que l'ego emploie pour essayer de s'affirmer, de se donner raison et de donner tort aux autres. Chez les gens très inconscients, les querelles peuvent facilement conduire à la violence physique. Qu'est-ce qu'une querelle ? C'est deux personnes ou plus exprimant des opinions qui diffèrent. Ces personnes sont si identifiées à leurs pensées respectives que celles-ci se transforment en positions mentales auxquelles on attribue un sentiment d'identité. Autrement dit, l'identité et la pensée fusionnent. Une fois que ceci s'est produit et quand je défends mes opinions (pensées), je me sens et j'agis comme si je défendais mon propre Moi.

Inconsciemment, je me sens et j'agis comme si je me battais pour survivre, ce qui fait que mes émotions reflètent cette croyance inconsciente. Mes émotions s'enflamment : je suis contrarié, en colère, sur la défensive ou agressif. Il faut que je gagne à tout prix sinon je suis détruit. Et c'est ça l'illusion. L'ego ne sait pas que le mental et les positions mentales n'ont rien à voir avec ce que vous êtes parce que l'ego est le mental aveugle lui-même.

Dans le monde zen, on dit : « Ne cherchez pas la vérité. Laissez seulement tomber vos opinions. » Qu'est-ce que cela signifie ? Cela veut dire laisser tomber l'identification au mental et laisser émerger de lui-même celui qui est au-delà du mental.

Le travail avec et sans ego

La plupart des gens connaissent des moments où ils sont libérés de l'ego. Ceux qui sont exceptionnellement doués pour leur travail peuvent être partiellement ou totalement libérés de leur ego pendant qu'ils exécutent leur travail. Ce dernier est devenu une pratique spirituelle, mais ils ne le savent pas. La plupart de ces gens sont présents quand ils font leur travail et retombent dans une relative inconscience quand ils retournent à leur vie privée. Ceci veut dire que la Présence est là seulement dans un domaine de leur vie. J'ai rencontré des instituteurs, des artistes, des infirmières, des médecins, des scientifiques, des assistantes sociales, des serveurs, des coiffeuses, des chefs d'entreprises et des vendeuses qui exécutent leur travail de façon admirable sans se faire valoir personnellement et toujours en faisant ce que le moment présent exige d'eux. Ils font un avec leur activité, ils font un avec l'instant présent, ils font un avec les gens ou les tâches dont ils s'occupent. De telles personnes ont sur les autres une influence qui dépasse de loin la fonction qu'elles occupent. Elles suscitent une réduction de l'ego chez tous ceux qui entrent en contact avec elles. Même les gens dotés d'un ego énorme se mettent à relaxer, à baisser leurs gardes et à cesser de jouer des rôles. Il n'est donc pas surprenant que ces personnes réussissent extraordinairement bien dans leur profession. Tous ceux qui ne font qu'un avec ce qu'ils entreprennent sont en train de construire la nouvelle Terre.

J'ai par ailleurs rencontré beaucoup d'autres gens qui sont techniquement excellents mais dont l'ego sabote constamment le travail. Seulement une partie de leur attention est dirigée vers leur travail, l'autre l'étant sur eux-mêmes. Leur ego exige une reconnaissance personnelle et gaspille de l'énergie à faire du ressentiment s'il n'est pas assez reconnu, ce qui est toujours le cas. « Quelqu'un est-il plus reconnu que moi ? » Ou alors, ces gens focalisent principalement sur le profit ou le pouvoir, leur travail n'étant ainsi qu'un moyen pour atteindre une fin. Quand c'est le cas, le travail ne peut pas être de haute qualité. En effet, quand des obstacles ou des difficultés surviennent, quand les choses ne vont pas comme ils veulent, quand les autres ou les circonstances ne sont pas en leur faveur, ils réagissent immédiatement contre la situation et s'en dissocient, au lieu de ne faire qu'un avec elle et de répondre aux exigences du moment présent. Comme leur « moi » se sent personnellement offensé ou amer, ces gens gaspillent une immense quantité d'énergie en protestation ou en colère, énergie dont ils pourraient se servir pour trouver des solutions. Qui plus est, cette énergie antagoniste crée de nouveaux obstacles, de nouvelles oppositions. Bien des gens sont aussi leur propre pire ennemi.

Les gens sabotent sans le savoir leur propre travail quand ils taisent de l'information ou s'empêchent d'aider les autres, ou bien quand ils minent le travail des autres de peur que ces derniers ne soient plus louangés et ne deviennent meilleurs que leur « moi ». La coopération est quelque chose d'étranger à l'ego, sauf quand il y a un motif secondaire. L'ego ne sait pas que plus vous incluez les autres, plus les choses coulent et deviennent faciles pour vous. Quand vous n'aidez pas ou peu les autres ou que vous dressez des obstacles sur leur route, l'univers vous accorde peu ou pas d'aide – sous forme de gens et de circonstances – parce que vous vous êtes coupé du tout. Le sentiment inconscient de l'ego de « pas assez » fait réagir la personne au succès d'une autre comme si ce succès avait soustrait quelque chose à son « moi ». L'ego ne sait pas que ce sentiment de dépit réduit vos propres chances de succès. Pour attirer le succès à vous, vous devez l'accueillir chaque fois qu'il est là.

L'ego pendant une maladie

Une maladie peut soit renforcer l'ego, soit l'affaiblir. Si vous vous plaignez, si vous vous apitoyez sur votre sort ou si vous détestez être malade, votre ego se renforce. Ce renforcement se produit aussi quand vous faites de la maladie une partie de votre identité. « Je souffre de telle et telle maladie. » Comme ça, nous savons qui vous êtes. D'un autre côté, certaines personnes qui ont habituellement un gros ego, deviennent soudainement très gentilles, aimables et agréables quand elles sont malades. Elles peuvent avoir des intuitions qu'elles n'ont jamais en temps normal. Elles peuvent aussi avoir accès à leurs savoir et contentement intérieurs, et s'exprimer avec sagesse. Puis, quand elles vont mieux et que leur énergie revient, l'ego revient aussi.

Quand vous êtes malade, votre niveau énergétique est très bas, probablement parce que l'intelligence de l'organisme prend le dessus et se sert de l'énergie pour guérir le corps. C'est ce qui fait qu'il n'en reste pas assez pour l'ego, pour les pensées et les émotions. L'ego consomme des quantités pharamineuses d'énergie. Dans certains cas, cependant, il réquisitionne le peu d'énergie qui reste et le met à son service. Il va sans dire que les gens chez qui l'ego est renforcé pendant une maladie prennent beaucoup plus de temps à se remettre. Certains ne se remettent jamais, la maladie devenant ainsi chronique et partie prenante permanente de leur faux sens de moi.

L'ego collectif

À quel point vous est-il difficile de vivre avec vous-même ? Une des façons qu'a l'ego d'essayer d'échapper à l'insatisfaction personnelle, c'est d'élargir et de renforcer le sentiment de soi en s'identifiant à un groupe, par exemple une nation, un parti politique, une entreprise, une institution, une secte, un groupe, une équipe de football, etc.

Dans certains cas, l'ego de la personne semble s'être complètement dissout, surtout lorsque la personne consacre sa vie au bien de la collectivité sans exiger rétribution, reconnaissance ni édification personnelles. Quel soulagement d'être enfin libéré du fardeau qu'est le moi personnel ! Les membres de la collectivité se sentent alors heureux et comblés, peu importe la quantité de travail et de sacrifices. Ils semblent avoir dépassé l'ego. La question est : Se sont-ils vraiment libérés de leur ego personnel ou bien ce dernier est-il passé au plan collectif ?

On retrouve dans l'ego collectif les mêmes caractéristiques que dans l'ego personnel, entre autres le besoin d'être en conflit et d'avoir des ennemis, le besoin d'en avoir plus, le besoin d'avoir raison et de donner tort aux autres, etc. Tôt ou tard, l'ego collectif entrera en conflit avec d'autres ego collectifs parce que, inconsciemment, il a besoin d'être en opposition pour définir ses frontières, et par là même, son identité. Les membres de la collectivité connaîtront la souffrance qui accompagne inévitablement tout acte motivé par l'ego. Il se peut aussi que, à ce moment-là, ils se réveillent et réalisent que la collectivité comporte un fort élément de démence.

Il peut être souffrant, tout d'abord, de vous réveiller et de réaliser que l'ego collectif auquel vous vous étiez identifié et pour lequel vous aviez travaillé est en fait en proie à la démence. À ce moment-là, certaines personnes deviennent cyniques ou amères et rejettent dorénavant toutes les valeurs. Ce qui veut dire qu'elles adoptent rapidement un autre système de croyances une fois l'autre reconnu comme illusoire et désuet. Elles ne font pas face à la mort de leur ego, mais fuient et s'en fabriquent un autre.

Un ego collectif est en général plus inconscient que les individus qui le constituent. Par exemple, les foules (qui sont des entités collectives et temporaires de l'ego) sont capables de commettre des atrocités que les individus les constituant ne commettraient pas. Les nations adoptent fréquemment des comportements que l'on qualifierait immédiatement de psychotiques chez des individus.

À mesure que la nouvelle conscience émerge, certaines personnes se sentent appelées à former des groupes reflétant justement cette conscience éveillée. Ces groupes ne constituent pas des egos collectifs, car les individus les constituant n'éprouvent pas le besoin de définir leur identité par l'ego. Ils ne cherchent plus de forme pour se définir. Même si les membres qui constituent ces groupes ne sont pas encore totalement libérés de l'ego, ils sont assez présents pour reconnaître l'ego chez eux ou chez les autres dès qu'il se montre. Cependant, la vigilance doit être constante vu que l'ego essaiera à tout coup de prendre le dessus et de s'affirmer de n'importe quelle façon. Pour dissoudre l'ego humain, il faudra l'amener à la lumière de la conscience : tel sera l'objectif principal de ces groupes, qu'il s'agisse d'entreprises, d'œuvres de charité, d'écoles ou de collectivités éclairées. Ces collectivités éclairées occuperont une fonction importante dans l'émergence de la nouvelle conscience. Tout comme les egos collectifs vous plongent dans l'inconscience et la souffrance, ces collectivités éclairées vous plongent dans un vortex de conscience qui accélère le changement planétaire.

Preuve indéniable de l'immortalité

L'ego est le résultat d'une division dans la psyché humaine dans laquelle l'identité se divise en deux parties que nous pourrions appeler «Je» et «Moi» ou

«Moi» et «Moi-même». Chaque ego est par conséquent schizophrène, si l'on veut employer le terme dans son sens commun de «double personnalité». Vous vivez avec une image mentale de vous-même, un moi conceptuel avec lequel vous entretenez une relation. La vie elle-même devient également conceptualisée et dissociée de qui vous êtes, surtout quand vous dites «ma vie». Dès l'instant où vous dites ou pensez «ma vie» et croyez à ce que vous dites (plutôt que de vous en servir comme d'une convention linguistique), vous entrez dans le monde de l'illusion. S'il existe une telle chose que «ma vie», il en découle que «Je» et vie sont deux choses distinctes et que je peux perdre ma vie, cette possession chérie imaginaire. La mort devient une réalité apparente et une menace. Les mots et les concepts divisent la vie en segments distincts qui n'ont aucune réalité propre. Nous pourrions même dire que la notion «ma vie» est l'illusion originale de la division, qu'elle est la source de l'ego. Si «Je» et la vie sont deux, c'est que je suis dissocié de la vie, dissocié de toutes les choses, de tous les êtres vivants, de tous les humains. Mais comment puis-je être dissocié de la vie? Il n'y a pas de «Je» en dehors de la vie, en dehors de l'Être. C'est absolument impossible. Alors, il n'existe rien de tel que «ma vie», que «je n'ai pas de vie». Je *suis* vie. Je et vie ne font qu'un. Il ne peut en être autrement. Alors, comment pourrais-je perdre ma vie? Comment puis-je perdre quelque chose que je n'ai pas pour commencer? *Comment puis-je perdre quelque chose que Je suis? C'est impossible!*

Chapitre 5

Le corps de souffrance

Le processus de la pensée est en majeure partie involontaire, automatique et répétitif chez la plupart des gens. Ce n'est rien d'autre qu'une sorte d'électricité statique mentale qui n'a pas de raison d'être réelle. À proprement parler, ce n'est pas vous qui pensez, c'est seulement la pensée qui se produit. L'énoncé disant « Je pense » implique un acte de volonté. Il implique que vous avez votre mot à dire sur le sujet, qu'il y a un choix à faire de votre part. Mais pour la plupart des gens, ce n'est pas ce qui se passe. « Je pense » est un énoncé qui est aussi faux que « Je digère » ou « Je fais circuler mon sang ». La digestion se produit, la circulation du sang se fait et la pensée se produit aussi.

La petite voix dans la tête a sa vie à elle. La plupart des gens sont à sa merci, ce qui signifie qu'ils sont possédés par la pensée, par le mental. Étant donné que le mental est conditionné par le passé, vous êtes ainsi forcé de le jouer et le rejouer sans cesse. En Orient, on utilise le terme *karma* pour décrire cette réalité. Lorsque vous êtes identifié à cette voix, vous ne le savez pas, bien entendu. Si vous le saviez, vous ne seriez plus possédé par le mental, puisque vous n'êtes vraiment possédé que lorsque vous prenez l'entité qui vous possède pour ce que vous êtes. Et vous devenez cette entité.

Depuis des milliers d'années, l'humanité est devenue de plus en plus possédée par le mental, ne réussissant plus à reconnaître l'entité qui possède comme n'étant pas le soi. Quand il y a identification complète au mental, un faux sens de soi – l'ego – se met à exister. La densité de l'ego dépend de la mesure selon laquelle vous – la conscience – êtes identifié à votre mental, à votre pensée. La pensée n'est qu'un infime aspect de la totalité de la conscience, de la totalité de ce que vous êtes.

Le degré d'identification au mental diffère d'une personne à l'autre. Certaines personnes jouissent de périodes durant lesquelles elles en sont libérées, si courtes soient-elles, et la paix et la joie de vivre dont elles font l'expérience dans ces moments font que la vie vaut la peine d'être vécue. C'est aussi durant ces moments que la créativité, l'amour et la compassion fleurissent. D'autres personnes sont constamment prises au piège de l'ego. Elles sont aliénées d'elles-mêmes ainsi que des autres et du monde qui les entoure. Lorsque vous les regardez, vous voyez la tension dans leur visage, leur front plissé ou encore l'expression absente et fixe de leur regard. Comme la plus grande partie de leur attention est absorbée par le mental, elles ne vous voient pas vraiment et elles ne vous écoutent pas vraiment. Elles ne sont présentes à aucune situation, leur attention étant tournée soit vers le passé, soit vers le futur, ce qui, bien entendu, n'existe que dans le mental en tant que formes-pensées. Ou bien elles entrent en rapport avec vous par le truchement d'un quelconque rôle qu'elles endossent et ne sont pas elles-mêmes. La plupart des humains sont coupés de leur véritable moi et certains le sont à un point tel que la façon dont ils se comportent et agissent avec les autres est perçue comme « bidon » par presque tout le monde, sauf par ceux qui sont aussi « bidon » et aussi coupés d'eux.

Être coupé de vous, aliéné de vous, signifie que vous ne vous sentez à l'aise dans aucune situation, aucun lieu et avec personne, même pas avec vous-même. Vous tentez toujours de « rentrer au bercail » mais vous ne vous sentez jamais au bercail. Certains des plus grands écrivains du 20e siècle, entre autres Franz Kafka, Albert Camus, T.S. Eliot et James Joyce ont très bien reconnu l'aliénation comme étant le dilemme universel de l'existence humaine. C'est probablement parce qu'ils l'ont profondément ressentie en eux qu'ils ont été capables de si bien l'exprimer dans leurs œuvres. Ils ne proposent cependant aucune solution. Leur rôle est de refléter la situation difficile de l'humain afin que nous puissions la voir plus clairement. En effet, voir clairement cette situation est le premier pas permettant de la dépasser.

La naissance de l'émotion

En plus de la dimension de la pensée, il y a une autre dimension à l'ego, celle de l'émotion, qui n'est pas tout à fait distincte de la première. Ceci ne veut pas dire, bien entendu, que toutes les pensées et toutes les émotions sont le fruit de l'ego. Celles-ci deviennent ego seulement lorsque vous vous identifiez à elles et qu'elles prennent totalement possession de vous, c'est-à-dire lorsqu'elles deviennent le « je ».

L'organisme physique, votre corps, est doté de sa propre intelligence, comme l'organisme de tout autre forme de vie. Et cette intelligence réagit à ce que votre mental dit. Elle réagit à vos pensées. Par conséquent, l'émotion est la réaction du corps à votre mental. L'intelligence du corps est, bien entendu, une partie indissociable de l'intelligence universelle, une de ses innombrables manifestations. Elle donne une cohésion temporaire aux atomes et molécules qui constituent votre organisme physique. Elle est le principe organisateur sous-tendant le fonctionnement de tous les organes du corps, de la conversion de l'oxygène et des aliments en énergie, du battement du cœur et de la circulation sanguine, du système immunitaire qui protège le corps contre les envahisseurs, de la translation des données sensorielles en pulsions nerveuses envoyées vers le cerveau, où sont décodés et rassemblés de façon cohérente tous les éléments pour produire une image intérieure de la réalité extérieure. Ces fonctions, ainsi que des milliers d'autres qui se produisent simultanément, sont coordonnées à la perfection par cette intelligence. Ce n'est pas vous qui faites fonctionner votre corps, c'est l'intelligence. Celle-ci est également chargée des réactions de l'organisme au milieu environnant.

Ceci est vrai pour de nombreuses formes de vie. C'est la même intelligence qui a manifesté physiquement la plante et la fleur qui vient de la plante, fleur qui ouvre ses pétales le matin pour recevoir les rayons du soleil et qui se ferme le soir venu. C'est la même intelligence qui a créé Gaïa, ce complexe être vivant qu'est la planète Terre.

Cette intelligence confère à l'organisme la capacité instinctive de réagir à toute menace ou défi. Chez les animaux, elle génère des réactions semblables aux émotions humaines : la colère, la peur, le plaisir. On pourrait considérer ces réactions instinctives comme des formes premières d'émotion. Dans certaines situations, les êtres humains ont des réactions instinctives comme les animaux. Face au danger, quand la survie de l'organisme est menacée, le cœur se met à battre plus vite, les muscles se tendent, la respiration s'accélère pour se préparer à la fuite ou à l'attaque. C'est la peur primordiale. Quand nous sommes coincés, une soudaine montée intense d'énergie donne au corps une force qu'il n'avait pas auparavant. C'est la colère primordiale. Ces réactions instinctives sont apparentées aux émotions, mais elles ne sont pas des émotions dans le véritable sens du terme. Voici quelle est la différence fondamentale entre une réaction instinctive et une émotion. *Une réaction instinctive est la réaction directe du corps à une situation extérieure quelconque. Une émotion est la réaction du corps à une pensée.*

Indirectement, une émotion peut également être une réaction à une situation réelle, mais elle sera une réaction à cette situation perçue à travers le filtre de l'interprétation mentale, à travers le filtre de la pensée. C'est-à-dire qu'elle sera filtrée par les concepts mentaux de bien et de mal, des goûts particuliers, de moi et de mon. Par exemple, il est très probable que vous ne ressentirez aucune émotion si on vous dit que la voiture de quelqu'un a été volée. Par contre, si on vous dit que c'est votre voiture qui a été volée, vous serez probablement énervé. C'est inimaginable à quel point un petit concept mental comme « ma » peut susciter de l'émotion!

Bien que le corps soit intelligent, il ne peut faire la distinction entre une situation réelle et une pensée. Il réagit aux pensées comme s'il s'agissait de la réalité. Il ne sait pas qu'il s'agit simplement d'une pensée.

Pour le corps, une pensée véhiculant de l'inquiétude et de la peur signifie «Je suis en danger» et il réagit en conséquence, même si vous êtes étendu dans un lit bien chaud et bien confortable la nuit. Le cœur bat plus vite, les muscles se tendent, la respiration s'accélère. Il y a une intensification de l'énergie. Mais comme le danger n'est qu'une fiction du mental, cette énergie n'a pas d'exutoire. Elle est en partie renvoyée vers le mental qui la met à contribution pour générer davantage de pensées anxieuses. Le reste de l'énergie devient toxique et interfère avec le bon fonctionnement du corps.

Les émotions et l'ego

L'ego est non seulement le mental non conscientisé, la petite voix dans la tête qui prétend être vous, mais également les émotions non conscientisées qui sont la réaction du corps à ce que cette voix dit. Nous avons déjà vu le genre de pensée dans lequel cette voix s'engage la plupart du temps et le dysfonctionnement qui est inhérent à la structure des processus de la pensée, peu importe leur contenu. Cette pensée dysfonctionnelle est ce à quoi le corps réagit par des émotions négatives.

La voix dans la tête raconte une histoire à laquelle le corps croit et réagit. Ces réactions sont les émotions. À leur tour, les émotions alimentent en énergie les pensées qui ont en premier lieu engendré l'émotion. Tel est le cercle vicieux des pensées et des émotions non conscientisées, cercle vicieux qui génère la pensée émotionnelle et les mélodrames émotionnels.

La composante émotionnelle de l'ego diffère d'une personne à une autre. Chez certains egos, elle est plus importante que chez d'autres. Les pensées qui déclenchent les réactions émotionnelles dans le corps peuvent parfois arriver si vite que, avant que le mental ait le temps de les verbaliser, le corps a déjà réagi avec une émotion et celle-ci est devenue une réaction. Comme ces pensées existent à un stade préverbal, on pourrait les qualifier de suppositions inconscientes non verbalisées. Elles prennent leur source dans le conditionnement de la personne, en général dans celui de la tendre enfance. L'énoncé « On ne peut pas faire confiance aux gens » est le genre de supposition inconsciente que fait une personne dont les premières relations, c'est-à-dire les relations avec ses parents et ses frères et sœurs, n'ont en rien permis d'inspirer ou de susciter la confiance. Voici quelques autres suppositions inconscientes communes : « Personne ne me respecte ni me m'apprécie. J'ai toujours besoin de me battre pour survivre. Je n'ai jamais assez d'argent. La vie vous laisse toujours tomber. Je ne mérite pas l'abondance. Je ne mérite pas l'amour. » Les suppositions inconscientes créent des émotions dans le corps qui engendrent ensuite une activité mentale et des réactions immédiates. C'est ainsi qu'elles créent votre réalité personnelle.

La voix de l'ego dérange continuellement l'état naturel de bien-être du corps. Presque tous les corps humains subissent une grande quantité de stress et de fatigue. Pas parce qu'ils sont menacés par des facteurs extérieurs, mais à cause du mental. Le corps est rattaché à un ego et ne peut faire autrement que de réagir à tous les schèmes de pensées dysfonctionnelles fabriqués par l'ego. Il s'ensuit ainsi que le flot incessant de pensées compulsives est accompagné d'un flot d'émotions négatives.

Qu'est-ce qu'une émotion négative? C'est une émotion qui est toxique pour le corps et qui interfère avec l'équilibre et l'harmonie de ce dernier. La peur, l'anxiété, la colère, le ressentiment, la tristesse, la haine, la jalousie, l'envie sont toutes des émotions qui dérangent la circulation de l'énergie dans le corps, qui troublent le cœur, le système immunitaire, la digestion, la production d'hormones, etc. Même le courant médical traditionnel, qui ne sait pratiquement rien du fonctionnement de l'ego, commence à reconnaître le lien entre les états émotionnels négatifs et les maladies physiques. Une émotion qui fait du tort au corps affecte également les gens avec qui vous entrez en rapport et, indirectement, par un processus de réaction en chaîne, d'innombrables autres personnes que vous ne rencontrerez jamais. Il existe un terme générique chapeautant toutes les émotions : le malheur ou la misère.

Alors, est-ce que les émotions positives ont des effets positifs sur le corps? Est-ce qu'elles renforcent le système immunitaire, revigorent et guérissent le corps? Oui, effectivement. Mais il faut faire ici une distinction entre les émotions positives générées par l'ego et celles, plus profondes, qui émanent du lien naturel que vous entretenez avec l'Être en vous.

Les émotions positives générées par l'ego contiennent déjà en elles-mêmes leur opposé en qui elles peuvent rapidement se transformer. En voici quelques exemples. Ce que l'ego appelle l'amour est de la possessivité et de la dépendance pouvant basculer vers la haine en l'espace d'une seconde. L'anticipation, qui correspond à une valorisation trop grande d'un événement futur par l'ego, se transforme facilement en son opposé, la déception, lorsque cet événement est passé ou ne comble pas les attentes de l'ego. Les louanges et la reconnaissance vous rendent vivant et heureux une journée, alors que les critiques et l'ignorance des autres vous font sentir abattu et malheureux, le lendemain. Le plaisir d'une soirée folle se transforme en noirceur et gueule de bois le lendemain matin. Il n'y a pas de bien sans mal, de haut sans bas.

Les émotions générées par l'ego proviennent de l'identification du mental aux facteurs externes qui sont, bien entendu, tous instables et sujets au changement à n'importe quel moment. Les émotions profondes ne sont pas des émotions mais plutôt des états de l'Être en nous. Les émotions se situent dans le domaine des opposés, alors que les états de l'Être se situent dans le domaine dénué d'opposés. Même si elles peuvent par contre être étouffées, elles émanent du plus profond de vous sous la forme de joie, d'amour et de paix, autant d'éléments faisant partie de votre véritable nature.

Le canard au mental humain

Dans mon premier ouvrage, *Le pouvoir du moment présent*, je mentionnais une observation du monde de la nature. En effet, après que deux canards se sont pris au bec, ce qui ne dure jamais très longtemps, ils se séparent et nagent dans des directions opposées. Chacun de leur côté, ils se mettent à battre vigoureusement des ailes à quelques reprises pour se débarrasser du surplus d'énergie qui s'est accumulé pendant la bataille. Une fois qu'ils ont fini de battre des ailes, ils se remettent à voguer en paix, comme si rien ne s'était jamais produit.

Si le canard avait un mental humain, il entretiendrait la bataille dans son esprit en pensant, en se racontant des histoires. Voici quelle serait l'histoire de ce canard. « Je n'en reviens pas de ce qu'il vient de faire ! Il s'est approché au point de me frôler ! Il pense que cet étang lui appartient ! Il n'a aucune considération pour mon espace privé. Je ne lui ferai plus jamais confiance. La prochaine fois, il essaiera autre chose pour m'embêter. Je suis sûr qu'il est déjà en train de manigancer quelque chose. Je ne me laisserai pas faire. Je vais lui donner une leçon qu'il n'oubliera pas de sitôt. » Et le mental poursuit sa ronde infernale d'histoires, y pensant et en parlant encore pendant des jours, des mois ou des années plus tard. En ce qui concerne le corps, la bataille n'est pas finie et l'énergie qu'il génère en réaction à toutes ces pensées sont des émotions, qui à leur tour génèrent davantage de pensées. Ceci devient la pensée émotionnelle de l'ego. Vous pouvez facilement vous imaginer à quel point la vie du canard serait problématique s'il avait un mental humain. C'est pourtant ainsi que la plupart des humains vivent en permanence. Aucune situation et événement ne sont jamais vraiment finis pour eux puisque le mental et le « moi et mon histoire » créé par le mental les perpétuent.

Nous sommes une espèce qui s'est éloignée de son chemin et l'a perdu. Chaque chose de la nature, que ce soit une fleur, un arbre ou un animal a une leçon importante à nous apprendre, pour peu que nous nous arrêtions, que nous observions et que nous écoutions. La leçon que le canard peut nous apprendre est la suivante : battons des ailes (laissons tomber l'histoire) et revenons au seul et unique lieu de pouvoir, le présent.

Le fardeau du passé

L'incapacité, ou plutôt la non-disposition du mental humain à lâcher le passé est parfaitement illustrée dans l'histoire des deux moines zen, Tanzan et Ekido, qui marchaient sur une route de campagne devenue extrêmement boueuse après des pluies torrentielles. Près d'un village, ils croisèrent une jeune femme qui tentait de traverser la route. La boue était si profonde qu'elle aurait abîmé le kimono de soie qu'elle portait. Tanzan la prit sur ses épaules d'un coup et la transporta de l'autre côté de la route.

Puis les moines reprirent leur route en silence. Cinq heures plus tard, alors qu'ils approchaient du temple où ils allaient loger, Ekido ne put se contenir plus longtemps. « Pourquoi as-tu porté cette femme ? » demanda-t-il. « Nous sommes des moines. Nous ne sommes pas censés faire des choses pareilles. »

« Je me suis délesté de la femme en question il y a des heures, lui répondit Tanzan, mais toi tu la portes encore, il me semble. »

Imaginez maintenant ce que serait la vie pour quelqu'un vivant tout le temps comme Ekido, pour quelqu'un qui ne pourrait ou ne voudrait pas intérieurement se délester de situations et qui accumulerait de plus en plus de « trucs » à l'intérieur. Vous avez le tableau de la façon dont la majorité des gens vivent sur cette planète. Quel lourd fardeau de passé ils traînent avec eux dans leur mental !

Le passé vit en vous par le truchement des souvenirs, qui ne sont pas un problème en soi. En fait, grâce à la mémoire et au souvenir, nous tirons des leçons du passé et des erreurs que nous avons commises. Mais quand les souvenirs, c'est-à-dire les pensées au sujet du passé, prennent totalement possession de vous, ils se transforment en fardeau, en problèmes, et deviennent une partie de ce que vous prenez pour être vous. Votre personnalité, conditionnée par le passé, se transforme en une prison. Vos souvenirs sont imprégnés d'un sentiment de moi et votre histoire devient qui vous vous percevez être. Ce « petit moi » est une illusion qui cache votre véritable identité, la Présence intemporelle et sans forme.

Cependant, votre histoire est non seulement faite de souvenirs mentaux, mais également de souvenirs émotionnels, de vieilles émotions qui sont sans cesse ravivées. Comme c'est le cas du moine qui a porté le fardeau de son ressentiment pendant cinq heures en l'alimentant de ses pensées, la plupart des gens transportent une quantité énorme de bagages inutiles. Aussi bien de nature mentale qu'émotionnelle. Ils se limitent par les récriminations, les regrets, l'hostilité, la culpabilité. Leur processus émotionnel de pensée est devenu leur moi. Et ainsi, ils s'accrochent aux vieilles émotions parce que celles-ci viennent renforcer leur identité.

Puisque la tendance des humains est de perpétuer les vieilles émotions, presque tous les gens portent dans leur champ énergétique une accumulation de vieilles souffrances émotionnelles que j'appelle le « corps de souffrance ».

Mais nous pouvons cependant arrêter de rajouter des émotions au corps de souffrance. Nous pouvons apprendre à briser l'habitude qui nous fait accumuler et perpétuer les vieilles émotions en battant des ailes, métaphoriquement parlant, et en nous retenant mentalement de nous attarder sur le passé, peu importe que l'événement se soit produit hier ou trente ans plus tôt. Nous pouvons apprendre à ne pas maintenir en vie dans notre esprit les situations et les événements, et à ramener continuellement notre attention à l'éternel et pur présent, plutôt que de nous jouer des films. Alors, c'est notre Présence même qui devient notre identité au lieu que ce soit les pensées et les émotions.

Rien de ce qui a pu se passer autrefois ne peut vous empêcher d'être présent maintenant. Et si le passé ne peut vous empêcher d'être présent, quel pouvoir a-t-il donc ?

Réalités individuelle et collective

Toute émotion négative que l'on n'a pas totalement affrontée pour ce qu'elle est dans le moment n'est pas complètement dissoute. Elle laisse un reste de souffrance dans son sillage.

Les enfants, en particulier, trouvent les émotions négatives trop lourdes. Comme ils ne peuvent composer avec elles, ils ont tendance à les réprimer. Quand il n'y a pas d'adulte pleinement conscient pour les aider avec amour et compassion à comprendre comment affronter ces émotions, il est évident que la seule option qui s'offre à eux est de choisir de les réprimer. Malheureusement, ce mécanisme de défense précoce reste habituellement en place quand l'enfant devient un adulte. Les émotions restent vivantes en lui de façon inconsciente et se manifestent indirectement, par exemple, sous forme d'anxiété, de colère, d'éclats de violence, d'humeurs variées ou de maladies physiques. Dans certains cas, les émotions sabotent les relations intimes. La plupart des psychothérapeutes ont eu des clients qui prétendaient au début avoir eu une enfance totalement heureuse et qui plus tard découvraient que c'était absolument le contraire. Il se peut qu'il s'agisse de cas extrêmes, mais personne ne peut passer par l'enfance sans subir de souffrance émotionnelle. Même si vos père et mère étaient illuminés, vous vous trouveriez tout de même à grandir dans un monde largement inconscient.

Les restes de souffrance laissés par des émotions négatives très fortes, auxquelles on n'a pas fait totalement face et qu'on n'a pas acceptées ni laissé aller, se rassemblent et forment un champ énergétique qui vit dans chacune de nos cellules. Ce champ est non seulement composé des souffrances de l'enfance, mais également des émotions douloureuses qui s'y sont rajoutées pendant l'adolescence et la vie adulte, la plupart ayant été créées par la voix de l'ego. C'est la souffrance émotionnelle qui est votre compagne inévitable quand le faux sentiment de soi sert de fondement à votre vie.

Ce champ d'énergie n'est cependant pas uniquement individuel. Il comporte également la souffrance vécue par les innombrables humains au cours de l'histoire de l'humanité : continuelles guerres entre tribus, esclavage, pillage, viol, torture, meurtre et toutes les autres formes de violence. Cette souffrance se perpétue dans la psyché collective de l'humanité, qui s'enrichit chaque jour de nouvelles souffrances quotidiennes, ainsi que les nouvelles du soir à la télévision ou les mélodrames relationnels le prouvent. Le corps de souffrance collectif est probablement doté de l'engramme de l'ADN de chaque être humain, bien que nous ne l'y ayons pas encore découvert.

Chaque nouveau-né venant au monde a déjà un corps de souffrance. Chez certains, ce corps de souffrance est plus dense que chez d'autres. Certains bébés sont heureux la plupart du temps, alors que d'autres semblent être très malheureux. Il est vrai que certains bébés pleurent beaucoup parce qu'on ne leur procure pas assez d'attention ni d'amour. Mais d'autres pleurent sans raison apparente. C'est presque comme s'ils essayaient de rendre leur entourage aussi malheureux qu'eux, chose qu'ils réussissent souvent à faire. Ils sont venus « équipés » d'une bonne dose de souffrance humaine. D'autres encore pleurent souvent parce qu'ils perçoivent les émotions négatives qui émanent de leur père et de leur mère. Cela les fait souffrir et leur corps de souffrance se met à grossir du fait qu'il absorbe l'énergie des corps de souffrance de leurs parents. Quel que soit le cas, à mesure que le corps physique du bébé grandit, il en va de même pour le corps de souffrance.

Un poupon ayant un corps de souffrance réduit ne sera pas plus tard une personne spirituellement plus avancée que quelqu'un qui a un corps de souffrance important. En fait, c'est souvent l'opposé qui se produit. Les gens ayant des corps de souffrance importants ont en général de meilleures chances de s'éveiller spirituellement que ceux qui ont un corps de souffrance plus léger. Même si certains de ces derniers en restent prisonniers, bien d'autres atteignent le point où ils ne peuvent plus vivre avec leur malheur. Leur motivation à s'éveiller devient donc très forte.

Pourquoi le corps du Christ, le visage tordu par l'agonie et le corps saignant par une multitude de blessures, constitue-t-il une image si significative dans l'inconscient collectif de l'humanité ? Des millions de gens, surtout au Moyen-Âge, n'auraient pas ressenti de lien si profond avec cette image comme ils l'ont fait s'ils n'étaient pas entré en résonance particulière en elle, s'ils ne l'avaient pas inconsciemment reconnue comme la représentation extérieure de leur propre réalité intérieure, comme la représentation de leur corps de souffrance. Mais ils n'étaient pas suffisamment conscients pour reconnaître ce corps de souffrance directement en eux. C'était cependant un début. On peut considérer le Christ comme l'humain archétypal incarnant aussi bien la souffrance que la possibilité de transcendance.

Comment le corps de souffrance se renouvelle

Le corps de souffrance est une forme énergétique semi-autonome, une entité faite d'émotions, qui vit dans presque tous les êtres humains. Il a sa propre intelligence primitive, qui ressemble un peu à un animal rusé, dont le principal objectif est la survie. À l'instar de toutes les formes de vie, il a périodiquement besoin de se nourrir, d'absorber de l'énergie fraîche. Et la nourriture qu'il lui faut pour se renflouer est une énergie compatible à la sienne, c'est-à-dire une énergie vibrant à une fréquence semblable à la sienne. Toute expérience émotionnellement douloureuse peut servir de combustible au corps de souffrance. C'est pour cette raison qu'il se repaît de pensées négatives ainsi que des sempiternels mélodrames relationnels. Le corps de souffrance est un drogué du malheur.

Cela peut être tout un choc, quand vous le réalisez pour la première fois, que quelque chose en vous recherche périodiquement la négativité émotionnelle, le malheur. Il vous faut davantage de conscience pour constater cette tendance chez vous plutôt que chez les autres. Une fois que le malheur s'est emparé de vous, non seulement vous ne voulez pas y mettre fin, mais vous voulez que les autres soient aussi malheureux que vous. Vous pourrez ainsi vous nourrir de leurs réactions émotionnelles négatives.

Chez la plupart des gens, le corps de souffrance a des phases latentes et des phases actives. Lorsqu'il est en phase latente, il vous est facile d'oublier que vous transportez un gros et lourd nuage gris ou encore un volcan dormant, selon le champ énergétique particulier de votre corps de souffrance. La durée de latence varie d'une personne à l'autre. Quelques semaines est la période la plus commune. Mais il peut aussi s'agir de quelques jours ou de quelques mois. Il y a de rares cas où le corps de souffrance reste en « hibernation » pendant des années avant de devenir actif. Il aura alors été déclenché par un événement particulier.

Comment le corps de souffrance se repaît de vos pensées

Le corps de souffrance sort de sa latence quand il a faim, quand c'est le temps de se « sustenter ». Il peut également réapparaître lors d'une situation précise. Le corps de souffrance prêt à se nourrir peut se servir de l'événement le plus insignifiant comme déclencheur : une chose dite ou faite par quelqu'un, ou même une pensée. Si vous vivez seul et qu'il n'y a personne dans votre entourage, le corps de souffrance s'alimentera à partir de vos pensées. Tout d'un coup, celles-ci deviendront profondément négatives. Vous ne vous êtes probablement pas rendu compte que, juste avant que ce flot de pensées négatives vous assaillent, une vague d'émotion avait envahi votre esprit, sous forme d'une humeur sombre et maussade, d'angoisse ou de colère. Comme toute pensée est énergie, le corps de souffrance s'en nourrit. Par contre, il ne peut se nourrir de n'importe quelle pensée. Il ne faut pas être particulièrement sensible pour remarquer qu'une pensée positive a une résonance totalement différente de celle d'une pensée négative. Il s'agit de la même énergie, mais d'une énergie qui vibre à une autre fréquence. Le corps de souffrance ne peut digérer les pensées positives, seulement les pensées négatives. Pourquoi ? Parce que seulement les pensées négatives sont compatibles avec son champ d'énergie.

Tout ce qui existe est constitué de champs énergétiques sans cesse en mouvement. La chaise sur laquelle vous êtes assis et le livre que vous tenez entre les mains ont l'air massifs et statiques seulement parce que c'est ainsi que vos sens perçoivent leur fréquence vibratoire. Vos sens perçoivent l'incessant mouvement des molécules, des atomes, des électrons et des particules sub-atomiques qui, pris ensemble, forment ce que vous appelez une chaise, un livre, un arbre ou un corps. Ce que nous percevons comme de la matière physique, c'est de l'énergie qui vibre (se déplace) selon une amplitude particulière de fréquences. Les pensées consistent en la même énergie, mais celle-ci vibre à une fréquence plus élevée que la matière. C'est pour cette raison qu'on ne peut ni voir ni toucher les pensées. Ces dernières ont leur propre amplitude : les pensées négatives vibrent à une fréquence plus basse, alors que les pensées positives vibrent à une fréquence plus haute. La fréquence vibratoire du corps de souffrance entre en résonance avec celle des pensées négatives. C'est pour cette raison que seules les pensées négatives peuvent nourrir le corps de souffrance.

Le processus faisant que les pensées créent l'émotion peut s'inverser. C'est-à-dire que c'est le corps de souffrance qui entre en action d'abord. L'émotion émanant du corps de souffrance prend rapidement contrôle de la pensée et, une fois que votre esprit est pris en otage par le corps de souffrance, la pensée devient négative. La voix dans votre tête vous racontera des histoires de tristesse, d'anxiété ou de colère sur vous-même ou sur votre vie, sur d'autres gens, sur le passé et le futur ou sur des événements imaginaires. La voix fera des reproches, accusera, se plaindra, imaginera. Et vous serez totalement identifié à ce que la voix dit. Vous croirez toutes ces pensées tordues. C'est à ce moment-là que la dépendance au malheur s'installe.

Ce n'est pas tant que vous ne pouvez pas interrompre le flot des pensées négatives, mais plutôt que vous ne le voulez pas. La raison à cela est que le corps de souffrance est en train de vivre en vous, prétendant être vous. Pour ce dernier, la souffrance est synonyme de plaisir. Il se repaît avec voracité de toute pensée négative. En fait, l'habituelle voix que vous entendez dans votre tête est maintenant devenue la voix du corps de souffrance. Elle a pris le contrôle du dialogue intérieur. Un cercle vicieux s'installe entre le corps de souffrance et votre pensée. Chacune de vos pensées vient l'alimenter et, à son tour, le corps de souffrance génère davantage de pensées. À un certain point, après quelques heures ou même quelques jours, il est repu et retourne à son état latent, laissant l'organisme vidé et le corps fragilisé et sensible aux maladies. Si vous avez l'impression qu'il s'agit d'un parasite psychique, vous avez tout à fait raison. C'est exactement ce que c'est.

Comment le corps de souffrance se nourrit du mélodrame relationnel

Si d'autres gens se trouvent dans votre entourage, de préférence votre conjoint ou un membre de la famille proche, le corps de souffrance essaiera de les provoquer, « d'appuyer sur leurs boutons » comme on dit, afin de pouvoir se repaître du mélodrame qui s'ensuivra. Les corps de souffrance adorent les relations amoureuses et familiales parce que c'est là où ils vont chercher la plus grande partie de leur combustible. Il est ardu de résister au corps de souffrance d'une personne qui est déterminée à vous faire réagir. Instinctivement, son corps de souffrance connaît vos points les plus faibles et les plus vulnérables. S'il ne réussit pas lors de la première tentative, il remettra ça. C'est de l'émotion pure recherchant davantage d'émotions. Le corps de souffrance de l'autre personne veut faire sortir le vôtre de sa latence pour que les deux corps de souffrance puissent mutuellement s'énergiser.

Bien des relations connaissent des crises violentes et destructives quand les corps de souffrance s'activent. Pour un enfant, la souffrance d'avoir à assister à une telle violence émotionnelle entre ses parents est presque insoutenable. Et pourtant, c'est le lot de millions d'enfants dans le monde entier, le cauchemar de leur existence quotidienne. C'est une des principales façons dont le corps de souffrance humain est transmis d'une génération à l'autre. Après une telle crise, les conjoints se réconcilient et une phase d'accalmie s'installe, selon le degré permis par l'ego.

Une consommation excessive d'alcool viendra souvent réactiver le corps de souffrance, surtout chez les hommes mais aussi chez certaines femmes. Quand une personne est saoule, sa personnalité change complètement à mesure que le corps de souffrance s'empare d'elle. Une personne profondément inconsciente et dont le corps de souffrance se renfloue par de la violence physique dirige souvent cette violence vers son conjoint ou ses enfants. Une fois dégrisée, elle est vraiment désolée et jurera qu'elle ne recommencera plus. Elle le pense vraiment à ce moment-là. La personne qui s'exprime et fait des promesses n'est pas celle qui commet les actes de violence. Alors, vous pouvez être sûr que les actes de violence se répéteront maintes et maintes fois jusqu'à ce que la personne en question devienne présente, reconnaisse le corps de souffrance en elle et refuse dorénavant de s'identifier à lui. Dans certains cas, une thérapie peut aider.

La plupart des corps de souffrance veulent aussi bien infliger de la souffrance qu'en subir. Par contre, certains sont surtout des bourreaux et d'autres, des victimes. Dans un cas comme dans l'autre, ils se nourrissent de violence, physique ou émotionnelle. Les personnes qui pensent être tombées amoureuses l'une de l'autre sont en fin de compte attirées l'une par l'autre parce que leurs corps de souffrance respectifs se complètent. Parfois, les rôles de bourreau et de victime sont déjà clairement établis dès la première rencontre. Certains mariages que l'on pense être conclus au paradis le sont en fait en enfer.

Si vous avez déjà vécu avec un chat, vous saurez que même lorsque le chat semble endormi, il sait encore ce qui se passe autour de lui. Au moindre bruit inhabituel, son oreille se tourne vers le bruit et ses yeux s'entrouvrent. Il en va de même avec les corps de souffrance. À un certain niveau, ils sont encore éveillés, prêts à passer à l'action quand un déclencheur approprié leur passe sous le nez.

Dans les relations intimes, les corps de souffrance sont souvent suffisamment rusés pour mentir jusqu'à ce que les protagonistes vivent ensemble et aient signé un contrat stipulant qu'ils doivent rester avec la personne pour le reste de leurs jours. Vous n'épousez pas seulement votre femme ou votre mari, mais également leur corps de souffrance. Et vice-versa. Cela peut s'avérer tout un choc quand, peut-être pas longtemps après avoir aménagé ensemble ou après la lune de miel, vous découvrez soudainement un jour un changement total de personnalité chez votre conjoint. Il élève la voix, il crie tout en vous accusant, en vous faisant des reproches. Il vous engueule pour un truc relativement banal. Ou bien, il se referme complètement. « Qu'est-ce qui ne va pas ? » demandez-vous. « Rien », répond-il. Mais l'énergie intensément hostile qui émane de lui ou d'elle dit : « Rien ne va ». Quand vous le ou la regardez dans les yeux, vous n'y voyez plus de vie. Un lourd voile semble être tombé. L'être que vous connaissez et aimez en lui ou en elle, et qui auparavant réussissait à briller malgré l'ego, est maintenant totalement masqué. C'est un complet étranger qui semble vous regarder. Dans ses yeux, il y a de la haine, de l'hostilité, de l'amertume ou de la colère. Quand la personne s'adresse à vous, ce n'est pas votre conjoint qui s'exprime, mais son corps de souffrance qui vous parle. Tout ce que la personne vous dit, c'est la version de la réalité du corps de souffrance, une réalité complètement déformée par la peur, l'hostilité, la colère et le désir d'infliger et de subir davantage de souffrance.

Rendu à ce point, vous vous demanderez s'il s'agit du véritable visage de votre conjoint que vous n'aviez jamais vu auparavant et si vous n'avez pas fait une erreur magistrale en le choisissant. Bien entendu, il ne s'agit pas de son véritable visage, juste de son corps de souffrance qui a temporairement pris possession de lui ou d'elle. Il est difficile de trouver un conjoint n'ayant pas de corps de souffrance. Par contre, il est plus sage de choisir quelqu'un dont le corps de souffrance n'est pas trop dense.

Les corps de souffrance très denses

Certaines personnes véhiculent des corps de souffrance qui ne sont jamais complètement latents. Même si elles sourient et entretiennent des conversations polies, elles ne sont pas difficiles à repérer. Il ne faut pas être médium pour sentir qu'elles abritent une grande quantité de colère, juste sous la surface. Une énergie furieuse qui n'attend qu'un prétexte pour se manifester, la moindre personne pour blâmer ou confronter, la plus petite chose pour déclencher un état malheureux. Le corps de souffrance de ces personnes est toujours affamé, il n'en a jamais assez. Et ces personnes amplifient le besoin de l'ego de se trouver des ennemis.

Par leur réactivité, des choses relativement insignifiantes prennent des proportions énormes lorsque ces personnes essaient d'attirer les autres dans leur mélodrame et de les faire réagir. Certaines d'entre elles engagent des batailles ou des procès juridiques sans fin et finalement vains contre des organisations ou des individus. D'autres sont consumées par la haine obsédante d'un ex-conjoint. Inconscientes de la souffrance qu'elles portent et par leur réaction, elles projettent la souffrance dans les événements et les situations. À cause d'un manque total de conscience personnelle, elles ne peuvent faire la différence entre un événement et leur réaction à ce dernier. Pour elles, le malheur et la souffrance appartiennent à la situation ou à l'événement. Parce qu'elles sont inconscientes de leur état intérieur, elles ne savent même pas qu'elles sont profondément malheureuses, qu'elles souffrent.

Certaines personnes dotées de tels corps de souffrance denses deviennent souvent des activistes qui se battent pour une cause. Il se peut certes que la cause soit valable et qu'elles réussissent au début à accomplir ce qu'elles veulent. Cependant, l'énergie négative qui émane de ce qu'elles disent et font, ainsi que leur besoin inconscient de se faire des ennemis et de générer le conflit, ont tendance à engendrer une opposition croissante à leur cause. En général, elles finissent par se créer des ennemis au sein même de leur propre organisation parce que, où qu'elles aillent, elles trouvent toujours des raisons pour se sentir mal et que leur corps de souffrance continue de trouver exactement la souffrance qu'il cherche.

Les divertissements, les médias et le corps de souffrance

Si vous ne connaissiez rien de notre civilisation contemporaine, si vous arriviez d'une autre époque ou d'une autre planète, une des choses qui vous stupéfierait le plus, c'est que des millions de gens paient pour voir des humains se tuer et s'infliger de la souffrance les uns les autres, et qu'ils aiment ça. Les humains appellent cela du divertissement.

Pourquoi les films de violence attirent-ils une telle audience ? Il s'agit là de toute une industrie, qui vient en majeure partie alimenter la dépendance des humains au malheur. De toute évidence, les gens regardent de tels films parce qu'ils veulent se sentir mal. Et qu'est-ce qui, chez les humains, aime se sentir mal mais que l'on appelle bon ? Le corps de souffrance, bien sûr. L'industrie du divertissement y pourvoit pour une grande part. Alors, en plus de la réactivité, de la pensée négative et du mélodrame émotionnel des relations, le corps de souffrance peut aller se sustenter à partir des écrans de télévision et de cinéma. Ce sont des corps de souffrance qui conçoivent et produisent ces films, et des corps de souffrance qui les regardent.

Est-il toujours « mal » de faire voir et de regarder de la violence à la télévision et sur les écrans de cinéma ? Toute cette violence alimente-t-elle le corps de souffrance ? À l'étape évolutive où se trouve l'humanité, la violence n'est pas encore seulement omniprésente mais aussi en augmentation. En effet, la vieille conscience propre à l'ego, amplifiée par le corps de souffrance collectif, doit s'intensifier avant d'inévitablement mourir. Si les films font voir de la violence dans un contexte plus global, s'ils montrent d'où elle vient et quelles en sont les conséquences, s'ils montrent ce qu'elle fait aux victimes ainsi qu'aux bourreaux, s'ils montrent l'inconscient collectif qui la sous-tend et qui est transmis de génération en génération (comme la colère et la haine qui vivent chez les humains sous la forme du corps de souffrance), alors ces films peuvent remplir une fonction vitale pour l'éveil de l'humanité. Ils peuvent servir de miroir dans lequel l'humanité peut observer sa propre folie. Ce qui en vous reconnaît la folie comme étant de la folie (même la vôtre) est sain. C'est la conscience émergente, c'est la fin de la folie.

De tels films existent bien entendu et ne viennent pas sustenter le corps de souffrance. Certains des meilleurs films anti-guerre sont des films qui font voir la réalité de la guerre plutôt que de la glorifier. Le corps de souffrance ne peut se nourrir que de films où la violence est dépeinte comme un comportement humain normal ou même désiré. Des films glorifiant la violence et ayant comme seul but d'engendrer des émotions négatives chez les spectateurs, deviennent ainsi une drogue pour leurs corps de souffrance.

La presse populaire ne vend pas des nouvelles. Elle vend fondamentalement des émotions négatives, de la nourriture pour le corps de souffrance. « Scandale ! » ou « Salauds ! » clament les titres de dix centimètres de haut. La presse populaire britannique excelle dans ce domaine. Elle sait que les émotions négatives font plus vendre de journaux que les nouvelles.

En général, les médias transmettant les nouvelles, télévision y compris, ont tendance à prospérer grâce aux nouvelles négatives. Plus les choses sont graves, plus les présentateurs sont passionnés. Souvent, l'excitation négative est créée par les médias eux-mêmes. Les corps de souffrance adorent ça !

Le corps de souffrance collectif féminin

La dimension collective du corps de souffrance comporte d'autres aspects. Les tribus, les nations et les races ont toutes leur corps de souffrance collectif, certains étant plus lourds que d'autres. La plupart des membres composant cette tribu, cette nation ou cette race y prennent part dans une plus ou moins grande mesure.

Presque chaque femme participe au corps de souffrance féminin, qui a tendance à s'activer particulièrement juste avant le moment des règles. Durant cette période, bien des femmes sont envahies par d'intenses émotions négatives.

La suppression du principe féminin, en particulier depuis les derniers 2000 ans, a permis à l'ego de s'approprier une suprématie absolue dans la psyché humaine collective. Même si les femmes ont, bien entendu, des ego, c'est chez l'homme que l'ego peut prendre racine et grandir plus facilement. La raison à cela est que les femmes sont moins identifiées au mental que les hommes. Elles sont plus en contact avec le corps subtil, avec le corps énergétique et l'intelligence de l'organisme d'où les facultés de l'intuition proviennent. La forme féminine est moins rigidement fermée que la forme masculine. Elle fait preuve d'une plus grande ouverture, d'une plus grande sensibilité envers les autres formes de vie. Elle est plus syntonisée sur le monde de la nature.

Si l'équilibre entre les énergies féminine et masculine n'avait pas été détruit sur notre planète, la croissance de l'ego aurait grandement été réduite. Nous n'aurions pas déclaré la guerre à la nature et nous ne nous serions pas autant dissociés de notre être intérieur.

Personne ne connaît le chiffre exact parce qu'on n'a pas tenu compte des faits, mais il semble certain que pendant une période de 300 ans, entre 3 et 5 millions de femmes aient été torturées et tuées par la « Sainte Inquisition », une institution créée par l'Église catholique romaine pour supprimer l'hérésie. Avec l'holocauste juif, ce génocide représente un des plus sombres chapitres de l'histoire humaine. Il suffisait durant cette période qu'une femme aime les animaux, qu'elle marche seule dans les champs ou les bois, ou qu'elle ramasse des plantes médicinales pour qu'on la qualifie de sorcière, qu'on la torture et qu'on la brûle sur le bûcher. À cette époque, on déclara le féminin sacré comme démoniaque et toute une dimension de l'humain disparut en grande partie. D'autres cultures et religions, comme le judaïsme, l'islam et même le bouddhisme supprimèrent la dimension féminine, quoique de façon moins violente. Le statut des femmes fut réduit à la maternité et au fait qu'elles étaient la propriété des hommes. Des mâles niant le principe féminin même en eux régentaient dorénavant le monde, un monde totalement déséquilibré. Le reste, c'est de l'histoire ou plutôt une histoire de fous.

Et qui est responsable de cette peur du principe féminin, que l'on pourrait uniquement décrire comme étant une paranoïa collective aiguë ? On pourrait, bien sûr, dire que ce sont les hommes. Mais alors, pourquoi dans de nombreuses civilisations pré-chrétiennes, comme les civilisations sumérienne, égyptienne et celte, les femmes étaient-elles respectées et le principe féminin révéré au lieu d'être craint ? Qu'est-ce qui a soudainement fait que les hommes se sont sentis menacés par le principe féminin ? C'est l'ego croissant en eux. L'ego savait qu'il pouvait prendre le contrôle total de notre planète seulement par le principe masculin. Alors, pour y arriver, il fallait rendre le principe féminin impuissant.

Avec le temps, l'ego s'est aussi emparé des femmes, bien qu'il ne pourra jamais s'incruster en elles comme il l'a fait chez les hommes.

Actuellement, la suppression du principe féminin est intériorisée, même chez la plupart des femmes. Vu que le féminin sacré est supprimé, il est ressenti par beaucoup de femmes comme une souffrance émotionnelle. En fait, il fait partie intégrante de leur corps de souffrance, avec la souffrance accumulée par les femmes au cours des millénaires avec l'accouchement, le viol, l'esclavage, la torture et la mort violente.

Mais, aujourd'hui, les choses changent rapidement. Puisque beaucoup de gens deviennent de plus en plus conscients, l'ego perd de son emprise sur le mental humain. Étant donné que l'ego a toujours eu moins d'emprise sur les femmes, il perd plus rapidement du terrain chez les femmes que chez les hommes.

Les corps de souffrance des nations et des races

Certains pays, dans lesquels de nombreux actes de violence collective ont été subis ou perpétrés, possèdent un corps de souffrance collectif plus lourd que d'autres. C'est pour cette raison que les vieilles nations ont tendance à avoir des corps de souffrance plus chargés. C'est pour cette raison que les nations jeunes, entre autres le Canada ou l'Australie, et les nations qui se sont protégées de la folie de leurs voisins, entre autres la Suisse, ont tendance à avoir un corps de souffrance moins chargé. Il va sans dire que les ressortissants de ces pays ont aussi un corps de souffrance avec lequel ils doivent composer. Si votre sensibilité est bien développée, vous sentirez une lourdeur dans le champ énergétique de certains pays dès que vous mettez le pied sur le sol. Dans d'autres pays, vous pouvez sentir un champ énergétique de violence latente juste sous le vernis de la vie quotidienne. Dans d'autres nations, par exemple au Moyen-Orient, le corps de souffrance collectif est si exacerbé qu'une partie significative de la population se trouve forcée à le manifester sous la forme d'un cycle dément et sans fin de perpétrations et de châtiments. Ainsi, le corps de souffrance se renouvelle continuellement.

Dans les pays où le corps de souffrance est chargé mais plus exacerbé, il y a une tendance chez les gens à essayer de se désensibiliser à la souffrance émotionnelle collective : en Allemagne et au Japon, par le travail, et dans d'autres pays, par la tolérance généralisée à l'alcool (qui peut cependant avoir l'effet opposé de stimuler le corps de souffrance, particulièrement si on le consomme à l'excès). Le corps de souffrance très chargé de la Chine est quelque peu contrebalancé par la pratique généralisée du Taï chi. Étonnamment, ce dernier n'est pas déclaré illégal par les autorités communistes, qui se sentent facilement menacées par tout ce qu'elles ne peuvent contrôler. Des millions de gens pratiquent chaque jour dans les rues et les parcs des villes cette méditation qui calme le mental. Ceci fait une différence considérable dans le champ énergétique collectif et vient quelque peu diminuer le corps de souffrance en réduisant la pensée et en instaurant la présence.

Les pratiques spirituelles qui font appel au corps physique, entre autres le Taï chi, le chi kung et le yoga, sont de plus en plus adoptées dans le monde occidental. Ces pratiques ne créent pas de séparation entre le corps et l'esprit mais servent plutôt à affaiblir le corps de souffrance. Elles jouent un rôle important dans l'éveil global.

Le corps de souffrance collectif racial est prononcé chez les juifs car ils ont subi des persécutions au fil de plusieurs siècles. Il n'est pas surprenant que le corps de souffrance soit également fort chez les autochtones d'Amérique du Nord qui ont été décimés et ont vu leur culture détruite par les colons européens. Chez les noirs américains, il est également très prononcé. Leurs ancêtres ont été violemment déracinés, battus pour être soumis et vendus comme esclaves. L'établissement de la prospérité économique des États-Unis repose sur le labeur de 4,5 millions d'esclaves noirs. En fait, la souffrance infligée aux Amérindiens et aux noirs des États-Unis n'est pas restée confinée à ces deux races, mais elle est devenue partie prenante du corps de souffrance des États-Unis. La règle est immuable : aussi bien la victime que le bourreau finissent par subir les conséquences des actes de violence, de l'oppression et de la brutalité. Pourquoi ? Parce que ce que vous faites aux autres, vous vous le faites à vous-même.

Peu importe quelle proportion de votre corps de souffrance appartient à votre nation ou à votre race, et quelle proportion est personnelle. Dans un cas comme dans l'autre, vous ne pouvez le transcender que si vous prenez la responsabilité de votre état dans l'immédiat. Même si le blâme semble plus que justifié, aussi longtemps que vous blâmerez les autres, vous continuerez à sustenter votre corps de souffrance avec vos pensées et vous resterez prisonnier de l'ego. Il n'y a qu'un seul bourreau sur la planète, *l'inconscience humaine.* C'est le fait de réaliser cela qui constitue le véritable pardon. Avec le pardon, votre identité de victime se dissout et votre véritable pouvoir émerge, le pouvoir de la présence. *Alors, au lieu d'accuser l'obscurité, vous faites surgir la lumière.*

Chapitre 6

La libération

Vous commencez à vous libérer du corps de souffrance quand vous réalisez que vous *avez* un corps de souffrance. Ensuite, chose encore plus importante, est votre capacité de rester suffisamment présent et vigilant pour observer votre corps de souffrance comme étant un lourd influx d'émotions négatives lorsqu'il devient actif. Quand le corps de souffrance est reconnu pour ce qu'il est, il ne peut plus prétendre être vous, ni vivre et se renouveler en vous. C'est la Présence consciente qui rompt cette identification.

Quand vous ne vous identifiez plus à lui, le corps de souffrance ne peut plus contrôler vos pensées et, par conséquent, il ne peut plus s'en nourrir. Dans la plupart des cas, le corps de souffrance ne se dissout pas immédiatement. Mais, une fois que vous avez coupé le lien l'unissant à vos pensées, il commence à perdre de l'énergie. Les émotions cessent de submerger vos pensées et vos perceptions ne sont plus déformées par le passé. L'énergie qui était emprisonnée dans le corps de souffrance change de fréquence vibratoire et se transforme en Présence. Le corps de souffrance devient ainsi un combustible pour la conscience. C'est pour cette raison que beaucoup de femmes et d'hommes illuminés sur cette planète ont eu, autrefois, un corps de souffrance très chargé.

Peu importe ce que vous dites ou faites, ou prétendez être, vous ne pouvez dissimuler votre état mental et émotionnel. Il émane de chaque être humain un champ énergétique qui correspond à son état intérieur, champ énergétique que la plupart des gens peuvent percevoir, même s'ils ne le savent pas. C'est cette perception subliminale qui détermine dans une large mesure la façon dont ils se sentent ou réagissent en présence de l'humain en question. Certaines personnes en sont clairement conscientes dès la première rencontre, même avant d'avoir échangé quelque parole que ce soit. Ensuite, les paroles prennent le dessus et, avec elles, entrent en jeu les rôles que la plupart des gens endossent. L'attention se déplace alors vers le domaine des pensées et la capacité à percevoir le champ énergétique de l'autre diminue grandement. Ce dernier continue néanmoins d'être perçu à un niveau inconscient.

Lorsque vous avez réalisé que le corps de souffrance recherche inconsciemment davantage de souffrance, c'est-à-dire qu'il veut que quelque chose de mal lui arrive, vous aurez compris que de nombreux accidents de la circulation se produisent parce que les conducteurs sont en proie à un corps de souffrance actif à ce moment-là. Si deux conducteurs ont un corps de souffrance actif au même moment et arrivent en même temps à une intersection, la probabilité d'un accident est bien plus grande que dans des circonstances normales. Inconsciemment, les deux conducteurs veulent qu'un accident se produise. Le rôle que jouent les corps de souffrance dans les accidents de la route est frappant avec le phénomène que l'on appelle « rage au volant », phénomène qui pousse les conducteurs à devenir physiquement violents, même à cause d'une banalité, comme lorsque un conducteur « escargot » roule devant eux.

Bien des actes de violence sont commis par des gens « normaux » qui se transforment temporairement en fous furieux. Dans les cours de justice du monde entier, on entend les avocats de la défense dire « C'est un geste totalement inhabituel » et les accusés avouer « Je ne sais pas ce qui m'a pris. » Jusqu'à maintenant, et à ma connaissance, aucun avocat de la défense n'a jamais dit à un juge : « C'est un cas de responsabilité diminuée. Le corps de souffrance de mon client était activé et il ne savait pas ce qu'il faisait. En fait, il n'a rien fait, lui. C'est son corps de souffrance qui a agi. » Je pense que c'est ce qu'on entendra un jour dans les cours de justice.

Cela veut-il dire que les gens ne sont pas responsables de ce qu'ils font quand ils sont possédés par le corps de souffrance ? Oui, effectivement. Comment peuvent-ils l'être ? Comment pouvez-vous être responsable lorsque vous ne savez pas ce que vous faites ? Dans le grand ordre des choses cependant, les êtres humains sont censés devenir des êtres conscients et ceux qui ne le deviennent pas subissent les conséquences de leur inconscience. Ils sont déphasés par rapport à la pulsion évolutive de l'univers.

Même ça n'est que relativement vrai. Si l'on regarde les choses à partir d'une perspective plus élevée, il est impossible d'être déphasé par rapport à l'évolution de l'univers et même l'inconscience humaine et la souffrance qu'elle engendre font partie de cette évolution. Quand vous ne pouvez plus supporter le cycle sans fin de la souffrance, vous commencez à vous réveiller. Le corps de souffrance a donc sa place dans cette perspective élargie.

La présence

Un jour, une femme dans la trentaine est venue me consulter. Alors qu'elle me saluait, j'ai pu percevoir sa souffrance derrière son sourire poli et superficiel. Elle commença à me raconter son histoire et en une seconde son sourire se transforma en un rictus de souffrance. Puis, elle se mit à sangloter de façon incontrôlable. Elle me raconta qu'elle se sentait seule et insatisfaite. Il y avait beaucoup de tristesse et de colère en elle. Petite, elle avait été abusée physiquement par un père violent. Je compris rapidement que sa souffrance n'était pas le produit des circonstances actuelles de sa vie mais celui d'un corps de souffrance très chargé. Ce dernier était devenu le filtre par lequel elle percevait sa situation du moment. Elle ne réussissait pas encore à établir de lien entre la souffrance émotionnelle et ses pensées puisqu'elle s'était totalement identifiée aux deux. Elle ne réussissait pas non plus à voir qu'elle alimentait le corps de souffrance avec ses pensées. Autrement dit, elle vivait avec le fardeau d'un moi profondément malheureux. À un certain niveau et à un moment donné cependant, elle avait réalisé que sa souffrance provenait d'elle-même, qu'elle était un fardeau pour elle-même. Elle était donc prête à se réveiller et c'est la raison qui l'avait conduite jusqu'à moi.

Je l'amenai donc à concentrer son attention sur ce qu'elle sentait dans son corps et lui demandai de sentir directement l'émotion, plutôt que de l'appréhender par le filtre de ses pensées malheureuses, de son histoire malheureuse. Elle me dit qu'elle était venue me voir dans l'espoir que je lui apprenne à se sortir de son malheur, pas que je l'y replonge. Toutefois, un peu à contrecœur, elle fit ce que je lui avais demandé. Les larmes roulaient sur ses joues et son corps tremblait. « En ce moment, c'est ce que vous ressentez, lui dis-je. Et il n'y a rien que vous puissiez faire pour empêcher qu'*en ce moment*, c'est ce que vous ressentez. Maintenant, au lieu de vouloir que cet instant soit différent de ce qu'il est, ce qui ajoute davantage de souffrance à votre souffrance, est-il possible que vous acceptiez totalement que c'est ce que vous ressentez en ce moment ? »

Elle resta silencieuse pendant quelques minutes. Tout d'un coup, l'impatience apparut sur son visage, comme si elle allait se lever, et elle me répondit : « Non, je ne veux pas accepter ça. » « Qui est-ce qui parle ? lui demandai-je, vous ou le malheur en vous. Réussissez-vous à voir que le fait d'être malheureuse n'est qu'une autre couche de malheur ? » Elle redevint silencieuse. « Je ne vous demande pas de *faire* quoi que ce soit. Tout ce que je vous demande, c'est de découvrir si vous pouvez permettre à ces émotions d'être là. En d'autres mots, et cela peut paraître étrange, de découvrir que s'il vous est égal d'être malheureuse, qu'arrive-t-il à la misère ? Ne voulez-vous pas le savoir ? »

Elle sembla brièvement perplexe et, après une minute ou deux de silence sur sa chaise, je remarquai soudainement un changement significatif dans son champ énergétique. Elle me dit : « C'est bizarre, je suis encore malheureuse, mais il s'est maintenant créé un espace autour de ma misère. Elle semble avoir moins d'importance. » C'était la première fois que j'entendais quelqu'un s'exprimer de la sorte à ce sujet en disant qu'il y avait de l'espace autour de sa misère. Cet espace se crée, bien entendu, quand il y a acceptation intérieure de ce dont vous faites l'expérience dans le moment présent.

Je n'ajoutai rien, la laissant à son expérience. Plus tard, elle en vint à réaliser que dès l'instant où elle cessa de s'identifier à la vieille émotion qui vivait en elle, dès l'instant où elle concentra son attention directement sur elle sans essayer d'y résister, cette émotion ne pouvait plus contrôler sa pensée et qu'elle appartenait à une histoire intitulée « La malheureuse en moi ». Une autre dimension venait d'apparaître dans sa vie qui transcendait son passé, la dimension de la Présence. Étant donné que vous ne pouvez être malheureux sans avoir d'histoire malheureuse, sa misère prit fin. Cela signifiait aussi le début de la fin de son corps de souffrance. L'émotion comme telle n'est pas de la souffrance. Seule l'émotion, ajoutée à une histoire à son sujet est de la souffrance.

Une fois la séance terminée, je fus satisfait de savoir que je venais d'assister à l'avènement de la Présence chez un autre être humain. La raison d'être de notre existence sous la forme humaine, c'est justement d'amener cette dimension de conscience dans le monde. J'avais aussi assisté à une diminution du corps de souffrance, non pas en le combattant, mais en dirigeant la lumière de la conscience sur lui.

Quelques minutes après le départ de cette dame, une amie arriva pour m'apporter quelque chose. Dès qu'elle entra dans la pièce, elle me dit : « Que s'est-il passé ici ? Il y a une énergie lourde et sombre dans la pièce. Ça me donne presque envie de vomir. Il faut ouvrir la fenêtre et brûler de l'encens. » J'expliquai à cette amie que je venais d'être témoin d'un lâcher-prise majeur chez quelqu'un qui avait un corps de souffrance très dense et que ce qu'elle sentait dans la pièce devait être une partie de l'énergie qui avait été relâchée pendant la séance. Cependant, mon amie ne voulait ni rester ni m'écouter. Elle n'avait qu'une envie, décamper aussi vite que possible.

J'ouvris les fenêtres et sortis prendre mon repas dans un petit restaurant indien à proximité de chez moi. Ce qui s'était produit dans ma salle de consultation venait clairement confirmer ce que je savais déjà : *à un certain niveau, tous les corps de souffrance humains, apparemment distincts et individuels, sont reliés.* Toutefois, la façon dont ceci se confirma fut tout un choc.

Le retour du corps de souffrance

Je m'assis à une table et commandai. Il y avait quelques autres clients dans le restaurant. À une table proche de la mienne, un homme dans la cinquantaine était assis dans un fauteuil roulant, il terminait son repas. Il me jeta un regard, bref mais intense. Quelques minutes passèrent. Soudain, il devint agité et son corps se mit à se convulser. Quand le serveur s'approcha de sa table pour venir retirer son assiette, l'homme commença à le prendre à partie. « La nourriture était dégueulasse ! » « Alors, pourquoi l'avez-vous mangée ? », lui rétorqua le serveur. Ce fut ce qui mit le feu aux poudres. Il se mit à hurler et à devenir agressif. Des mots ignobles sortirent de sa bouche. Une haine intense et violente emplit la salle. Je pouvais sentir cette énergie entrer dans mon propre corps et chercher à s'agripper à quelque chose. Il se mit alors à prendre les autres clients à partie, mais pour une raison étrange, il m'ignora totalement alors que j'étais assis, totalement dans la Présence. J'eus l'impression que le corps de souffrance universel était revenu pour me dire : « Tu pensais que tu m'avais battu. Mais regarde, je suis encore là. » Plus tard, j'ai également envisagé la possibilité que l'énergie relâchée par la femme était restée dans mon sillage jusqu'au restaurant et s'était syntonisée sur la seule personne dans le restaurant avec laquelle il y avait une compatibilité vibratoire. Autrement dit, avec un corps de souffrance très chargé.

Le gérant du restaurant ouvrit la porte et demanda à l'homme de partir. Celui-ci fila comme un éclair par l'ouverture avec son fauteuil roulant, à la grande surprise de tout le monde. Une minute plus tard, il revint. Son corps de souffrance n'en n'avait pas encore fini. Il en voulait davantage. Il ouvrit la porte avec sa chaise roulante tout en hurlant des obscénités. Une serveuse essaya de l'empêcher d'entrer. Il appuya sur la commande de marche avant rapide et la plaqua contre le mur. Les autres clients se levèrent et essayèrent de le faire reculer. Cris, hurlements, tohubohu ! Puis, un agent de police arriva, ce qui eut pour effet de calmer l'homme. Le policier lui demanda de quitter les lieux et de ne pas revenir. Fort heureusement, la serveuse n'avait pas été blessée, à part quelques bleus sur les jambes. Une fois que tout fut fini, le gérant vint à ma table et me demanda en plaisantant à moitié, sentant peut-être intuitivement qu'il y avait un lien quelque part : « C'est vous qui avez fait tout ça ? »

Le corps de souffrance chez les enfants

Le corps de souffrance chez les enfants se manifeste parfois sous forme de mauvaise humeur ou de repli. L'enfant devient maussade, refuse d'interagir et reste assis dans un coin tout en serrant une poupée dans ses bras ou en suçant son pouce. Le corps de souffrance peut également se manifester sous la forme de crise de larmes ou de colère. L'enfant hurle, se roule à terre et devient agressif. Un désir non comblé peut facilement déclencher le corps de souffrance. Et chez un ego en plein développement, la force du désir peut être très intense. Les parents assisteront à la crise les bras ballants sans réussir à comprendre ni à croire comment leur petit ange a pu en quelques secondes se transformer en monstre. « D'où peut bien provenir toute cette tristesse ? » se demandent les parents. Dans une plus ou moins grande mesure, c'est la part reçue par l'enfant du corps de souffrance collectif de l'humanité, qui remonte à l'origine de l'ego humain.

Mais il se peut aussi que l'enfant ait déjà absorbé la souffrance provenant des corps de souffrance de ses parents. Ces derniers voient ainsi chez l'enfant le reflet de ce qu'ils portent en eux. Les enfants extrêmement sensibles sont particulièrement affectés par les corps de souffrance de leurs parents. Comme ils sont forcés d'être les témoins du mélodrame malsain qui se joue entre leurs parents, ils subissent une souffrance émotionnelle presque à la limite du supportable. Ces enfants très sensibles deviennent alors des adultes au corps de souffrance très chargé. Ils ne se font pas leurrer par les parents qui essayent de cacher leurs corps de souffrance, et qui se disent qu'ils ne doivent pas se disputer devant leurs enfants. Cela signifie habituellement que, lorsque les parents sont polis entre eux, une énergie négative envahit la maison. Les corps de souffrance réprimés sont extrêmement toxiques, encore plus que ceux qui sont actifs. Cette toxicité est absorbée par les enfants et elle contribue au développement de leur propre corps de souffrance.

Certains enfants apprennent de façon subliminale ce que sont l'ego et le corps de souffrance en vivant avec des parents très inconscients. Une femme dont les parents avaient tous deux de forts ego et corps de souffrance me raconta un jour que, lorsque ses parents se disputaient et hurlaient, elle les regardait et, même si elle les aimait beaucoup, elle se disait : « Ces gens sont fous. Comment ça se fait que je me retrouve ici ? » Il y avait déjà chez elle une conscience de la folie qui fait que l'on peut vivre ainsi. C'est cette conscience qui l'aida à réduire la quantité de souffrance qu'elle avait absorbée de ses parents.

Les parents se demandent souvent de quelle façon ils doivent composer avec le corps de souffrance de leur enfant. La première question à poser ici est la suivante : « Est-ce que les parents s'occupent de leur propre corps de souffrance ? Savent-ils le reconnaître en eux ? Sont-ils capables de rester suffisamment présents quand leur corps de souffrance est activé ? Peuvent-ils prendre conscience de l'émotion qui s'installe avant qu'elle ait la chance de se transformer en pensées et, par conséquent en « personne malheureuse » ?

Pendant que l'enfant subit une attaque du corps de souffrance, vous ne pouvez faire grand chose, à part de rester présent pour ne pas être amené à réagir émotionnellement. Une réaction émotionnelle de votre part aurait comme conséquence de venir alimenter davantage le corps de souffrance de l'enfant. Les corps de souffrance peuvent être très mélodramatiques. Alors, ne mordez pas à l'hameçon. Ne prenez pas la chose trop au sérieux. Si le corps de souffrance de l'enfant s'est activé parce qu'il a été contrarié dans ses désirs, ne cédez pas à ses demandes. Sinon l'enfant apprendrait que plus il est malheureux, plus il peut obtenir ce qu'il veut. C'est la recette idéale pour devenir dysfonctionnel dans la vie adulte. Le corps de souffrance sera frustré par l'absence de réaction et pourra en remettre un peu avant de se calmer. Heureusement, les crises chez les enfants sont plus courtes que chez les adultes.

Quelque temps après la fin de la crise, ou le lendemain, vous pouvez parler avec l'enfant de ce qui s'est produit. Mais ne lui parlez surtout pas du corps de souffrance. Posez-lui des questions : « Qu'est-ce qui s'est passé en toi hier quand tu n'arrêtais pas de crier ? Est-ce que tu t'en souviens ? Comment t'es-tu senti ? Est-ce que c'était une bonne sensation ? Est-ce que cette chose qui s'est emparée de toi a un nom ? Non ? Si elle avait un nom, comment l'appellerais-tu ? Si tu pouvais la voir, qu'est-ce que tu verrais ? Est-ce que tu peux nous faire un dessin ou une peinture de ce dont elle a l'air ? Qu'est-ce qui s'est passé quand elle est partie ? Est-ce qu'elle est allée dormir ? Est-ce que tu penses qu'elle va revenir ? »

Ce ne sont que quelques suggestions. Toutes ces questions servent à éveiller la faculté de témoin chez l'enfant, la qualité de la Présence. Elles aideront l'enfant à ne pas s'identifier au corps de souffrance. Vous pourriez aussi parler de votre propre corps de souffrance à l'enfant en vous servant de sa terminologie. Et la prochaine fois que le corps de souffrance prendra possession de votre enfant, vous pourrez dire : « C'est revenu, n'est-ce pas ? » Utilisez tous les mots que l'enfant a utilisés quand vous lui en avez parlé. Dirigez l'attention de l'enfant sur la façon dont il sent. Faites en sorte d'avoir une attitude intéressée et curieuse plutôt qu'une attitude critique ou désapprobatrice.

Il est peu probable que cela arrêtera le corps de souffrance sur sa lancée. Il se peut que l'enfant semble même ne pas vous entendre. Pourtant, une certaine présence reste en arrière-plan de la conscience de l'enfant, même quand son corps de souffrance est actif. Après un certain temps, cette présence grandira et le corps de souffrance diminuera. L'enfant deviendra davantage présent. Un jour, il se peut que ce soit l'enfant qui vous pointe du doigt, alors que c'est vous qui êtes aux prises avec votre corps de souffrance.

La misère intérieure

Ce n'est pas toute la misère ancienne qui est le fait du corps de souffrance. Il y a aussi la misère récente, créée chaque fois que vous n'êtes pas dans le moment présent, chaque fois que celui-ci est nié d'une façon ou d'une autre. Quand vous savez reconnaître qu'il n'y a que le moment présent qui existe et qu'il est par conséquent inévitable, vous pouvez intérieurement lui dire un « oui » entier et non seulement ne plus créer de misère, mais également, une fois la résistance intérieure partie, vous sentir pleinement potentialisé par la vie elle-même.

Le malheur propre au corps de souffrance est toujours clairement disproportionné à la cause apparente. Autrement dit, il s'agit d'une réaction excessive. C'est à cet excès qu'il est reconnu, mais, en général, pas par la personne elle-même possédée. Une personne ayant un corps de souffrance chargé trouve facilement des raisons pour s'énerver, se mettre en colère, être triste ou avoir peur. Les choses relativement insignifiantes qu'une autre personne ne remarquerait même pas ou qui la feraient sourire deviennent pour elle une cause apparente et intense de souffrance. Bien entendu, ces choses ne sont pas la véritable cause. Elles servent seulement de déclencheur et ramènent à la vie de vieilles émotions accumulées. Ensuite, ces émotions se déplacent vers la tête pour amplifier et alimenter les structures de l'ego.

Le corps de souffrance et l'ego sont donc très liés et ont besoin l'un de l'autre. L'événement déclencheur est ensuite interprété par le filtre d'un ego émotionnel chargé, qui réagit. Ceci veut dire que la signification de l'événement devient totalement déformée. Vous regardez la situation présente avec les yeux d'un passé émotionnel qui stagne en vous. Autrement dit, ce que vous voyez et dont vous faites l'expérience ne se trouve pas dans l'événement, mais en vous. Ou dans certains cas, cela fait effectivement partie de l'événement, mais votre réaction l'amplifie. Cette réaction, cette amplification, c'est ce que veut et dont a besoin le corps de souffrance. C'est ce dont il se sustente.

Il est souvent impossible pour quelqu'un qui a un corps de souffrance très chargé de prendre du recul par rapport à son interprétation déformée, par rapport à son « histoire » émotionnelle. Plus il y a de négativité émotionnelle dans une histoire, plus elle devient lourde et impénétrable. C'est pour cette raison que l'histoire ne peut être reconnue comme telle et qu'elle est prise pour la réalité. Quand vous êtes complètement pris au piège de la ronde des pensées et des émotions qui les accompagnent, il vous est impossible de prendre du recul parce que vous ne savez même pas qu'il y a un ailleurs où reculer. Vous êtes pris dans votre propre film ou rêve, pris dans votre propre enfer. Pour vous, c'est la réalité et il n'y en a pas d'autre possible.

Comment se défaire de l'identification au corps de souffrance

Une personne ayant un corps de souffrance fort et actif dégage une énergie particulière que les autres perçoivent comme étant extrêmement désagréable. Quand ils rencontrent une telle personne, certains individus sentent qu'ils veulent immédiatement s'en éloigner ou limiter le plus possible le contact. Ils sont repoussés par son champ énergétique. D'autres individus sentiront une onde d'agressivité se diriger vers eux et ils se comporteront avec la personne de façon grossière ou l'attaqueront verbalement et, dans certains cas, physiquement. Ceci signifie qu'il y a chez eux quelque chose qui entre en résonance avec le corps de souffrance de l'autre personne. Ce à quoi ils réagissent si fortement se trouve aussi en eux. Il s'agit de leur propre corps de souffrance en action.

Il n'est pas surprenant que les gens ayant un corps de souffrance chargé et souvent actif se retrouvent régulièrement dans des situations conflictuelles. Bien entendu, il arrive parfois qu'ils les provoquent. Mais, d'autres fois, ils ne font rien, la négativité qui émane d'eux suffit à attirer l'hostilité et à engendrer le conflit. Il faut avoir un degré élevé de Présence pour éviter de réagir quand on est confronté à quelqu'un doté d'un corps de souffrance si actif. Si vous réussissez à rester présent, il arrive parfois que votre état de Présence permette à l'autre personne de sortir de son corps de souffrance et de s'éveiller miraculeusement. Même si cet éveil est de courte durée, le processus aura tout de même été amorcé.

Un des premiers éveils auquel j'ai assisté se produisit il y a plusieurs années. La sonnette de ma porte d'entrée retentit un soir vers 23 h. J'entendis la voix très anxieuse de ma voisine Ethel dans l'interphone : « J'ai besoin de vous parler. C'est très important. S'il vous plaît, ouvrez-moi ! » Ethel était alors une femme dans la cinquantaine, intelligente et très instruite. Elle avait un gros ego et un corps de souffrance chargé. Elle avait fui l'Allemagne nazie quand elle était adolescente et plusieurs membres de sa famille avaient péri dans les camps de concentration.

Elle s'assit sur le canapé, agitée et les mains tremblantes. Elle sortit des lettres et des documents du dossier qu'elle avait apporté et les étala sur le canapé et le sol. J'eus soudainement l'étrange sensation qu'un rhéostat intérieur venait d'augmenter la luminosité intérieure de mon corps à la puissance maximale. Il n'y avait rien d'autre à faire que de rester ouvert, vigilant et intensément présent. Présent avec toutes les cellules de mon corps. Je la regardai sans pensée et jugement, et l'écoutai en silence sans aucun commentaire mental. Un flot de paroles jaillit de sa bouche. « Il m'ont encore envoyé une lettre pour m'embêter aujourd'hui. Ils mènent une vendetta contre moi. Vous devez m'aider. Il faut nous battre ensemble contre eux. Rien n'arrêtera leurs avocats véreux. Je vais perdre mon chez-moi. Ils menacent de m'exproprier. »

J'avais auparavant saisi qu'elle refusait de payer les charges parce que les gestionnaires de l'immeuble n'avaient pas fait faire certains travaux. À leur tour, ils la menaçaient de la traîner en justice.

Elle déblatéra pendant dix minutes environ. J'étais assis, j'écoutais et je regardais. Tout d'un coup, elle s'arrêta de parler et promena son regard sur les papiers dispersés un peu partout comme si elle venait de sortir d'un rêve. Elle se calma et s'adoucit. Son champ énergétique avait complètement changé. Puis elle me regarda et me dit : « Tout ça n'est pas vraiment important, n'est-ce-pas ? » « Non, ce n'est pas vraiment important », lui répondis-je. Elle resta assise en silence pendant encore quelques minutes, puis elle ramassa tous ses papiers et sortit. Le lendemain matin, elle m'arrêta dans la rue en me regardant d'un air soupçonneux. « Qu'est-ce que vous m'avez fait ? La nuit passée, c'est la première nuit depuis des années où j'ai bien dormi. En fait, j'ai dormi comme un bébé. »

Elle croyait que je « lui avais fait » quelque chose, alors que, justement, je n'avais rien fait. Au lieu de me demander ce que j'avais fait, elle aurait dû me demander plutôt ce que je n'avais pas fait. Je n'avais pas réagi, je n'avais pas confirmé la réalité de son histoire, je n'avais pas alimenté son mental avec davantage de pensée ni son corps de souffrance avec davantage d'émotions. Je lui avais tout simplement laissé faire l'expérience de ce dont elle faisait l'expérience dans le moment, sans intervenir, sans faire quoi que ce soit. Être présent est toujours infiniment plus puissant que tout ce que l'on peut dire ou faire, bien que la présence puisse parfois s'accompagner de paroles ou de gestes.

Ce qui lui était arrivé n'était pas un basculement permanent dans la conscience mais un aperçu de ce qui était possible, un aperçu de ce qui était déjà en elle. Dans le monde Zen, un tel aperçu s'appelle « satori ». C'est un moment de présence, une brève dissociation d'avec la voix qui parle sans arrêt dans votre tête, d'avec vos pensées et leurs répercussions dans le corps sous forme d'émotions. C'est un espace vaste qui se crée là où il n'y avait auparavant qu'enchevêtrement de pensées et tourment d'émotions.

Comme le mental qui pense ne peut comprendre la Présence, il l'interprète souvent mal. Il vous dira que vous êtes froid, distant, que vous n'avez aucune compassion, que vous ne savez pas établir de rapport avec les autres. Mais la vérité, c'est que vous établissez un rapport à un niveau beaucoup plus profond que la pensée et l'émotion. En fait, à ce niveau, il y a une véritable rencontre, une véritable fusion qui va au-delà du rapport de personne à personne. Dans la quiétude de la Présence, vous pouvez sentir l'essence sans forme en vous et en l'autre comme ne faisant plus qu'un. Faire l'expérience de l'unité entre vous et l'autre, c'est le véritable amour, la véritable bienveillance, la véritable compassion.

Les déclencheurs

Certains corps de souffrance réagissent à un seul déclencheur ou événement particulier, qui est en général celui qui entre en résonance avec une sorte particulière de souffrance éprouvée dans le passé. Par exemple, si un enfant grandit avec des parents pour qui les questions d'argent sont continuellement source de conflit et de mélodrame, cet enfant absorbera la peur des parents au sujet de l'argent et se créera un corps de souffrance qui deviendra actif dès qu'il sera question de problèmes d'argent. Ce genre de personne s'énerve ou se met en colère même quand il s'agit de montants insignifiants. Derrière ces émotions, il y a la peur intense liée à la survie. J'ai vu des gens évolués, c'est-à-dire des êtres relativement conscients, se mettre à hurler, à blâmer et à porter des accusations dès qu'ils prenaient le téléphone pour parler au courtier ou à l'agent immobilier. Tout comme on a fait imprimer sur chaque paquet de cigarettes un avertissement concernant la santé, on devrait peut-être faire imprimer un avertissement similaire sur chaque billet de banque qui dirait : « L'argent peut activer le corps de souffrance et causer une totale inconscience. »

Quelqu'un qui a été négligé ou abandonné dans son enfance par un de ses parents ou les deux aura développé un corps de souffrance qui devient actif dans toute situation ayant un tant soit peu la résonance de l'abandon primordial. Un ami qui se présente avec quelques minutes de retard à l'aéroport ou un conjoint qui arrive tard le soir peuvent déclencher une crise majeure du corps de souffrance. Si le conjoint quitte le domicile conjugal ou meurt, la souffrance émotionnelle ressentie dépasse la souffrance qui est naturelle dans de telles situations. Il peut s'agir d'une angoisse intense, d'une dépression qui dure et rend inapte à quoi que ce soit ou bien d'une colère obsédante.

Une femme dont le père en a physiquement abusé quand elle était petite sentira probablement son corps de souffrance s'activer facilement quand elle est en relation intime avec un homme. Par ailleurs, l'émotion prise dans son corps de souffrance attire probablement vers elle l'homme dont le corps de souffrance est similaire à celui de son père. Son corps de souffrance est donc magnétiquement attiré par quelqu'un qui, il le sent, lui procurera davantage de souffrance. Les protagonistes confondent parfois cette souffrance avec de l'amour.

Un homme qui avait été un enfant non voulu et à qui sa mère n'avait pas donné d'amour et seulement un minimum d'attention et de soins, avait développé un corps de souffrance ambivalent : d'un côté, il ressentait une intense aspiration, non comblée, à l'attention et à l'amour maternels et, de l'autre, une haine intense parce que sa mère ne lui avait pas donné ce dont il avait si désespérément besoin. Alors, presque chaque femme venait déclencher ce besoin maladif dans son corps de souffrance, une forme de souffrance émotionnelle. Ceci se manifestait comme une compulsion à « conquérir et à séduire » presque toutes les femmes qu'il rencontrait pour obtenir l'amour et l'attention que son corps de souffrance réclamait à cor et à cri. Il devint tout un expert dans le domaine de la séduction. Mais dès que la relation se faisait plus intime ou que ses avances étaient rejetées, la colère contre sa mère, accumulée dans son corps de souffrance, faisait irruption et venait saboter la relation.

Quand vous reconnaissez votre propre corps de souffrance dès qu'il se pointe le nez, vous apprenez rapidement aussi quel est son déclencheur favori : certaines situations, certaines choses ou ce que les gens disent ou font. Quand ces déclencheurs se présentent, vous les reconnaîtrez immédiatement et votre état de vigilance augmentera. En une seconde ou deux, vous remarquerez également la réaction émotionnelle créée dans le corps de souffrance. Mais dans cet état de Présence vigilante, vous ne vous identifierez pas à elle, ceci voulant dire que le corps de souffrance ne prendra pas possession de vous et ne deviendra pas la petite voix dans votre tête. Si vous êtes avec votre conjoint à ce moment-là, il vous suffit de lui dire : « Ce que tu as dit (ou fait) vient de déclencher mon corps de souffrance. » Prenez un accord avec votre conjoint selon lequel vous vous engagez à mentionner à l'autre qu'il vient de déclencher votre corps de souffrance. De cette façon, le corps de souffrance ne peut plus se sustenter du mélodrame relationnel. Au lieu de revenir à l'inconscience, vous deviendrez pleinement présent.

Si vous êtes bien présent chaque fois que le corps de souffrance a une crise, une partie de l'énergie émotionnelle négative sera consumée, pour ainsi dire, et se transformera en énergie de Présence. Le reste du corps de souffrance se retirera rapidement et attendra une meilleure occasion pour entrer de nouveau en crise. C'est-à-dire qu'il attendra que vous soyez moins conscient. La meilleure occasion que le corps de souffrance puisse saisir pour entrer en crise, c'est quand vous perdez l'état de Présence, probablement après avoir bu quelques verres ou pendant que vous regardez un film de violence. La moindre émotion négative, comme de l'irritation ou de l'anxiété, peut aussi servir de déclencheur. Tout ce dont votre corps de souffrance a besoin, c'est de votre inconscience. Il ne peut tolérer la clarté de la Présence.

Le corps de souffrance est un éveilleur

Au premier abord, il semblerait que le corps de souffrance soit le plus grand obstacle à l'avènement d'une conscience nouvelle dans l'humanité. Il occupe votre esprit, il contrôle et déforme votre pensée, il dérange vos relations. En vous, il se ressent comme un nuage gris qui occupe tout votre champ énergétique. Il a tendance à vous rendre inconscient, spirituellement parlant, c'est-à-dire totalement identifié à vos pensées et vos émotions. Il vous fait réagir et vous fait faire et dire des choses exprès pour intensifier la misère en vous et dans le monde.

À mesure que cette misère augmente, elle multiplie aussi les problèmes dans votre vie. Peut-être votre corps ne peut-il plus supporter de stress et contracte une maladie ou un dysfonctionnement quelconque. Peut-être avez-vous un accident, vous trouvez-vous dans une énorme situation conflictuelle ou un immense drame émotionnel causé par le corps de souffrance, qui veut que quelque chose se passe. Ou bien vous devenez violent. Ou encore vous en avez par-dessus la tête et vous ne pouvez plus vivre avec ce côté malheureux. Bien entendu, le corps de souffrance fait partie de ce faux moi.

Chaque fois que vous êtes sous l'emprise du corps de souffrance, chaque fois que vous ne le reconnaissez pas, il devient partie prenante de votre ego. Alors, tout ce à quoi vous vous identifiez se transforme en ego. Le corps de souffrance est une des choses les plus puissantes à laquelle l'ego puisse s'identifier et il en a besoin pour se renouveler. Cette mésalliance peut, à un moment, se détruire dans le cas où le corps de souffrance est si fort, que les structures de l'ego, au lieu d'être renforcées par lui, se font éroder par les continuelles attaques de sa charge énergétique. On peut comparer cela à un appareil électronique qui fonctionne bien avec du courant électrique mais qui sera détruit si le voltage est trop fort.

Les gens ayant un corps de souffrance chargé atteignent souvent un point où ils sentent que leur vie devient insupportable, où ils ne peuvent plus supporter aucune souffrance, aucun mélodrame. Une personne exprimera ce sentiment en disant crûment et simplement qu' « elle en avait marre d'être malheureuse ». D'autres sentent, comme ce fut le cas pour moi, qu'elles ne peuvent plus vivre avec elles-mêmes. La paix intérieure devient alors leur priorité. Leur souffrance émotionnelle aiguë les force à se désengager du contenu de leur mental et des structures mentales et émotionnelles qui donnent naissance au petit moi malheureux et le perpétuent. Elles savent alors que ni leur histoire de malheur ni leur émotion ne sont ce qu'elles sont foncièrement. Elles réalisent qu'elles sont le « connaître », pas le connu. Plutôt que de les attirer vers l'inconscience, le corps de souffrance les éveille et devient le facteur décisif qui les pousse vers l'état de Présence.

Cependant, en raison d'un afflux sans précédent de conscience, il y a en ce moment sur la planète un grand nombre de gens qui n'ont plus besoin de connaître les affres de la souffrance pour pouvoir se désengager de leur corps de souffrance. Chaque fois qu'ils remarquent qu'ils sont retombés dans un état dysfonctionnel, ils ont la capacité de sortir de l'identification à la pensée et à l'émotion pour revenir à l'état de Présence. Ils renoncent à la résistance, retrouvent quiétude et vigilance et font un avec ce qui est, dedans ou dehors.

La prochaine phase de l'évolution humaine n'est pas inévitable. Mais, pour la première fois dans l'histoire de notre planète, elle peut prendre la forme d'un choix conscient. Et qui fait ce choix? Vous! Et qui êtes-vous? La conscience qui est devenue consciente d'elle-même.

Se libérer du corps de souffrance

Les gens me posent fréquemment la question suivante : « Combien de temps faut-il pour se libérer du corps de souffrance? » Je leur réponds que cela dépend aussi bien de la densité de leur corps de souffrance que du degré de leur état de Présence. Mais ce n'est pas le corps de souffrance qui cause la souffrance que vous infligez aux autres et à vous-même, c'est l'identification à lui. Ce n'est pas le corps de souffrance qui vous force à revivre sans arrêt le passé et qui vous maintient dans un état d'inconscience, mais l'identification à lui. Alors, il vaudrait mieux poser la question suivante : « Combien de temps faut-il pour se libérer de l'identification au corps de souffrance? »

À cela je réponds : « Pas de temps du tout. » Quand le corps de souffrance est activé, sachez que ce que vous sentez en vous, c'est le corps de souffrance. Le fait de savoir et de reconnaître cela suffit pour désamorcer cette identification. Et quand l'identification est désamorcée, la transmutation commence. Le savoir empêche les vieilles émotions de remonter dans votre tête et de prendre non seulement le contrôle du dialogue intérieur, mais également de vos actes et de vos agissements envers les autres. Ceci signifie que le corps de souffrance ne peut plus se servir de vous ni se renouveler par vous. Les vieilles émotions continueront peut-être de rester vives et de remonter périodiquement pendant un certain temps. Elles chercheront peut-être à se jouer de vous pour que vous vous identifiiez à elles de nouveau et pour que ce savoir soit oublié. Mais pas pour longtemps. Ne pas projeter les vieilles émotions sur les situations signifie faire directement face à ce qui est en vous. Cela n'est peut-être pas agréable, mais vous n'en mourrez pas. La Présence en vous est plus que capable d'accueillir cela. Les émotions ne sont pas ce que vous êtes.

Quand vous sentez le corps de souffrance, ne faites pas l'erreur de penser qu'il y a quelque chose qui ne va pas chez vous. L'ego adore que vous fassiez de vous un problème. L'acceptation doit faire suite à la reconnaissance de ce qui est. Tout autre chose viendrait masquer cette reconnaissance. Accepter veut dire vous permettre de sentir quoi que ce soit que vous sentiez dans le moment. Cela fait partie de l'être-là du moment présent. Vous ne pouvez contredire ce qui est. En fait, vous le pouvez. Mais si vous le faites, vous souffrez. En laissant les choses être ce qu'elles sont, vous devenez ce que vous êtes, c'est-à-dire vaste, spacieux. Vous devenez entier. Vous n'êtes plus un fragment, façon d'être telle que l'ego se perçoit. Votre véritable nature émerge, qui ne fait plus qu'une avec la nature de Dieu.

C'est ce à quoi Jésus fait allusion quand il dit

: « Soyez entiers, comme le Père qui est aux cieux est entier[1]. » Dans le Nouveau Testament, le terme original grec, qui veut dire entier, intégral, total, a mal été traduit par le terme « parfait ». Ceci veut donc dire que vous n'avez pas besoin de devenir entier, seulement d'être ce que vous êtes déjà, avec ou sans le corps de souffrance.

Chapitre 7

Découvrir qui vous êtes véritablement

Gnothi Seauton (connais-toi toi-même en grec), tels sont les mots qui furent gravés au-dessus de l'entrée du temple d'Apollon à Delphes, le lieu de l'Oracle sacré. Dans la Grèce antique, les gens se rendaient à l'Oracle en espérant découvrir quelle destinée on leur prédirait ou quel geste ils devraient poser dans une situation précise. Il est très probable que la plupart des visiteurs virent et lurent ces mots en entrant dans le temple sans réaliser qu'ils signalaient une vérité encore plus profonde que tout ce que l'Oracle pouvait leur révéler. Ces gens ne réalisèrent peut-être pas non plus que, quelle que soit l'importance ou la précision de la révélation faite par l'Oracle, celle-ci se serait révélée vaine et impuissante à les empêcher de continuer à être malheureux et à créer leur propre souffrance s'ils ne réussissaient pas à trouver la vérité cachée dans l'injonction : « Connais-toi toi-même ! » Et que veut dire cette injonction ? Elle veut dire qu'avant de poser toutes sortes de questions, il faut se poser la plus fondamentale des questions, à savoir : Qui suis-je ?

Les gens inconscients – et nombreux le restent, pris qu'ils sont dans leur ego durant toute leur vie – vous diront très rapidement qui ils sont en déclinant leur nom, leur prénom, leur profession, leur histoire personnelle, la forme ou l'état de leur corps, ainsi que toute autre chose à laquelle ils s'identifient. D'autres gens peuvent sembler plus évolués parce qu'ils pensent être des âmes immortelles ou des esprits divins. Mais se connaissent-ils vraiment eux-mêmes ou bien n'ont-ils qu'ajouté quelques concepts d'allure spirituelle au contenu de leur mental ? Se connaître soi-même, c'est bien plus qu'adopter un ensemble d'idées ou de croyances. De telles idées ou croyances spirituelles peuvent certes être de bons indicateurs, mais elles ont rarement, en elles-mêmes, le pouvoir de déloger les concepts centraux les plus fermement établis concernant votre identité, concepts qui font partie du conditionnement du mental humain. Se connaître en profondeur n'a rien à voir avec toutes sortes d'idées qui flottent dans votre esprit. Se connaître, c'est être profondément enraciné dans l'être, au lieu d'être perdu dans le mental.

Qui vous pensez être

Le sens que vous avez de ce que vous êtes détermine ce que vous percevez être comme, par exemple, vos besoins et ce qui importe dans votre vie. Et c'est justement ce qui importe dans votre vie qui aura le pouvoir de vous déranger et de vous bouleverser. Vous pouvez vous servir de cela comme d'un critère pour découvrir à quel point vous vous connaissez profondément ou pas. Ce qui vous importe réellement n'est pas nécessairement ce que vous dites ou croyez, mais plutôt ce que vos gestes et vos réactions vous révèlent sur l'importance et le sérieux que vous attachez aux choses. Alors, vous voudrez peut-être vous poser la question suivante : « Quelles sont les choses qui me dérangent et me bouleversent ? » Si de petites choses ont l'heur de vous déranger, alors qui vous pensez être est exactement comme ça : petit. Il s'agira là de votre croyance inconsciente. Et quelles sont ces petites choses ? En fin de compte, ce sont toutes les choses puisque tout est passager.

Vous me direz « Mais je sais que je suis un esprit immortel. » ou « Je suis fatigué de ce monde et tout ce que je veux, c'est la paix. » jusqu'au moment où le téléphone sonne. Mauvaise nouvelle : la bourse a chuté. Le marché ne se conclura pas. La voiture a été volée. Votre belle-mère est arrivée. Le voyage a été annulé. Le contrat a été rompu. Votre conjoint vous a quitté. On vous réclame beaucoup d'argent. On vous dit que c'est votre faute. Tout d'un coup, la colère monte, l'anxiété vous assaille. Votre voix devient dure : « Je ne supporterai plus tout ça ! » Vous accusez et blâmez, vous attaquez, vous vous défendez ou vous vous justifiez. Et tout cela se passe en mode automatique. De toute évidence, il y a quelque chose de beaucoup plus important pour vous maintenant que la paix que vous disiez vouloir et vous n'êtes plus un esprit immortel. Le marché, l'argent, le contrat, la perte ou la menace de perdre sont devenus plus importants. Pour qui ? Pour l'esprit immortel que vous dites être ? Non, pour le moi. Ce petit moi qui cherche la sécurité ou la satisfaction dans les choses passagères et qui se met en colère ou angoisse parce qu'il n'arrive pas à obtenir l'une ou l'autre. Mais au moins, vous savez maintenant qui vous *pensez être véritablement*.

Si la paix est réellement ce que vous voulez, alors c'est la paix que vous choisirez. Si la paix avait plus d'importance que n'importe quoi d'autre et si vous

vous connaissiez comme étant véritablement cet être spirituel et pas comme ce petit moi, vous ne réagiriez pas et vous resteriez absolument vigilant quand des situations ou des personnes vous confrontent et vous mettent au défi. Vous accepteriez immédiatement la situation et ne feriez qu'un avec elle plutôt que de vous en dissocier. La « réaction » proviendrait alors de votre vigilance. Ce serait ce que vous êtes et non pas ce que vous pensez être (le petit moi) qui « réagirait ». Votre position serait puissante et efficace, tout en ne vous faisant pas d'ennemis avec les gens et en évitant que les situations se retournent contre vous.

La vie s'assure toujours que vous ne pouvez pas vous leurrer pendant trop longtemps quant à votre véritable identité : elle vous montre ce qui importe vraiment pour vous. La façon dont vous réagissez aux gens et aux situations, surtout quand les défis sont de taille, est la meilleure façon de voir à quel point vous vous connaissez ou pas.

Plus la vision que vous avez de vous-même est limitée et étroite, plus vous remarquez les limites et l'inconscience des autres, et y réagissez. Vous faites de leurs défauts, ou de ce que vous percevez comme étant leurs défauts, leur identité. Ceci veut dire que vous voyez seulement l'ego en eux. Ce qui renforce par conséquent l'ego en vous. Au lieu de voir les autres par le prisme de leur ego, vous ne voyez que leur ego. Et qui regarde leur ego ? L'ego en vous.

Les gens très inconscients font l'expérience de leur propre ego quand ce dernier leur est reflété par l'ego des autres. Quand vous réalisez que ce à quoi vous réagissez chez les autres se trouve également en vous (et parfois seulement en vous), vous commencez à prendre conscience de votre propre ego. À cette étape, vous pouvez aussi réaliser que vous faisiez aux autres ce que vous pensiez que les autres vous faisaient. Alors, vous arrêtez de vous percevoir comme une victime.

Dites-vous bien que vous n'êtes pas l'ego. Alors, quand vous devenez conscient de l'ego en vous, cela ne veut pas dire que vous savez qui vous êtes. Cela veut dire que vous savez qui vous n'êtes pas. Et c'est justement en sachant qui vous n'êtes pas que saute le plus grand obstacle vous empêchant de vous connaître véritablement.

Personne ne peut vous dire qui vous êtes. Ce ne serait qu'un autre concept, qui ne vous changerait en rien. *Qui vous êtes* ou *ce que vous êtes* n'a besoin d'aucune croyance. En fait, toute croyance est un obstacle. La réalisation de ce que vous êtes n'est à la limite pas nécessaire puisque vous êtes déjà ce que vous êtes. Par contre, sans cette réalisation, ce que vous êtes reste dans le plan du non-manifeste, qui est bien entendu votre véritable demeure, ne peut pas resplendir dans le monde. Alors, selon les apparences, vous êtes comme la personne pauvre qui ne sait pas qu'elle a cent millions de dollars dans son compte. Sa richesse reste un potentiel non exprimé.

L'abondance

Qui vous pensez être est par ailleurs intimement lié à la façon dont vous estimez que les autres vous traitent. Bien des gens se plaignent que les autres ne les traitent pas assez bien. « On ne m'accorde aucun respect, aucune attention, aucune reconnaissance », disent-ils. « On me prend pour acquis. » Et quand les gens sont gentils avec eux, ils s'imaginent toutes sortes de motivations cachées. « Les autres veulent me manipuler, profiter de moi. Personne ne m'aime. »

Et ce qu'ils pensent d'eux revient à ceci : « Je suis un pauvre "petit moi" en manque dont les besoins ne sont pas comblés. » Cette perception erronée de ce qu'ils sont amène la dysfonction dans toutes leurs relations. Ils croient qu'ils n'ont rien à donner et que le monde ou les autres gens retiennent ce dont eux ont besoin. Leur réalité tout entière est fondée sur un sentiment illusoire de qui ils sont. C'est ce qui sabote toutes les situations et relations. Si la pensée du manque – qu'il s'agisse d'argent, de reconnaissance ou d'amour – est devenue une partie intégrante de ce que vous pensez être, vous connaîtrez toujours le manque. Plutôt que de reconnaître tout le bien qui vous arrive dans votre vie, vous ne voyez que le manque. Reconnaître tout le bien qui vous arrive dans la vie est ce qui sert de fondement à l'abondance. En fait, tout ce que vous estimez que le monde retient et ne vous donne pas, c'est exactement ce que vous retenez et ne donnez pas. Vous le retenez parce que, profondément, vous pensez que vous êtes petit et que vous n'avez rien à donner.

Essayez de faire l'exercice suivant pendant une semaine ou deux et observez de quelle façon il change votre réalité. Quoi que ce soit que vous pensiez que les gens retiennent et ne vous donnent pas (louanges, appréciation, aide, amour, bienveillance, etc.), donnez-le leur. Vous ne l'avez pas ? Faites comme si vous l'aviez et cela viendra. Alors, dès que vous commencerez à donner, vous commencerez aussi à recevoir. Vous ne pouvez pas recevoir ce que vous ne donnez pas. Ce qui entre est le pendant de ce qui sort. Ce que vous pensez que le monde retient et ne vous donne pas, vous l'avez déjà. Si vous ne le laissez pas sortir, vous ne saurez même pas que vous le possédez. Ceci comprend aussi l'abondance. La loi qui veut que ce qui entre soit le pendant de ce qui sort est exprimée par Jésus dans cette image puissante : « Donnez, et l'on vous donnera, on versera dans le pan de votre vêtement une bonne mesure bien tassée, secouée et débordante; car on emploiera, à votre égard, la mesure dont vous vous serez servi pour mesurer[1] ».

La source de toute abondance ne se trouve pas à l'extérieur de vous, elle fait partie de ce que vous êtes. Commencez cependant par reconnaître l'abondance à l'extérieur de vous. Voyez la plénitude de la vie, la chaleur du soleil sur votre peau, les magnifiques fleurs dans la vitrine du fleuriste, le fruit succulent dans lequel vous mordez ou l'abondante pluie qui tombe du ciel et vous trempe. La plénitude de la vie est dans tout. Quand vous reconnaissez l'abondance qui est tout autour de vous, l'abondance latente en vous s'éveille. Laissez-la alors sortir. Quand vous souriez à un étranger, une infime énergie irradie de vous. Vous devenez un donneur. Posez-vous souvent la question suivante : « Que puis-je donner ici ? Comment puis-je rendre service à cette personne ou dans cette situation ? » Point besoin de posséder quoi que ce soit pour vous sentir abondant. Par contre, si vous vous sentez constamment abondant, l'abondance viendra certainement à vous. En fait, elle ne vient qu'à ceux qui l'ont déjà en eux. Tout cela semble un peu injuste mais ça ne l'est pas, bien entendu. C'est une loi universelle. Aussi bien l'abondance que la pénurie sont des états intérieurs qui se manifestent comme votre réalité. Jésus l'a formulé comme suit : « Car à celui qui a, on donnera encore, mais à celui qui n'a pas, on ôtera même ce qu'il a[2]. »

Vous connaître et en connaître sur vous

Il se peut que vous ne vouliez pas vous connaître parce que vous avez peur de ce que vous pourriez découvrir. Bien des gens ont secrètement peur d'être méchants. Mais, consolez-vous, rien de ce que vous pouvez découvrir sur vous n'est vous. Rien de ce que vous pouvez savoir sur vous n'est vous.

Alors que certaines personnes ne veulent pas savoir qui elles sont parce qu'elles ont peur, d'autres ont une insatiable curiosité en ce qui les concerne et veulent toujours en découvrir plus. Il peut arriver que vous soyez si fasciné par vous-même que vous passiez des années en psychanalyse, que vous scrutiez le moindre recoin de votre enfance, que vous dénichiez vos peurs et désirs secrets, et que vous découvriez les multiples couches complexes qui façonnent votre personnalité et votre caractère. Dix ans plus tard, votre psychanalyste en aura assez de vous et de votre histoire de vie, et vous annoncera que votre psychanalyse est finie. Il vous laissera peut-être partir avec un dossier de 5000 pages. « Tout cela vous concerne. C'est ce que vous êtes. » Tout en transportant sous votre bras l'énorme dossier, la satisfaction initiale d'enfin vous connaître cèdera rapidement la place à un sentiment d'incomplétude et au vague soupçon que vous ne pouvez pas juste être ÇA. Bien entendu, vous êtes plus que ÇA. Peut-être pas en termes quantitatifs, mais en termes qualitatifs, sur le plan de la profondeur.

Il n'y a rien de mal à entreprendre une psychanalyse ou à découvrir des choses sur votre passé, pour autant que vous ne confondiez pas « en connaître sur vous » avec « vous connaître ».

Le dossier de 5000 pages est « sur vous », sur le contenu de votre mental tel que conditionné par le passé. Tout ce que vous pouvez apprendre avec la psychanalyse ou l'observation est « sur vous ». Ce n'est pas vous. Il s'agit de contenu, pas d'essence. Quand on dépasse l'ego, on sort du contenu. Vous connaître, c'est être vous-même. Et être vous-même, c'est arrêter de vous identifier au contenu.

La plupart des gens se définissent par le contenu de leur vie. Tout ce que vous percevez, expérimentez, pensez ou sentez appartient au domaine du contenu. Le contenu est ce qui occupe l'attention totale de la plupart des gens et c'est ce à quoi ils s'identifient. Quand vous dites ou pensez « ma vie », vous ne faites pas référence à la vie que *vous êtes*, mais à la vie que *vous avez*, ou semblez avoir. Vous faites référence au contenu – votre âge, votre santé, vos relations, vos finances, votre travail, votre lieu de vie, ainsi que votre état mental et émotionnel. Les circonstances intérieures et extérieures de votre vie, votre passé et votre futur, tout cela appartient au domaine du contenu, tout comme les événements et tout ce qui se produit.

Qu'y a-t-il d'autre que le contenu ? Ce qui permet au contenu d'être, l'espace intérieur de la conscience.

Le chaos et l'ordre supérieur

Quand vous vous connaissez seulement par le truchement du contenu, vous pensez également savoir ce qui est bon ou mauvais pour vous. Vous faites la distinction entre les événements qui sont « bons pour moi » et ceux qui ne le sont pas. Il s'agit d'une perception fragmentée de l'intégralité de la vie au sein de laquelle tout est relié, au sein de laquelle chaque événement a sa place et sa fonction. Cependant, la totalité est plus que l'apparence superficielle des choses, plus que la somme totale de toutes ses parties, plus que tout ce que votre vie ou le monde contient.

Derrière la succession parfois aléatoire ou même chaotique des événements, dans notre vie et dans le monde, se cache le déploiement d'une raison d'être et d'un ordre supérieurs. Ceci est gracieusement exprimé dans le dicton zen suivant : « La neige tombe, avec chaque flocon à la bonne place. » Nous ne pouvons jamais comprendre cet ordre supérieur par la pensée parce que tout ce à quoi nous pensons concerne le contenu. L'ordre supérieur, quant à lui, émane du domaine sans forme de la conscience, de l'intelligence universelle. Mais nous pouvons parfois en avoir un aperçu. Beaucoup plus encore, nous pouvons nous syntoniser sur lui, c'est-à-dire devenir des participants conscients au déploiement de cet ordre supérieur.

Quand nous allons dans une forêt qui n'a pas été touchée par l'homme, le mental ne voit que désordre et chaos. Il ne peut même plus faire de distinction entre la vie (le bien) et la mort (le mal) puisque la vie pousse partout à partir de matières mortes et pourries. C'est seulement lorsque nous sommes suffisamment silencieux intérieurement et que le bruit des pensées s'amenuise que nous devenons conscients de l'harmonie qui est cachée derrière ce chaos, conscients du sacré, de l'ordre supérieur qui fait que tout a exactement sa place et ne pourrait être autrement.

Le mental se sent beaucoup plus à l'aise dans un parc aménagé parce que c'est la pensée qui l'a planifié. Il n'a pas poussé organiquement, tout seul. Il y existe un ordre que le mental peut comprendre, alors que dans la forêt, il y a un ordre insaisissable, que le mental qualifie de chaos. Ce dernier se situe au-delà des catégories de bien et de mal du mental. Vous ne pouvez le comprendre par la pensée, mais vous pouvez le sentir quand vous renoncez à la pensée, quand vous devenez quiet et vigilant et que vous n'essayez plus de comprendre ni d'expliquer. C'est seulement à ce moment-là que vous pouvez devenir conscient de l'aspect sacré de la forêt. Dès l'instant où vous sentez cette harmonie cachée, cet aspect sacré, vous réalisez que vous n'en êtes pas séparé. Et quand vous réalisez cela, vous participez consciemment à ce sacré. C'est le propre de la nature que de vous remettre en syntonie avec la totalité de la vie.

Le bien et le mal

À un moment donné de leur vie, la plupart des gens deviennent conscients qu'il n'y a pas que la naissance, la croissance, la réussite, la bonne santé et le plaisir dans la vie. Il y a aussi la perte, l'échec, la maladie, la vieillesse, le délabrement, la souffrance et la mort. Ces deux volets de la vie sont conventionnellement qualifiés de bien et de mal, d'ordre et de désordre. Le « sens » de la vie des gens est habituellement associé avec ce qu'ils qualifient de « bien ». Mais le bien est continuellement menacé par l'effondrement, la rupture, le désordre, le « mal » et ce qui n'a pas de sens quand les explications manquent et que la vie cesse d'avoir un sens. Tôt ou tard, le désordre fait irruption dans la vie des gens, peu importe le nombre de polices d'assurance dont ils se sont munis. Le désordre peut prendre la forme d'une perte, d'un accident, d'une maladie, d'un handicap, de la vieillesse, de la mort. Cependant, cette irruption du désordre dans la vie d'une personne et l'effondrement subséquent du sens tel que défini par le mental peuvent amener une ouverture vers un ordre supérieur.

« Car la sagesse de ce monde est une folie devant Dieu. » La Bible dit aussi : « Il prend les sages dans leur ruse[3] ». Et quelle est la sagesse selon ce monde ? Le mouvement de la pensée et le sens tel que définis exclusivement par la pensée.

La pensée isole une situation ou un événement en la qualifiant de bonne ou de mauvaise, comme si elle avait une existence propre. Quand on se fie trop à la pensée, la réalité devient fragmentée et c'est cette fragmentation qui est l'illusion, même si elle semble très réelle quand on est pris dedans. Et pourtant, l'univers est un tout indivisible dans lequel tout est relié, dans lequel rien n'existe de façon isolée.

Ce lien profond d'interconnexion entre toutes les choses et les événements sous-entend que les étiquettes mentales de « bien » et de « mal » sont en fin de compte illusoires. Ces étiquettes sont le fait d'une perspective limitée et ne sont vraies que de façon temporaire et relative. Ceci est très bien illustré dans l'histoire de l'homme avisé qui avait gagné une voiture chère à la loterie. Sa famille et ses amis, tous très contents pour lui, étaient venus célébrer chez lui. « N'est-ce pas formidable ? » disaient-ils.

« Quelle chance tu as ! » L'homme sourit en disant : « Peut-être. » Pendant quelques semaines, il eut beaucoup de plaisir à conduire sa voiture. Un jour, un conducteur ivre entra en collision avec lui à une intersection et il se retrouva à l'hôpital avec de multiples blessures. Sa famille et ses amis vinrent le voir. « Quelle malchance ! », lui dirent-ils. De nouveau, l'homme sourit en disant : « Peut-être. » Alors qu'il se trouvait encore à l'hôpital, il y eut un glissement de terrain et sa maison fut emportée dans la mer. Une fois de plus, ses amis vinrent le voir le lendemain et lui dirent : « Quelle chance que tu te sois encore trouvé à l'hôpital ! » Et lui, de dire de nouveau « Peut-être. »

Le « peut-être » de cet homme sage est signe que celui-ci refuse de juger quoi que ce soit. Au lieu de cela, il accepte la situation telle qu'elle est et s'aligne ainsi consciemment sur l'ordre supérieur. Il sait qu'il est souvent impossible pour le mental de comprendre quelle place ou raison d'être un événement apparemment aléatoire occupe dans la trame du Grand Tout. Mais il n'y a pas d'événements aléatoires, pas plus qu'il n'y a des événements ou des objets existant de façon isolée. Les atomes qui constituent notre corps sont nés il y a très longtemps dans les étoiles et les causes du plus infime événement sont virtuellement infinies et reliées au tout de façon insondable. Si vous vouliez retrouver la cause d'un événement quelconque, il vous faudrait remonter au début de la création. Le cosmos n'est pas de nature chaotique. En fait, le terme « cosmos » veut dire ordre. Mais il ne s'agit pas d'un ordre que le mental humain peut appréhender, bien qu'il puisse parfois en avoir des aperçus.

Ne pas se préoccuper de ce qui arrive

J. Krishnamurti, ce grand philosophe et maître spirituel indien, voyagea et s'adressa au public dans le monde entier presque continuellement pendant plus de 50 ans, essayant de transmettre par la parole (le contenu) ce qui est au-delà des paroles, au-delà du contenu. Au cours d'une allocution qu'il donna vers la fin de sa vie, il surprit son audience en demandant : « Voulez-vous connaître mon secret ? » Tous les gens présents dressèrent l'oreille. Certaines personnes venaient l'écouter depuis 20 ou 30 ans et n'arrivaient toujours pas à saisir l'essence de ses enseignements. Enfin, après toutes ces années, le maître daignait leur donner la clé de la compréhension ! « Mon secret, dit-il, c'est que je ne me préoccupe pas de ce qui arrive. »

Il n'élabora pas sur le sujet et j'imagine que la plus grande partie de son audience fut encore plus perplexe qu'auparavant. Cependant, les implications de cette affirmation toute simple vont loin.

Quand je ne me préoccupe pas de ce qui arrive, qu'est-ce que cela veut dire ? Cela veut dire que, intérieurement, je suis en harmonie avec ce qui arrive. « Ce qui arrive », bien entendu, renvoie à la qualité de ce moment, qui est toujours déjà tel qu'il est. Cette expression renvoie au contenu, à la forme que ce moment – l'unique moment à exister – prend. Être en harmonie avec « ce qui est », c'est être en lien sans résistance intérieure avec ce qui se produit. Cela veut dire laisser l'événement être ce qu'il est sans l'étiqueter mentalement comme étant bon ou mauvais. Cela veut-il dire que vous ne pouvez plus passer à l'action pour amener des changements dans votre vie ? Au contraire ! Quand vos actes sont fondamentalement et intérieurement liés au moment présent, ils sont sustentés par l'intelligence de la vie.

Ah bon ?

Le maître zen, Hakuin, vivait dans une ville du Japon. On le tenait en haute estime et bien des gens venaient l'écouter dispenser ses enseignements spirituels. Un jour, la fille adolescente de son voisin tomba enceinte. Les parents de cette dernière se mirent en colère et la réprimandèrent pour connaître l'identité du père. La jeune fille leur avoua finalement qu'il s'agissait d'Hakuin. Les parents en colère se précipitèrent chez lui et lui dirent en hurlant et en l'accusant que leur fille avait avoué qu'il était le père de l'enfant. Il se contenta de répondre : « Ah, bon ? »

La rumeur du scandale se répandit dans la ville et au-delà. Le maître perdit sa réputation et plus personne ne vint le voir. Mais cela ne le dérangea pas. Il resta impassible. Quand l'enfant vint au monde, les parents le menèrent à Hakuin en disant : « Vous êtes le père, alors occupez-vous en ! » Le maître prit grand soin de l'enfant. Un an plus tard, prise de remords, la jeune fille confessa à ses parents que le véritable père de l'enfant était le jeune homme qui travaillait chez le boucher. Alarmés et affligés, les parents se rendirent chez Hakuin pour lui faire des excuses et lui demander pardon. « Nous sommes réellement désolés. Nous sommes venus reprendre l'enfant. Notre fille nous a avoué que vous n'étiez pas le père. » La seule chose qu'il dit en tendant le bébé aux parents fut : « Ah, bon ? »

Le maître réagit de façon identique au mensonge et à la vérité, aux bonnes nouvelles et aux mauvaises nouvelles. Il dit « Ah, bon ? ». Il permet à la forme que prend le moment, bonne ou mauvaise, d'être ce qu'elle est. Ainsi, il ne prend pas part au mélodrame humain. Pour lui, il n'y a que ce moment, ce moment tel qu'il est. Les événements ne sont pas personnalisés et il n'est la victime de personne. Il fait tellement un avec ce qui arrive que ce qui arrive n'a aucun pouvoir sur lui. C'est seulement quand vous résistez à ce qui arrive que vous êtes à la merci de ce qui arrive et que le monde détermine votre bonheur ou votre malheur.

Il a pris soin de l'enfant avec beaucoup d'amour. L'adversité se transforme en félicité grâce à son absence de résistance. Et, répondant encore à ce que le moment présent exige de lui, il rend l'enfant quand c'est le moment de le faire.

Imaginez un instant comment l'ego aurait réagi au cours de ces divers événements.

L'ego et le moment présent

Dans votre vie, la relation primordiale est celle que vous entretenez avec le moment présent, avec toute forme que le moment présent prend. C'est-à-dire avec ce qui est et ce qui arrive. Si votre relation avec le moment présent est dysfonctionnelle, cette dysfonction viendra se refléter sur toutes vos relations et sur toutes les situations dans votre vie. On pourrait simplement définir l'ego en disant qu'il est un lien dysfonctionnel avec le moment présent. Ce n'est qu'à cet instant même que vous pouvez décider du genre de relation que vous voulez entretenir avec le moment présent.

Une fois que vous avez atteint un certain niveau de

conscience, c'est-à-dire un certain niveau de Présence à ce qui est (et si vous lisez ce livre, il est presque certain que c'est le cas), vous avez la capacité de décider quel genre de relation vous voulez entretenir avec le moment présent. Est-ce que je veux faire du moment présent un ami ou un ennemi ? Comme le moment présent est indissociable de la vie, vous décidez en fait le genre de relation que vous voulez entretenir avec la vie. Une fois que vous avez décidé que le moment présent sera votre ami, il vous revient de faire le premier pas. Adoptez une attitude amicale à son encontre, accueillez-le quelle que soit la forme qu'il prenne. Les résultats ne tarderont pas à se manifester. En effet, la vie deviendra bonne à votre égard, les gens vous aideront, les circonstances collaboreront. Une seule décision peut changer toute votre réalité. Mais il s'agit d'une décision qu'il vous faut constamment reprendre, jusqu'à ce qu'elle devienne une seconde nature.

La décision de faire du moment présent un ami signe la fin de l'ego. En effet, il est impossible pour l'ego de se syntoniser sur le moment présent, c'est-à-dire sur la vie, vu que sa nature même est d'ignorer, de repousser ou de dévaloriser le moment présent. Pourquoi ? Parce que l'ego vit de temps. Plus l'ego est fort, plus le temps prend le dessus dans votre vie. Dans ce cas, presque chacune de vos pensées est axée sur le passé ou le futur. Le sentiment que vous avez de votre moi est tributaire du passé en ce qui concerne votre identité et du futur, en ce qui concerne l'accomplissement. La peur, l'anxiété, les attentes, les regrets, la culpabilité et la colère sont des dysfonctions de la conscience prise dans le temps.

L'ego a trois façons de traiter le moment présent :

comme un moyen pour arriver à une fin, comme un obstacle ou comme un ennemi. Penchons-nous maintenant tour à tour sur ces trois aspects pour que vous puissiez par la suite les reconnaître chez vous et décider une fois de plus de choisir le présent.

Pour l'ego, le moment présent est au mieux un moyen pour arriver à une fin. Il vous conduit vers un moment futur qu'il considère comme important, même si le futur ne vient jamais, sauf sous la forme du moment présent. Par conséquent, il n'est jamais rien d'autre qu'une pensée. Autrement dit, vous n'êtes jamais vraiment « ici » parce que vous êtes toujours occupé à essayer d'être ailleurs.

Lorsque ce scénario s'accentue, chose très commune, le moment présent est considéré et traité comme un obstacle que l'on doit surmonter. Alors entrent en jeu l'impatience, la frustration et le stress. Dans notre culture, c'est la réalité quotidienne et l'état normal de bien des gens. La vie, autrement dit le moment présent, devient un « problème » et vous en venez à habiter un monde de problèmes qui doivent tous être solutionnés avant que vous puissiez être heureux et comblé, avant que vous commenciez vraiment à vivre. Du moins, c'est ce que vous pensez. Le problème, c'est que pour chaque problème résolu, un autre problème surgit. Aussi longtemps que le moment présent est considéré comme un obstacle, il n'y a pas de fin aux problèmes. « Je serai tout ce que tu voudras que je sois », dit la vie, le moment présent. « Je te traiterai comme tu me traites. Si tu me vois comme un problème, je serai un problème pour toi. Si tu me traites comme un obstacle, je serai un obstacle. »

Au pire, chose également très commune, le

moment présent est considéré comme un ennemi. Quand vous détestez ce que vous faites, que vous vous plaignez de votre milieu de vie, que vous maudissez ce qui vous arrive ou vous est arrivé, ou quand votre dialogue intérieur est fait de « il faut » et « je dois », de reproches et d'accusation, c'est que vous n'acceptez pas ce qui est, que vous réfutez ce qui est déjà réel. Vous faites de la vie un ennemi et la vie vous dit : « Si tu veux la guerre, c'est la guerre que tu auras. » Vous percevez alors la réalité extérieure, qui est toujours le reflet de votre réalité intérieure, comme hostile.

Voici une question vitale à vous poser fréquemment : « Quelle est la relation que j'entretiens avec le moment présent ? » En faisant preuve de vigilance, vous obtiendrez la réponse. Est-ce que je traite le moment présent comme rien de plus qu'un moyen pour arriver à une fin ? Est-ce que je le considère comme un obstacle ? Est-ce que j'en fais un ennemi ? Étant donné que le moment présent est tout ce que vous aurez jamais, étant donné que la vie est indissociable du moment présent, la question à se poser est la suivante : « Quelle est la relation que j'entretiens avec la vie ? » Cette question est une excellente façon de démasquer l'ego en vous et de vous amener dans l'état de Présence. Bien que cette question n'incarne pas la vérité absolue (finalement, le moment présent et moi ne faisons qu'un), elle indique la bonne direction. Posez-vous la souvent jusqu'à ce que vous n'en ayez plus besoin.

Comment dépasser une relation dysfonctionnelle avec le présent ? Le plus important, c'est de la voir en vous, dans vos pensées, dans vos gestes. Au moment où vous remarquez que votre relation avec le moment présent est dysfonctionnelle, vous êtes présent. Voir, c'est devenir présent. Dès l'instant où vous voyez cette dysfonction, elle commence à se dissoudre. Certaines personnes se mettent à rire tout haut quand elles y réussissent. Quand on voit, on a le pouvoir de faire un choix, de dire « oui » au moment présent, de s'en faire un ami.

Le paradoxe du temps

À la surface, le moment présent est « ce qui arrive ». Et vu que ce qui arrive change continuellement, il semble que chacune des journées de votre vie soit faite de milliers de moments présents au cours desquels différentes choses se produisent. Le temps est considéré comme une infinie succession de moments, certains étant bons, d'autres, mauvais. Pourtant, si vous y regardez de plus près, c'est-à-dire si vous considérez votre expérience immédiate, vous découvrez qu'il n'y absolument pas de nombreux moments. Vous découvrez qu'il n'y a toujours que ce moment-ci. La vie, c'est toujours maintenant. Votre vie entière se déroule dans l'éternel présent. Même les moments passés ou futurs existent seulement quand vous vous les rappelez ou les anticipez, c'est-à-dire en pensant à eux au seul moment qui existe, c'est-à-dire celui-ci.

Pourquoi avez-vous alors l'impression qu'il y a de nombreux moments ? Parce que vous confondez le moment présent avec ce qui arrive, avec le contenu. Cette confusion du moment présent avec le contenu se traduit non seulement par l'illusion du temps, mais également par l'illusion de l'ego.

Et de nouveau, il y a paradoxe. D'un côté, comment pouvons-nous nier la réalité du temps ? Nous en avons besoin pour nous rendre d'un endroit à un autre, pour préparer un repas, pour construire une maison, pour lire un livre. Il faut du temps pour grandir, pour apprendre de nouvelles choses. Il faut du temps pour faire quoi que ce soit. Tout y est assujetti et comme le dit Shakespeare, « ce foutu tyran de temps » aura raison de vous, à la fin. Vous pourriez le comparer à une rivière déchaînée qui vous emporte ou au feu qui consume tout.

Récemment, j'ai rencontré de vieux amis, une famille que je n'avais pas vue depuis fort longtemps. J'eus tout un choc quand je les vis. Je faillis leur demander : « Que vous est-il arrivé ? Êtes-vous malades ? Qui est-ce qui vous a fait ça ? » La mère, qui marchait avec une canne, semblait avoir rétréci, son visage était fripé comme une vieille pomme. La fille, qui était une femme pleine d'énergie, d'enthousiasme et de rêves de jeunesse la dernière fois que je l'avais vue, semblait avoir été usée par l'éducation de ses trois enfants. Puis, il me revint à l'esprit que presque trente ans avaient passé depuis notre dernière rencontre. Le temps avait fait son œuvre. Et je suis certain qu'eux aussi eurent le même choc en me voyant.

Tout semble donc assujetti au temps. Pourtant, tout se passe dans le présent. C'est là le paradoxe. Où que vous regardiez, il y a des preuves circonstancielles qui indiquent que le temps est une réalité : une pomme qui pourrit, le visage que vous voyez dans le miroir qui n'est pas le même que sur une photo prise il y a trente ans. Pourtant, vous ne trouvez jamais de preuves directes du temps, vous ne faites jamais l'expérience du temps lui-même. Vous faites seulement l'expérience du moment présent, ou plutôt de ce qui arrive dans le moment. Si vous vous en tenez à la preuve directe, il n'y a pas de temps. Tout ce qu'il y a, c'est le moment présent.

Éliminer le temps

Vous ne pouvez faire de l'état sans ego un objectif futur vers lequel vous vous acheminez. Tout ce que vous récolterez si vous le faites, ce sont de l'insatisfaction et des conflits intérieurs. Pourquoi? Parce que vous aurez toujours l'impression que vous ne touchez pas encore au but, que vous n'avez toujours pas atteint cet état. Quand votre objectif est de vous libérer de l'ego, vous vous accordez davantage de temps. Mais plus de temps veut dire plus d'ego. Même le fait de vouloir vous débarrasser de votre « moi » peut devenir une façon déguisée d'augmenter ce moi si cette quête devient un objectif futur. Vous donner plus de temps, c'est donner plus de temps au moi. C'est-à-dire du passé et du futur, ce dont le faux moi, construit par le mental et l'ego, se sustente. Le temps réside dans votre mental et n'est pas une chose ayant une existence objective dans le monde. C'est une structure mentale nécessaire à la perception sensorielle et indispensable à des fins pratiques. Mais c'est le plus grand des empêchements à vous connaître. Le temps est la dimension horizontale de la vie, la couche de surface de la réalité. Mais il y a la dimension verticale de la profondeur, qui vous est accessible seulement par la porte du moment présent.

Alors, au lieu d'ajouter du temps à votre vie, éliminez-en. Ce faisant, vous éliminerez l'ego. Ceci est la seule véritable pratique spirituelle qui puisse exister.

Quand je parle d'élimination de temps, je ne fais

pas allusion au temps-horloge, qui est le temps employé pour des raisons pratiques, entre autres les rendez-vous ou les voyages. Il serait impossible de fonctionner en ce monde sans la dimension du temps-horloge. Non, ce dont je parle ici, c'est du temps psychologique, de la préoccupation incessante du mental par rapport au passé et au futur, et de sa résistance à ne faire qu'un avec la vie, à se syntoniser sur l'inévitable être-là du moment présent.

Chaque fois qu'un habituel « non » à la vie se transforme en « oui », chaque fois que vous laissez le moment présent être ce qu'il est, vous dissolvez le temps ainsi que l'ego. Car, pour survivre, l'ego a besoin de temps. Il a besoin du passé et du futur, bien plus que du moment présent. L'ego ne peut supporter de faire ami-ami avec le moment présent, sauf de façon brève, juste après avoir obtenu ce qu'il voulait. Mais rien ne peut satisfaire l'ego de façon durable. Aussi longtemps qu'il mènera votre vie, vous disposerez de deux façons d'être malheureux : ne pas avoir ce que vous voulez et avoir ce que vous voulez.

Tout ce qui arrive est la forme prise par le moment présent. Aussi longtemps que vous y résisterez intérieurement, la forme (le monde) restera une frontière impénétrable vous séparant de ce que vous êtes au-delà de la forme, une frontière vous séparant de la vie sans forme que vous êtes. Quand vous dites intérieurement « oui » à la forme que le moment présent prend, cette forme même devient la porte menant à ce qui n'a pas de forme. La division entre le monde et Dieu s'efface.

Quand vous réagissez à la forme que la vie prend à cet instant même, quand vous traitez le moment présent comme un moyen, un obstacle, un ennemi, vous renforcez la forme de votre identité, c'est-à-dire l'ego. De là, la réactivité de l'ego. Et qu'est la réactivité ? L'accoutumance à la réaction. Plus vous réagissez, plus vous restez pris au piège de la forme. Plus vous êtes identifié à la forme, plus l'ego devient fort. Votre être ne brille plus à travers la forme, ou à peine.

Quand vous n'opposez pas de résistance à la forme, ce qui est au-delà de la forme émerge comme une Présence omniprésente, une force silencieuse bien plus grande que votre identité à la forme limitée dans le temps, la personne. C'est plus profondément ce que vous êtes que n'importe quoi d'autre existant dans le monde de la forme.

Le rêveur et le rêve

La non-résistance est la clé qui donne accès au plus grand pouvoir du monde. Grâce à elle, la conscience (l'esprit) est libérée de sa prison (la forme). La non-résistance à la forme, autrement dit à tout ce qui est ou arrive, est une négation de la réalité absolue de la forme. En fait, c'est la résistance qui fait paraître le monde et les objets qui l'occupent plus concrets et plus durables qu'ils ne le sont, y compris votre identité, l'ego. La résistance dote le monde et l'ego d'une lourdeur et d'une importance absolue qui vous font vous prendre vous et le monde très au sérieux. Le jeu de la forme est alors perçu à tort comme une bataille pour la survie. Et, quand c'est votre perception, cela devient votre réalité.

Les nombreuses choses qui se produisent et les nombreuses formes que la vie prend sont de nature éphémère. Les choses, les corps, les ego, les événements, les situations, les pensées, les émotions, les désirs, les ambitions, les peurs, les mélodrames vont et viennent. Quand ils arrivent, ils prétendent être de la plus haute importance et en moins de temps qu'il ne faut pour le dire, ils se dissolvent dans le néant d'où ils sont venus. Ont-ils jamais été réels ? Ont-ils jamais été plus qu'un rêve, le rêve de la forme ?

Quand nous nous réveillons le matin et que le rêve que nous avons fait s'efface, nous nous disons que c'était seulement un rêve, que ce n'était pas réel. Mais quelque chose a certainement dû être réel dans le rêve, sinon celui-ci n'aurait pas pu être. Lorsque la mort approche, nous portons un regard rétrospectif sur notre vie et nous nous demandons si c'était aussi un autre rêve. Même en ce moment, si vous repensez aux vacances de l'an passé ou au mélodrame d'hier avec votre conjoint, vous pourrez avoir une impression similaire à celle que vous avez eue au sujet du rêve de la nuit passée.

Alors, il y a le rêve et il y a le rêveur. Le rêve est un bref jeu de formes. C'est le monde, relativement réel, mais pas absolument réel. Puis, il y a le rêveur, la réalité absolue dans laquelle les formes vont et viennent. Le rêveur n'est pas la personne. La personne fait partie du rêve. Le rêveur appartient à la sous-couche dans laquelle le rêve apparaît et qui rend le rêve possible. C'est l'absolu derrière le relatif, l'intemporel derrière le temps, la conscience dans et derrière la forme. Le rêveur est la conscience elle-même. C'est ce que vous êtes.

Notre objectif maintenant est de nous éveiller dans le rêve. Ainsi, le mélodrame terrestre créé par l'ego prend fin et une forme plus bénigne et plus sage de rêve naît. C'est la nouvelle Terre.

Dépasser les limites

Dans la vie de chacun, vient un temps où l'on se met en quête de croissance et d'expansion sur le plan de la forme. C'est la période durant laquelle vous vous efforcez de dépasser les limites comme la faiblesse physique et la pauvreté, la période où vous acquérez de nouvelles connaissances et aptitudes ou bien la période où vous créez quelque chose de nouveau et de stimulant pour vous et les autres. Il peut s'agir d'un morceau de musique, d'une œuvre d'art, d'un service que vous fournissez, d'une fonction que vous occupez, d'une entreprise ou d'une organisation que vous mettez sur pied ou à laquelle vous contribuez énormément.

Quand vous êtes présent, quand votre attention est totalement dans le présent, la Présence s'installe et transforme ce que vous faites. Il y aura de la qualité et de la force dans ce que vous faites. Vous êtes présent lorsque ce que vous faites n'est pas uniquement un moyen pour arriver à une fin (argent ou prestige), mais que c'est satisfaisant en soi et qu'il y a de la joie et de la vie dans ce que vous entreprenez. Et, bien entendu, vous ne pouvez êtes présent à moins que vous soyez ouvert au moment présent. C'est nécessaire pour être efficace et ne pas se laisser contaminer par la négativité.

La forme est synonyme de limites. Nous sommes ici non seulement pour faire l'expérience des limites, mais également pour devenir plus conscient, justement en dépassant ces limites. Vous pouvez dépasser certaines de ces limites sur un plan externe. En ce qui concerne d'autres limites, il vous faut apprendre à vivre avec elles puisque vous pouvez seulement les dépasser intérieurement. Tout le monde y fait face tôt ou tard. Soit que ces limites vous maintiennent dans une attitude de réaction, qui se traduit par une misère intérieure intense, soit que vous les dépassiez en vous abandonnant inconditionnellement à ce qui est. Tel est l'enseignement des limites. Le lâcher-prise conscient fait entrer une nouvelle dimension dans votre vie, celle de la verticalité, de la profondeur. Alors se manifestera dans ce monde et à partir de cette dimension quelque chose d'une valeur infinie, qui serait sans cela resté dans le domaine du non-manifesté. Certaines personnes ayant lâché prise devant de grandes limites sont devenues des guérisseurs ou des maîtres spirituels. D'autres travaillent de façon altruiste pour réduire la souffrance humaine ou construire quelque chose de créatif en ce monde.

Vers la fin des années 1970, je prenais chaque jour le repas du midi avec un ou deux amis à la cafétéria du centre des étudiants du premier cycle de l'université de Cambridge où j'étudiais. Parfois, un homme dans un fauteuil roulant était attablé à une table proche de la mienne, en général accompagné de trois ou quatre personnes. Un jour, alors qu'il était attablé directement en face de moi, je ne pus m'empêcher de l'observer de plus près. Ce que je vis me choqua. Il semblait presque totalement paralysé, son corps était émacié, sa tête courbée en permanence vers l'avant. Une des personnes l'accompagnant lui mettait délicatement sa nourriture dans la bouche, qui retombait en majeure partie dans une petite assiette, qu'une autre personne tenait sous son menton. De temps en temps, l'homme attaché à son fauteuil roulant émettait des grognements inintelligibles. Quelqu'un approchait alors son oreille de sa bouche et interprétait ce qu'il venait de dire.

Plus tard, je demandai à mon ami s'il savait de qui il s'agissait. « Bien sûr que je le sais, dit-il. C'est un professeur de mathématiques et les gens qui sont avec lui sont ses étudiants. Il a la maladie du neurone moteur qui paralyse progressivement chaque partie de son corps. On lui donne au maximum cinq ans à vivre. C'est le sort le plus horrible qui puisse attendre un être humain. »

Quelques semaines plus tard, alors que je quittais le bâtiment, il y entrait. Pendant que je tenais la porte pour que sa chaise roulante puisse passer, nos yeux se croisèrent. Je constatai avec surprise que ses yeux étaient limpides. Pas de trace de misère intérieure. Je sus immédiatement qu'il avait renoncé à la résistance, qu'il vivait dans le lâcher-prise.

Plusieurs années plus tard, alors que j'achetais un journal dans un kiosque à journaux, j'eus la stupéfaction de le voir sur la couverture d'un magazine mondialement célèbre. Non seulement était-il encore vivant, mais il était également devenu le théoricien de la physique le plus célèbre, Stephen Hawking. Un beau commentaire dans l'article vint confirmer ce que j'avais pressenti lorsque je l'avais regardé dans les yeux plusieurs années plus tôt. Il faisait en effet le commentaire suivant sur sa vie (dorénavant avec l'aide d'un synthétiseur vocal) : « Qu'aurais-je pu souhaiter de plus ? »

La joie de l'Être

La misère intérieure, ou négativité, est une maladie sur notre planète. La négativité est sur le plan intérieur ce que la pollution est sur le plan extérieur. Elle est partout, pas juste dans les endroits où les gens vivent dans l'indigence. Elle existe surtout là où les gens vivent dans l'abondance. Est-ce surprenant ? Pas vraiment ! Le monde de l'opulence est encore plus identifié à la forme, encore plus égaré dans le contenu, encore plus pris au piège de l'ego.

Les gens se croient dépendants de ce qui arrive dans leur vie pour être heureux, c'est-à-dire dépendants de la forme. Ils ne réalisent pas que ce qui arrive est la chose la plus instable qui puisse exister dans l'univers. Le changement est constant. Ils considèrent le moment présent comme un gâchis puisque quelque chose est arrivé qui n'aurait pas dû arriver ou comme une incomplétude vu que rien n'est arrivé et que quelque chose aurait dû arriver. C'est ainsi qu'il ratent la perfection profonde inhérente à la vie même, une perfection qui a toujours été là, une perfection qui existe au-delà de ce qui arrive ou n'arrive pas, au-delà de la forme. Acceptez le moment présent et trouvez la perfection intemporelle et plus profonde que n'importe quelle forme.

La joie de L'Être, qui est le seul véritable bonheur, ne peut arriver à vous par une forme ou une autre, par une possession, un accomplissement, une personne ou un événement, par quelque chose qui se produit. Cette joie ne peut pas venir à vous, jamais. Pourquoi ? Parce qu'elle émane de la dimension sans forme en vous, de la conscience même et qu'elle fait par conséquent un avec ce que vous êtes.

Permettre à l'ego de diminuer

L'ego se tient toujours sur ses gardes quand il s'agit de diminution. Les mécanismes automatiques de réparation de l'ego entrent en action pour restaurer la forme mentale du « moi ». Vu que les reproches ou les critiques correspondent à une diminution du moi pour l'ego, ce dernier essayera immédiatement de réparer le sentiment de diminution par des justifications, des attitudes défensives ou bien des reproches. Que l'autre personne ait raison ou tort ne fait ni chaud ni froid à l'ego. Se préserver lui importe bien plus que la vérité. C'est ainsi qu'il préserve la forme psychologique du « moi ». Même une chose normale telle que de rétorquer à un conducteur qui vous a traité d'imbécile est un mécanisme automatique et inconscient de réparation de l'ego. Un des mécanismes de réparation les plus communs de l'ego est la colère, qui occasionne une enflure temporaire mais énorme de l'ego. Tous ces mécanismes de réparation ont parfaitement du sens pour l'ego, mais ils sont en fait dysfonctionnels. Les cas les plus extrêmes de ces mécanismes sont la violence physique et les illusions sur soi sous forme de fantasmes exagérés.

Permettre consciemment à l'ego d'être diminué, au moment où cela se produit et sans rien faire pour le réparer, est une puissante pratique spirituelle. Je vous recommande de faire cette expérience de temps en temps. Par exemple, quand quelqu'un vous critique, vous fait des reproches ou vous traite de tous les noms, au lieu de rétorquer immédiatement ou de vous défendre, ne faites rien. Laissez l'image de votre moi être diminuée et observez avec diligence la façon dont vous vous sentez au plus profond de vous. Pendant quelques secondes, vous vous sentirez peut-être mal à l'aise, comme si vous aviez rétréci. Puis, vous ressentirez une vastitude intérieure intensément vivante. Mais, vous n'avez pas diminué du tout. Au contraire, vous avez pris de l'expansion. Il se pourrait ensuite que vous fassiez une découverte époustouflante : quand vous êtes apparemment diminué et que vous ne réagissez absolument pas, c'est-à-dire pas seulement extérieurement mais également intérieurement, vous réalisez que rien de réel n'a été diminué, qu'en devenant moins vous êtes devenu plus. Quand vous ne renforcez ni ne défendez plus la forme de votre moi, vous vous dissociez de l'identification à la forme, de l'image mentale de votre moi. En devenant moins (selon la perception de l'ego), vous connaissez en fait une expansion et vous faites de la place pour que l'Être puisse se manifester. Le véritable pouvoir, c'est-à-dire ce que vous êtes au-delà de la forme, peut enfin briller à travers la forme apparemment affaiblie. C'est ce dont Jésus parle quand il dit : « Fais abnégation de toi » ou « Tends l'autre joue ».

Ceci ne veut bien entendu pas dire que vous devez susciter l'abus ni faire de vous une victime auprès des gens inconscients. Parfois, si quelqu'un devient trop envahissant, vous devez clairement lui signifier vos limites. Sans l'attitude de défensive de l'ego, vos paroles seront sous-tendues par une force non réactive. Si cela s'avère nécessaire, vous pouvez dire fermement et clairement « Non ». Il s'agira de ce que je qualifie d'un « non de haute qualité », un non dénué de négativité.

Si vous êtes satisfait de n'être personne en particulier, de ne pas vous distinguer, c'est que vous êtes en syntonie avec le pouvoir de l'univers. Ce que l'ego prend pour de la faiblesse est en réalité la seule véritable force. Cette vérité spirituelle est diamétralement opposée aux valeurs contemporaines de notre culture et à la façon dont celle-ci conditionne le comportement des gens.

Au lieu d'essayer d'être une montagne, enseigne le Tao-tö-king (*Le Livre de la Voie et de la Vertu*), « Soyez la vallée de l'univers[4] ». De cette façon, vous revenez à la totalité et « toutes les choses deviennent vous[5] ».

Jésus a dit quelque chose de similaire : « Quand tu es invité, va t'asseoir par terre. Alors, quand ton hôte entrera dans la salle, il te dira : "Mon ami, viens t'asseoir plus haut, sur cette chaise !" » Ainsi tu seras honoré devant tous les convives. En effet, celui qui s'élève sera abaissé et celui qui s'abaisse sera élevé[6] ».

Cette pratique permet par ailleurs d'éviter que le moi se renforce en paradant, en voulant se distinguer des autres, en étant spécial, en faisant de l'impression ou en exigeant de l'attention. Cette pratique sous-entend aussi que l'on se retienne d'exprimer son opinion quand tous les autres ont exprimé la leur et que l'on observe ce que l'on ressent.

L'extérieur est comme l'intérieur

Si vous levez la tête vers le ciel la nuit, vous réaliserez peut-être une vérité en même temps extrêmement simple et extraordinairement profonde. Que voyez-vous dans le ciel ? La lune, les planètes, les étoiles, la Voie lactée, une comète peut-être ou la galaxie voisine Andromède, qui se trouve à deux millions d'années-lumière. Oui, vous voyez tout cela. Mais si vous simplifiez encore plus les choses, que voyez-vous ? Des objets qui flottent dans l'espace. Alors, de quoi est fait l'univers ? D'espace et d'objets.

Si vous ne restez pas muet devant le spectacle qui s'étale par une nuit claire sous vos yeux dans l'espace, c'est que vous ne regardez pas vraiment, que vous n'êtes pas conscient de la totalité qui est là. C'est que vous regardez seulement les objets et que vous cherchez à les nommer. Si vous avez jamais ressenti une impression de béatitude en regardant dans l'espace, ou peut-être même senti une profonde révérence à l'égard de cet insondable mystère, c'est que vous devez avoir renoncé pendant quelques instants au désir d'expliquer et d'étiqueter. Vous êtes devenu conscient non seulement des objets dans l'espace, mais également de la profondeur infinie de l'espace. La quiétude est devenue suffisamment grande en vous pour que vous remarquiez la vastitude dans laquelle ces innombrables mondes existent. Le sentiment de béatitude ne provient pas du fait qu'il y a des milliards de mondes, mais de la profondeur qui les contient tous.

Comme vous ne pouvez pas voir l'espace, ni l'entendre, le toucher, le goûter ou le sentir, comment pouvez-vous savoir qu'il existe ? Cette question de base contient déjà une erreur fondamentale. Vu que l'essence de l'espace est le rien, celui-ci ne peut exister dans le sens normal du terme. Seules les choses, les formes, existent. Et même le fait de lui attribuer le nom d'espace porte à confusion, parce que, en le nommant, vous en faites un objet.

On pourrait dire les choses de la façon suivante : il y a quelque chose en vous qui a une affinité avec l'espace. C'est ce qui fait que vous pouvez en devenir conscient. En devenir conscient ? Ceci n'est pas totalement vrai non plus parce que comment pouvez-vous être conscient de l'espace s'il n'y a rien là dont vous pouvez être conscient ?

La réponse est en même temps simple et profonde.

Quand vous êtes conscient de l'espace, vous n'êtes pas vraiment conscient de quoi que ce soit sauf de la conscience elle-même, de l'espace intérieur de la conscience. Par vous, c'est l'univers qui devient conscient de lui-même !

Quand les yeux ne trouvent rien à voir, ce rien est perçu comme de l'espace. Quand l'oreille ne trouve rien à entendre, ce rien est perçu comme de la quiétude. Quand les sens, qui sont destinés à percevoir les formes, ne trouvent que l'absence de forme, la conscience sans forme qui se trouve derrière toutes les perceptions et qui rend toute perception et toute expérience possible, n'est plus masquée par la forme. Quand vous contemplez la profondeur insondable de l'espace ou que vous écoutez le silence aux petites heures du jour juste avant le lever du soleil, quelque chose en vous entre en résonance avec cet espace et ce silence, comme si vous les reconnaissiez. Alors, vous ressentez cette grande profondeur de l'espace comme étant la vôtre et vous reconnaissez que cette précieuse quiétude sans forme est plus profondément vous que n'importe lequel des objets constituant le contenu de votre vie.

Les Upanishads, les anciens écrits de l'Inde, font allusion à la même chose en ces termes : « Ce que l'on ne peut voir avec les yeux mais par qui les yeux peuvent voir, c'est uniquement ce que l'esprit du Brahman adore et non pas ce que les gens adorent. Ce que l'on ne peut entendre avec les oreilles mais par qui les oreilles entendent, c'est uniquement ce que l'esprit du Brahman adore et non pas ce que les gens adorent... Ce que l'on ne peut imaginer avec la pensée mais par qui l'intellect peut penser, c'est uniquement ce que l'esprit du Brahman adore et non pas ce que les gens adorent[7] ».

Les écrits disent que Dieu est la conscience sans forme et l'essence de ce que vous êtes. Tout le reste est forme, c'est-à-dire « ce que les gens adorent ».

La réalité à deux volets de l'univers, les choses et l'espace, les choses et le rien, est aussi votre réalité. Pour mener une vie saine, équilibrée et fructueuse, il faut danser entre ces deux aspects de la réalité, danser entre la forme et l'espace. La plupart des gens sont tellement identifiés à la dimension de la forme – aux perceptions sensorielles, aux pensées et aux émotions – qu'ils laissent de côté l'autre moitié essentielle de leur vie. Leur identification à la forme les garde prisonnier de leur ego.

Ce que vous voyez, entendez, sentez, touchez ou pensez n'est que la moitié de la réalité, pour ainsi dire. C'est la forme. Dans ses enseignements, Jésus y fait référence avec le terme « monde ». En ce qui concerne l'autre moitié, il l'appelle « le royaume des cieux ou la vie éternelle ».

Tout comme l'espace permet à toute chose d'exister et tout comme le silence permet au son d'être, vous n'existeriez pas sans la dimension sans forme qui est l'essence vitale de ce que vous êtes. Vous pourriez l'appeler « Dieu » si le terme n'avait pas été si galvaudé. Je préfère l'appeler « Être ». L'Être existe avant l'existence. L'existence est forme, contenu, « ce qui arrive ». L'existence est le premier plan de la vie, alors que l'Être en est l'arrière-plan, pour ainsi dire.

L'humanité a contracté une maladie collective. Les gens sont si absorbés par ce qui arrive, si hypnotisés par le monde des formes fluctuantes, si pris par le contenu de leur vie, qu'ils ont oublié leur essence, ce qui se trouve au-delà du contenu, de la forme, au-delà de la pensée. Ils sont si régentés par le temps qu'ils ont oublié l'éternité, qui est leur origine, leur bercail, leur destinée. L'éternité, c'est la réalité vivante de ce que vous êtes.

Il y a quelques années, au cours d'un voyage en Chine, je suis tombé sur un stupa situé dans une montagne près de Guilin. Il y figurait une inscription en relief faite d'or. Je demandai à mon hôte chinois ce qu'elle voulait dire. « Ça veut dire Bouddha », me répondit-il. « Pourquoi y a-t-il deux caractères au lieu d'un ? », lui demandai-je. « Un des caractères veut dire homme. L'autre veut dire non, rien. Les deux ensemble veulent dire Bouddha. » Je restai muet de béatitude. L'idéogramme chinois désignant Bouddha contenait tous les enseignements de Bouddha et, pour ceux qui ont des yeux pour voir, le secret de la vie. Dans cette inscription figurent les deux dimensions de la réalité, les choses et le rien, la forme et l'absence de forme. *Il y a ainsi reconnaissance que la forme n'est pas ce que vous êtes.*

Chapitre 8

La découverte de l'espace intérieur

D'après ce que raconte une vieille histoire soufie, un roi vivant jadis dans un pays du Moyen-Orient était continuellement déchiré entre le bonheur et le découragement. La moindre petite chose le contrariait beaucoup ou provoquait chez lui une réaction vive et sa félicité se transformait vite en déception et désespoir. Vint un temps où le roi en eut finalement assez de lui et de la vie. Il commença à se mettre en quête d'un moyen de s'en sortir. Il envoya quérir un sage qui vivait dans son royaume et que l'on disait illuminé. Lorsque le sage arriva à la cour, le roi lui dit : « Je veux être comme toi. Peux-tu me donner quelque chose qui m'apportera l'équilibre, la sérénité et la sagesse ? Je suis prêt à payer n'importe quel prix. »

Le sage répondit ainsi au roi : « Je peux peut-être vous aider. Mais le prix à payer est si grand que votre royaume tout entier ne suffirait pas. Par conséquent, ce sera un cadeau que je vous ferai, si vous voulez bien l'honorer. » Le roi lui donna sa parole et le sage partit.

Quelques semaines plus tard, le vieux sage revint et tendit un coffret en jade sculpté au roi. Après avoir ouvert le coffret, le roi y trouva un simple anneau d'or. À l'intérieur de l'anneau, il y avait une inscription, qui disait : « *Cela aussi passera.* » « Quelle est la signification de cette inscription ? » demanda le roi. « Portez cet anneau en tout temps, lui répondit le sage. Quoi qu'il arrive, avant de qualifier les choses de bonnes ou de mauvaises, touchez l'anneau et lisez-en l'inscription. Ainsi, vous serez toujours en paix. »

Cela aussi passera. Qu'y a-t-il dans ces mots tout simples qui les rendent si puissants ? Si on les prend de façon superficielle, ils peuvent procurer un certain réconfort en des temps difficiles mais, par contre, ils amoindrissent les bons moments de la vie. C'est comme si on disait : « Ne soyez pas heureux parce que ça ne durera pas. » C'est ce que ces mots semblent sous-entendre quand on les applique à une situation positive.

Mais ils prennent clairement tout leur sens quand nous les envisageons dans le contexte des deux autres histoires racontées un peu plus haut. Tout d'abord, l'histoire du maître zen dont la seule réponse était toujours « Ah, bon ? », qui illustre le bien que l'on retire de la non-résistance aux événements. Dans cet état, on fait un avec eux. Ensuite, l'histoire de l'homme dont le seul commentaire était « Peut-être » illustre la sagesse propre au non-jugement. Quant à l'histoire du roi, elle souligne l'impermanence qui, lorsqu'elle est reconnue, conduit au non-attachement. La non-résistance, le non-jugement et le non-attachement sont les trois aspects fondamentaux de la liberté véritable et de l'illumination authentique.

Les mots gravés à l'intérieur de l'anneau ne vous disent pas de vous priver des bonnes choses de la vie, pas plus qu'ils ne sont là pour vous réconforter dans les moments de souffrance. Leur raison d'être va beaucoup plus loin. Ils servent en fait à vous faire prendre conscience de l'aspect éphémère de toute situation, conséquence directe de la nature transitoire de toutes les formes, bonnes ou mauvaises. Quand vous devenez conscient de cette nature transitoire, votre attachement à elle diminue et vous vous désidentifiez d'elle dans une certaine mesure. Être détaché ne signifie pas que vous ne pouvez pas apprécier les bontés que le monde vous offre. En fait, vous les appréciez davantage. Une fois que vous constatez et acceptez la nature transitoire de toutes les choses, ainsi que l'inévitable changement, vous pouvez apprécier les plaisirs de la vie pendant qu'ils durent, sans peur ni anxiété. Quand vous êtes détaché, cette position de recul vous permet de mettre les événements en perspective au lieu d'y être complètement plongé. Vous devenez comme l'astronaute qui voit la planète Terre entourée par la vastitude de l'espace et qui réalise une vérité paradoxale : la Terre est précieuse et en même temps insignifiante. Le fait de reconnaître que *Cela aussi passera* amène le détachement et, avec celui-ci, une autre dimension apparaît dans votre vie, celle de l'espace intérieur. C'est par le détachement, ainsi que le non-jugement et la non-résistance, que l'accès à cette dimension vous est donné.

Quand vous n'êtes plus totalement identifié aux formes, la conscience (qui vous êtes) se trouve libérée de son emprisonnement par la forme. Et cette libération se traduit par l'ouverture à l'espace intérieur, qui se caractérise par une quiétude, une paix subtile et profonde, même quand vous êtes confronté à des situations apparemment difficiles. *Cela aussi passera.* Soudainement, de l'espace se fait autour de l'événement en question. De l'espace se crée également autour des hauts et bas émotionnels, autour de la souffrance même. Et surtout, de l'espace se fait entre les pensées. Et de cet espace émane une paix qui n'est pas de ce monde, puisque ce monde est celui de la forme et que la paix est espace. Cette paix est la paix de Dieu.

Vous pouvez ainsi apprécier les choses de la vie et leur faire honneur sans leur attribuer une importance et une signification qu'elle n'ont pas. Vous pouvez entrer dans la danse de la création et être actif sans être attaché aux résultats et sans entretenir des exigences insensées envers les autres : *comblez-moi, rendez-moi heureux, faites-moi me sentir en sécurité ou dites-moi qui je suis.* Comme personne ne peut vous donner tout cela, une fois que vous n'avez plus ces attentes, toute la souffrance que l'on se crée soi-même prend fin. Toute la souffrance résulte d'une surévaluation de la forme et de l'inconscience de l'existence de cet espace intérieur. Lorsque cette dimension est présente dans votre vie, libre à vous d'apprécier les choses, les expériences et les plaisirs des sens sans vous perdre en eux, sans créer d'attachement intérieur face à eux. En un mot, sans devenir « accro » au monde.

La phrase *Cela aussi passera* amène notre regard sur la réalité. En soulignant la non-permanence de toutes les formes, elle met également l'accent sur l'éternel. Seul l'éternel en vous peut reconnaître la non-permanence.

Quand la dimension de l'espace intérieur est perdue ou pas encore connue, les choses du monde prennent une importance absolue, un sérieux et une lourdeur qu'ils n'ont pas en vérité. Quand on considère le monde à partir de la forme, il devient un endroit menaçant et, finalement, désespérant. Le prophète du Vieux Testament doit avoir pressenti cela lorsqu'il écrivit ceci : « Toutes choses sont en travail au delà de ce qu'on peut dire. L'œil ne se rassasie pas de voir et l'oreille ne se lasse pas d'entendre[1] ».

Conscience des objets et conscience de l'espace

La vie de la plupart des gens est encombrée de choses : choses matérielles, choses à faire, choses à penser. Leur vie est comme l'histoire de l'humanité, c'est-à-dire « une sacrée chose après une autre », ainsi que le disait Winston Churchill. Leur esprit est rempli d'un imbroglio de pensées, celles-ci défilant les unes après les autres. Il s'agit de la conscience des objets, dimension qui constitue de façon prédominante la réalité d'innombrables gens. C'est pour cette raison que leur vie est si déséquilibrée. Pour que la santé mentale retrouve sa place sur notre planète et pour que l'humanité accomplisse sa destinée, il faut que la conscience des objets soit contrebalancée par la conscience de l'espace. L'avènement de la conscience de l'espace constitue la prochaine étape de l'évolution de l'humanité.

Par conscience de l'espace, j'entends qu'en plus d'être conscient des choses et des objets – perceptions, pensées et émotions – vous êtes conscient d'un courant sous-jacent de conscience. Donc, vous êtes non seulement conscient des choses (objets), mais vous êtes également conscient d'être conscient. Si vous pouvez sentir une quiétude vigilante intérieure en arrière-plan pendant que des choses se produisent à l'avant-plan, c'est exactement ça. Cette dimension existe en chacun de nous, mais la plupart des gens en sont complètement inconscients. Parfois, je la souligne en posant cette question aux gens : « Sentez-vous votre propre présence ? »

Avec la conscience de l'espace, on se libère non seulement de l'ego, mais également de la dépendance aux choses de ce monde, du matérialisme et de la matérialité. Seule la dimension spirituelle peut donner une signification transcendante et vraie à ce monde.

Chaque fois qu'une personne, un événement ou une situation vous contrarie, la vraie cause ne revient pas à cette personne, cet événement ou cette situation, mais à la perte d'une perspective vraie que seul l'espace peut procurer. Quand vous êtes pris dans la conscience des objets, vous êtes inconscient de l'espace intérieur intemporel de la conscience elle-même. La phrase *Ceci aussi passera* peut aider à ramener la conscience de cette dimension en vous.

Une autre petite phrase qui peut vous amener à la vérité en vous est la suivante : « Je ne suis jamais contrarié pour la raison à laquelle je pense[2]. »

Tomber en dessous de la pensée et s'élever au-dessus de la pensée

Lorsque vous êtes très fatigué, vous devenez plus calme et plus détendu que dans votre état habituel. Pourquoi ? Parce que les pensées se calment et que vous ne pouvez plus vous rappeler votre moi problématique. Vous vous acheminez vers le sommeil. Vous vous sentez également plus détendu, plus insouciant et peut-être plus vivant quand vous buvez de l'alcool ou prenez certaines drogues (pourvu qu'elles ne déclenchent pas votre corps de souffrance). Vous vous mettez à danser et à chanter, deux choses qui sont depuis toujours l'expression de la joie de vivre. Quand le fardeau du mental pèse moins lourd, vous pouvez avoir un aperçu de la joie de l'Être. C'est peut-être pour cette raison que l'on appelle aussi l'alcool, *spiritueux*. Mais, il y a un prix fort à payer : l'inconscience. Au lieu de vous élever au-dessus de la pensée, vous tombez en dessous d'elle. Quelques verres de plus et vous aurez régressé au stade végétatif.

Avoir la conscience de l'espace, ce n'est absolument pas « planer », comme on dit familièrement. Oui, les deux états se situent au-delà de la pensée. Ils ont cela en commun. Mais, il y a une immense différence entre les deux : dans le premier cas, vous vous élevez au-dessus de la pensée, alors que dans le deuxième, vous tombez en dessous d'elle. La conscience de l'espace représente la prochaine phase de l'évolution de la conscience humaine, alors que l'autre est une régression vers une phase que nous avons déjà laissée derrière nous, il y a de ça une éternité.

La télévision

Regarder la télévision est l'activité de détente préférée (on devrait plutôt dire l'inactivité) de millions de gens sur la planète. L'Américain moyen aura passé 15 années de sa vie à regarder la télévision une fois qu'il aura atteint l'âge de 60 ans. Les chiffres sont à peu près les mêmes pour de nombreux autres pays.

Bien des gens trouvent cette « activité » relaxante. Observez-vous avec attention quand vous êtes devant la télévision et vous découvrirez que plus longtemps l'écran reste votre point d'attention, plus votre activité mentale reste en suspens. Et pendant les longs moments durant lesquels vous regardez les causeries, les jeux, les comédies de situation, ou même les publicités, vous remarquerez que votre mental ne génère presque aucune pensée. Non seulement vous avez oublié vos problèmes, mais vous vous libérez temporairement de vous-même. Que pourrait-il y avoir de plus relaxant que ça ?

Alors, est-ce le fait de regarder la télévision qui crée un espace intérieur ? Est-ce que regarder la télévision vous amène à être présent ? Malheureusement pas ! Bien que votre mental ne soit pas amené à générer de pensées pendant de longues périodes de temps, il se syntonise cependant sur l'activité mentale de l'émission que vous regardez. Il se syntonise sur la version télévisée du mental collectif et sur ses pensées. Votre mental est inactif seulement dans le sens où il ne produit pas ses propres pensées. Cependant, il absorbe continuellement les pensées et les images provenant de l'écran. Cette activité vous mène dans un état passif d'hypersensibilité, similaire à l'hypnose. C'est pour cette raison que cet état se prête bien à la manipulation, comme le savent si bien les politiciens, les groupes d'intérêts spéciaux et les agences de publicité qui paient des millions de dollars pour vous attraper dans cet état de conscience réceptive. Ils veulent que leurs pensées deviennent vôtres et, en général, ils y réussissent.

Donc, quand vous regardez la télévision, vous avez tendance à tomber en dessous des pensées, pas à vous élever au-dessus d'elles. C'est ce qui se passe aussi avec la drogue, l'alcool et la télévision. Même si vous êtes un peu dégagé de votre mental, vous payez une fois de plus le prix fort : la perte de votre conscience. À l'instar des drogues, la télévision possède une qualité de dépendance. Vous saisissez la télécommande pour éteindre le poste et au lieu de ça, vous vous retrouvez à passer en revue toutes les chaînes. Une demi-heure ou une heure plus tard, vous êtes encore devant le poste, encore en train de passer en revue les chaînes. Le bouton d'arrêt est le seul que vos doigts semblent incapables de trouver. Vous continuez de regarder non pas parce qu'une émission a su attirer votre attention, mais justement parce qu'il n'y a rien d'intéressant à regarder. Une fois que vous êtes accroché, plus ce que vous regardez est stupide et insignifiant, plus vous devenez « accro ». Si c'était intéressant et que vos pensées étaient provoquées, votre mental se remettrait à penser par lui-même, activité qui est en soi plus consciente et préférable à celle de l'apathie. De cette façon, votre attention ne serait plus totalement gardée captive par les images passant à l'écran.

Le contenu de l'émission, s'il est un tant soit peu doté de qualité, peut dans une certaine mesure contrecarrer et parfois même défaire l'effet hypnotisant et abrutissant de la télévision. Certaines émissions télévisées ont été extrêmement utiles pour bien des gens et ont transformé leur vie. Elles les ont rendus plus conscients et ont ouvert leur cœur. Certains spectacles comiques peuvent, de façon non intentionnelle, avoir un caractère spirituel lorsqu'ils présentent une version caricaturale de la folie humaine et de l'ego. Ils nous enseignent donc à ne pas prendre les choses trop au sérieux et à prendre la vie avec un cœur léger. Mais, par-dessus tout, ils nous apprennent à rire. En effet, le rire peut être extraordinairement libérateur ainsi que guérisseur. Toutefois, la majorité des émissions de télévision sont sous le contrôle de gens totalement sous l'emprise de l'ego. Donc, l'objectif caché de la télévision est de vous contrôler en vous endormant, en vous rendant inconscient. Malgré cela, il y a un potentiel énorme non encore exploité dans le domaine de la télévision.

Évitez de regarder les émissions et les publicités qui vous assaillent par une succession rapide d'images qui changent toutes les deux ou trois secondes. Quand on regarde trop la télévision, et ce genre d'émissions en particulier, on se retrouve avec le problème du manque d'attention, une dysfonction mentale qui touche des millions d'enfants dans le monde entier. Le manque d'attention rend toutes vos perceptions et relations insatisfaisantes et superficielles. Tout ce que vous faites et tout geste que vous posez dans cet état manque de qualité puisque la qualité demande de l'attention.

Si vous regardez la télévision souvent et de façon prolongée, non seulement vous deviendrez inconscient, mais également passif et vidé de votre énergie. Par conséquent, plutôt que de regarder les émissions au hasard, choisissez celles que vous voulez vraiment regarder. Chaque fois que vous le faites, observez la vitalité que vous ressentez dans votre corps pendant que vous regardez. Ou bien, prenez de temps en temps conscience de votre respiration. Éloignez votre regard de la télévision à intervalles réguliers afin que votre sens de la vue ne soit pas totalement pris en otage. Ne montez pas le volume plus que nécessaire afin que la télévision ne vous envahisse pas sur le plan auditif. Faites usage du bouton de sourdine (mute) pendant les publicités. Par ailleurs, assurez-vous de ne pas aller directement au lit après avoir éteint le poste ou, pire, de ne pas vous endormir pendant que le poste est en marche.

Comment reconnaître l'espace intérieur

Il est fort probable que de l'espace entre les pensées survienne sporadiquement dans votre vie, sans cependant que vous le sachiez. Pour une conscience totalement fascinée par les expériences et conditionnée à s'identifier exclusivement à la forme, en d'autres mots la conscience des objets, il est tout d'abord presque impossible de devenir conscient de l'espace. Finalement, cela revient à dire que vous ne pouvez pas devenir conscient de vous parce que vous êtes toujours conscient d'autre chose. En fait, vous êtes continuellement distrait par la forme. Et même quand vous semblez être conscient de vous, vous avez fait de vous un objet, une forme-pensée, et vous êtes conscient d'une pensée, pas de vous-même.

Quand vous entendez parler de l'espace intérieur, il se peut que vous le cherchiez. Mais, vu que vous le cherchez comme s'il s'agissait d'un objet ou d'une expérience, vous ne réussissez pas à le trouver. C'est le dilemme qui attend tous ceux qui sont en quête de réalisation spirituelle, d'illumination. Jésus a dit : « Le royaume de Dieu ne vient pas de manière à frapper les regards. On ne dira point : Il est ici, ou : Il est là. Car voici, le royaume de Dieu est parmi vous[3]. »

Si vous ne passez pas toute votre vie éveillée dans l'insatisfaction, l'inquiétude, l'anxiété, la dépression, le désespoir ou dans d'autres états négatifs, si vous êtes capable d'apprécier les choses simples comme le bruit de la pluie ou du vent, si vous pouvez voir la beauté dans les nuages se déplaçant dans le ciel, si vous pouvez parfois rester seul sans vous sentir esseulé ou sans avoir besoin du stimulus mental de la distraction, si vous vous surprenez à traiter un total étranger avec une gentillesse qui vient du cœur sans rien vouloir en retour... c'est qu'un espace s'est créé, même brièvement, dans le flot incessant des pensées. Quand cela se produit, un sentiment de bien-être, de paix vivante, naît en vous, même s'il est subtil. Son intensité variera. Il pourra s'agir d'un sentiment de fond de contentement ou encore de ce que les sages de l'Inde appellent « ananda », la béatitude de l'Être. Ou de tout ce qui se situe entre ces deux extrêmes. Parce que vous avez été conditionné seulement à porter attention à la forme, vous n'en êtes probablement pas conscient, sauf de manière indirecte. Il y a par exemple un élément commun entre la capacité à voir la beauté, à apprécier les choses simples, à jouir de votre propre compagnie ou à être en rapport de façon bienveillante avec les autres. Cet élément commun est le sentiment de contentement, la paix et la vitalité intérieure formant le fond invisible sans lequel toutes ces expériences ne seraient pas possibles.

Chaque fois qu'il y a beauté, bienveillance et reconnaissance de la bonté des choses simples dans votre vie, allez regarder à l'arrière-plan de ces expériences. Mais ne cherchez pas comme si vous cherchiez quelque chose. Vous ne pouvez pas mettre la main dessus et dire : « Ça y est, je l'ai ! » ou vous en saisir mentalement pour le définir d'une manière ou d'une autre. C'est un peu comme un ciel sans nuages. Cela n'a pas de forme. C'est de l'espace, c'est de la quiétude, c'est la douceur de l'Être et infiniment plus que tous ces mots, qui ne sont que des indicateurs. Quand vous réussissez à le sentir directement en vous, cet espace s'approfondit. Ainsi, quand vous appréciez quelque chose de simple – un son, une vision, un contact – quand vous voyez la beauté, quand vous ressentez de la bienveillance envers une autre personne, sentez l'espace intérieur qui est à la source et à l'arrière-plan de ce sentiment.

Bien des poètes et des sages au cours des temps ont observé que le véritable bonheur – que j'appelle la joie de l'Être – se trouve dans les choses simples et apparemment non remarquées. Dans leur quête insatiable à trouver quelque chose de significatif, la plupart des gens passent à côté de l'insignifiant, qui n'est peut-être pas si insignifiant, après tout. Le philosophe Nietszche, dans un rare moment de quiétude profonde, écrivit ceci : « Qu'il suffit de peu pour être heureux ! De la plus petite chose, de la plus légère chose, de la plus gentille chose ! D'un lézard que l'on entend s'enfuir, d'un soupir, d'un regard furtif ! Qu'il suffit de peu pour être heureux ! Soyez quiets[4] ! »

Pourquoi est-ce la plus infime chose qui nous rend le plus heureux ? Parce que le véritable bonheur ne provient pas d'une chose ou d'un événement, bien que ce soit ainsi qu'on le perçoive au premier abord. Cette chose et cet événement sont si subtils, si effacés, qu'ils n'occupent qu'une infime partie de votre conscience. Le reste est espace intérieur, conscience non dérangée par la forme. Espace intérieur, conscience et qui vous êtes ne sont dans votre essence qu'une seule et même chose. Autrement dit, la forme des petites choses laisse de la place à l'espace intérieur. Et c'est à partir de l'espace intérieur, de la conscience non conditionnée elle-même, qu'émane le véritable bonheur, la joie de l'Être. Cela exige un grand degré de vigilance. Soyez quiet. Regardez. Écoutez. Soyez présent.

Une autre façon de trouver cet espace intérieur, c'est de devenir conscient d'être conscient. Dites ou pensez « Je suis » sans rien ajouter après. Prenez conscience de la quiétude qui suit ce Je suis. Sentez votre présence, l'être-là nu et sans voile en vous. Vieux ou jeune, riche ou pauvre, bon ou mauvais, rien ne l'affecte. C'est la vaste matrice de toute création, de toute forme.

Entendez-vous le torrent de montagne ?

Un maître zen marchait en silence sur un sentier montagnard, accompagné d'un de ses disciples. Arrivés près d'un très vieux cèdre, ils s'assirent dans son ombrage pour prendre leur repas frugalement composé de riz et de légumes. Après le repas, le disciple, un jeune moine n'ayant pas encore trouvé la clé du mystère du zen, brisa le silence pour demander à son maître : « Maître, comment puis-je entrer dans le zen ? »

Ce qu'il demandait, c'est bien entendu comment il pouvait avoir accès à la conscience, qui est le zen. Le maître resta silencieux. Presque cinq minutes passèrent durant lesquelles le disciple attendit impatiemment une réponse. Il était sur le point de poser une autre question quand le maître prit soudainement la parole : « Entends-tu le son de ce torrent montagnard ? »

Le disciple n'avait jamais eu conscience de la présence du torrent. Son esprit était trop occupé à réfléchir au sens du zen. Il tendit l'oreille pour entendre le son du torrent et le bruit de son mental diminua. Au début, il n'entendit rien. Puis, la pensée se transforma en vigilance extrême et, soudainement, il entendit effectivement le murmure à peine perceptible d'un petit torrent qui coulait au loin.

« Oui, je l'entends maintenant », dit-il.

Le maître leva son doigt et, avec un regard qui semblait aussi puissant que bienveillant, il dit : « Entre dans le zen à partir de cet espace. »

Le disciple en fut renversé. Ce fut son premier *satori*, son premier aperçu de l'illumination. Il sut ce qu'était le zen sans savoir ce qu'était ce qu'il sut !

Ils poursuivirent leur route en silence. Le disciple était émerveillé de l'effervescence qui émanait du monde autour de lui, un peu comme s'il faisait l'expérience de tout pour la première fois. Puis, peu à peu, il se remit à penser. La vigilance fut de nouveau obscurcie par le bruit du mental et peu de temps après, il posa une autre question à son maître : « Maître, j'ai réfléchi. Que m'auriez-vous dit si j'avais pu entendre d'emblée le torrent ? » Le maître s'arrêta, leva son doigt et répondit : « Entre dans le zen à partir de cet espace. »

L'action juste

L'ego se demande que faire pour que telle ou telle situation comble ses besoins ou comment il peut trouver une situation qui comblera effectivement ses besoins.

La présence est un état d'espace intérieur. Quand vous êtes présent, vous vous demandez comment vous pouvez répondre aux besoins de la situation, aux besoins du moment. En fait, il n'est pas nécessaire de vous poser cette question. Vous êtes quiet, vigilant et ouvert à ce qui est. Vous amenez une nouvelle dimension à la situation : l'espace. Puis, vous écoutez et vous regardez. Vous ne faites plus qu'un avec la situation. Si, au lieu de réagir à une situation, vous fusionnez avec elle, la solution émerge toute seule de la situation. En réalité, ce n'est pas vous, la personne, qui regarde et écoute, mais la quiétude vigilante elle-même. Alors, s'il est possible ou nécessaire de passer à l'action, vous le faites ou, plus précisément, c'est l'action juste qui se pose par votre entremise. L'action juste est l'action qui est appropriée au tout. Une fois l'action posée, la quiétude spacieuse reste. Personne ne lève les bras en geste de triomphe et ne hurle « Youpi ! » Personne ne dit : « Regardez ce que j'ai fait ! »

Toute créativité provient de ce vaste espace intérieur. Une fois que la création s'est produite et a pris une forme, vous devez rester vigilant afin que la notion de moi, mon ou ma ne surgisse pas. Si vous vous attribuez le mérite de ce que vous avez accompli, l'ego revient et le vaste espace intérieur disparaît.

Percevoir sans nommer

La plupart des gens ne sont conscients du monde qui les entoure que de façon périphérique, surtout s'ils sont habitués à leur milieu de vie. La voix dans leur tête absorbe la plus grande partie de leur attention. Certaines personnes se sentent plus en vie lorsqu'elles voyagent ou se rendent dans des lieux inconnus et des pays étrangers parce que, dans ces moments-là, leur perception (l'expérience) prend plus de place que la pensée. Elles deviennent donc plus présentes. D'autres restent malgré cela complètement possédées par la voix dans leur tête. Leurs perceptions et leurs expériences sont instantanément déformées par leurs jugements. En fait, elles ne sont allées nulle part. C'est juste leur corps qui a voyagé, pendant qu'elles sont restées là où elles ont toujours été, c'est-à-dire dans leur tête.

Pour la majorité des gens, la réalité est ceci : dès qu'ils perçoivent une chose, ils la nomment, l'interprètent, la comparent à une autre, l'aiment, ne l'aiment pas, la qualifient de bonne ou de mauvaise par l'intermédiaire de l'ego. Ces gens sont prisonniers des formes-pensées, de la conscience des objets.

Vous ne pouvez pas vous éveiller spirituellement à moins d'arrêter d'attribuer compulsivement et inconsciemment des noms à tout, ou à tout le moins de devenir conscient que vous le faites et ainsi de pouvoir l'observer quand vous le faites. C'est grâce à cette constante attribution de noms que l'ego se maintient en tant que mental non conscientisé. Chaque fois que cette activité cesse, et même quand vous en devenez juste conscient, l'espace intérieur apparaît et le mental ne vous possède plus.

Choisissez un objet se trouvant près de vous (un stylo, une chaise, une plante) et explorez-le visuellement. Regardez-le avec grand intérêt, presque avec de la curiosité. Évitez de choisir tout objet ayant une forte connotation personnelle et qui vous rappelle le passé (où vous l'avez acheté, qui vous en a fait cadeau, etc.) Évitez également de choisir un objet avec de l'écriture, entre autres, un livre ou une bouteille. Cela viendrait stimuler vos pensées. Sans vous forcer mais tout en étant détendu et vigilant, accordez votre attention totale à l'objet en question, à chacun de ses détails. Si des pensées surviennent, ne vous laissez pas prendre par elles. Ce ne sont pas les pensées qui vous intéressent ici, mais l'acte de percevoir comme tel. Réussissez-vous à percevoir sans penser? Réussissez-vous à regarder sans que la voix dans votre tête y aille de ses commentaires, tire des conclusions, compare ou essaie de comprendre quelque chose? Après deux ou trois minutes, laissez votre regard errer dans toute la pièce ou dans l'endroit où vous êtes, votre attention vigilante venant éclairer tout ce sur quoi elle s'attarde.

Ensuite, écoutez les sons qu'il peut y avoir autour de vous. Écoutez-les de la même façon que vous avez regardé autour de vous. Certains sons seront naturels (l'eau, le vent, les oiseaux), d'autres artificiels. Certains seront agréables, d'autres désagréables. Ne faites cependant pas de distinction entre le bon et le mauvais. Laissez chaque son être ce qu'il est, sans l'interpréter. Ici aussi, l'attention détendue mais vigilante est la clé.

En écoutant et en regardant de cette façon, vous deviendrez peut-être conscient d'un sentiment de calme subtil et à peine perceptible au tout début. Certaines personnes le ressentent comme une quiétude de fond. D'autres personnes l'appellent paix. Quand la conscience n'est plus totalement absorbée par la pensée, elle reste en partie dans son état original, non conditionnée et sans forme. Il s'agit de l'espace intérieur.

Qui est celui qui fait l'expérience?

Ce que vous voyez, entendez, goûtez, touchez et sentez sont, bien entendu, des objets dont vous faites l'expérience. Mais alors, qui est le sujet, celui qui fait l'expérience? Si vous dites par exemple « Bon, bien sûr, moi, Jeanne Durand, comptable agréée, âgée de quarante-cinq ans, divorcée, mère de deux enfants, de nationalité française, je suis le sujet, celle qui fait l'expérience », vous êtes dans l'erreur. Jeanne Durand et toute autre chose devenant identifiée au concept mental de Jeanne Durand sont des objets d'expérience, pas le sujet qui fait l'expérience.

N'importe quelle expérience comporte trois ingrédients possibles : les perceptions sensorielles, les images mentales ou émotionnelles et les émotions. Les éléments suivants, Jeanne Durand, comptable agréée, âgée de quarante-cinq ans, divorcée, mère de deux enfants, de nationalité française, ne sont que des pensées et par conséquent font partie de ce dont vous faites l'expérience dès que vous pensez ces pensées. Toute autre chose que vous pensez ou dites à votre sujet, ainsi que ces pensées, sont des objets, pas le sujet. Ces objets constituent l'expérience, mais ne sont pas le sujet de l'expérience, Vous pouvez ajouter mille autres définitions (pensées) sur vous, ce qui aura comme résultat de complexifier l'expérience que vous faites de vous-même (et d'augmenter les revenus de votre psychologue !). Mais, vous n'arriverez jamais au sujet, à celui qui fait l'expérience, à celui qui est antécédent à toute expérience, mais sans qui il n'y aurait pas d'expérience.

Alors, qui est celui qui fait l'expérience? C'est vous. Et qui êtes-vous? La conscience. Et qu'est-ce que la conscience? Il est impossible de répondre à cette question. En effet, dès que vous y répondez, vous falsifiez la conscience, vous en faites un autre objet. La conscience – terme que l'on emploie traditionnellement pour désigner l'esprit – ne peut être connue dans le sens normal du terme et la chercher est futile. La connaissance se situe dans le plan de la dualité – sujet et objet, celui qui connaît et ce qui est connu. Le sujet, le Je, celui qui sait et sans qui rien ne pourrait être connu, perçu, pensé ou senti, doit rester inconnaissable à jamais. Pourquoi ? Parce que le Je n'a pas de forme et que seules les formes peuvent être connues. Pourtant, sans la dimension de l'absence de forme, le monde de la forme ne pourrait exister. C'est l'espace lumineux dans lequel le monde advient et disparaît. Cet espace est la vie que Je suis. Il est intemporel. Je suis intemporel, éternel. Ce qui se produit dans cet espace est relatif et temporaire : le plaisir et la souffrance, le gain et la perte, la naissance et la mort.

Le plus grand empêchement à découvrir cet espace intérieur ainsi que de trouver la personne derrière l'expérience, c'est de se laisser captiver par l'expérience au point de s'y perdre. La conscience se perd dans son propre rêve. Vous vous laissez prendre par chaque pensée, chaque émotion et chaque expérience à un degré tel, que vous vous retrouvez en fait dans un état onirique. C'est l'état habituel de l'humanité depuis des milliers d'années.

Même si vous ne pouvez pas connaître la conscience, vous pouvez en devenir conscient en tant que vous-même. Vous pouvez la sentir dans n'importe quelle situation, peu importe où vous êtes. Vous pouvez la sentir ici et maintenant en tant que votre propre Présence, comme l'espace intérieur dans lequel les mots sur cette page sont perçus et deviennent des pensées. La conscience, c'est le

Je suis sous-jacent. Les mots que vous lisez et la pensée figurent à l'avant-plan, alors que le Je suis est à l'arrière-plan. Il est le creuset de chaque expérience, de chaque pensée et de chaque émotion.

La respiration

Vous pouvez découvrir l'espace intérieur en ménageant des pauses, des intervalles, dans le flot des pensées. Sans ces intervalles, la pensée devient répétitive, sans inspiration, dénuée de toute étincelle créative. C'est la réalité de la plupart des gens sur cette planète. Ne vous préoccupez pas de la durée de ces intervalles. Quelques secondes suffisent. Peu à peu, ces pauses se prolongeront toutes seules, sans aucun effort de votre part. Chose plus importante que leur longueur, il faut les inviter fréquemment de manière à émailler d'espace vos activités quotidiennes et vos pensées.

Récemment, quelqu'un me fit voir la brochure annuelle d'une importante organisation spirituelle. Je fus impressionné par la vaste sélection de colloques et d'ateliers qu'elle proposait. Ça me rappela un smorgasbord, ce buffet scandinave où vous choisissez ce qui vous plaît parmi une myriade de plats plus alléchants les uns que les autres. La personne qui m'avait tendu cette brochure me demanda si je pouvais lui recommander un ou deux cours. « Je ne sais pas, dis-je. Ils ont tous l'air très intéressants. Mais ce que je sais, ajoutai-je, c'est que vous devez être consciente de votre respiration aussi souvent que vous le pouvez, aussi souvent que vous vous en souvenez. Si vous faites cet exercice pendant un an, la transformation sera bien plus puissante que si vous suiviez tous ces cours, En plus, c'est gratuit. »

Quand vous prenez conscience de votre respiration, l'attention se détache des pensées, ménageant ainsi de l'espace. C'est une des façons de susciter la conscience. Bien que la totalité de la conscience se trouve déjà dans le non-manifeste, nous sommes cependant ici pour conduire la conscience dans cette dimension.

Alors, soyez conscient de votre respiration. Remarquez la sensation créée par la respiration. Sentez l'air entrer et sortir dans votre corps. Remarquez l'expansion de la poitrine et de l'abdomen quand vous inspirez et leur légère contraction quand vous expirez. Une seule respiration consciente suffit à ménager de l'espace où il n'y avait auparavant qu'un flot ininterrompu de pensées. Prendre très souvent une respiration consciente (deux ou trois seraient encore mieux) durant la journée est une excellente façon de créer de l'espace dans votre vie. Même si vous méditiez pendant des heures sur votre respiration, ce que certaines personnes font, tout ce dont vous devez prendre conscience, et dont vous pouvez effectivement être conscient, c'est d'une respiration. Le reste n'est que souvenir ou anticipation, autrement dit, pensée. La respiration n'est pas quelque chose que vous faites, mais quelque chose dont vous êtes le témoin pendant que cela se passe. Point besoin d'effort. Remarquez également la petite pause dans la respiration, en particulier à la fin de l'expiration, avant de reprendre une autre inspiration.

Chez beaucoup de gens, la respiration est très superficielle, ce qui n'est pas naturel. Plus vous êtes conscient de votre respiration, plus sa profondeur naturelle reviendra.

Étant donné que la respiration n'a pas de forme, elle est associée depuis toujours à l'esprit, à la Vie unique et sans forme. « Dieu forma l'homme à partir de la poussière de la terre, il souffla dans ses narines un souffle de vie et l'homme devint un être vivant[5]. » Le mot allemand *atmen*, qui veut dire respirer, vient du sanskrit *atman*, qui veut dire l'esprit divin qui réside en nous, Dieu.

Le fait que la respiration n'ait pas de forme est une des raisons pour lesquelles la conscience de la respiration est un moyen extrêmement efficace pour faire de l'espace dans votre vie, pour générer de la conscience. C'est un excellent objet de méditation précisément parce qu'elle n'est pas un objet, qu'elle n'a pas de forme. L'autre raison est que la respiration est un des phénomènes les plus subtils et apparemment insignifiants, la « plus petite chose » qui, selon Nietzsche, crée le plus grand bonheur. Pratiquer l'observation consciente de la respiration sous forme de méditation formelle ou pas est un choix personnel. La méditation formelle, cependant, ne peut remplacer la pratique qui permet d'amener la conscience de l'espace dans le quotidien.

En étant conscient de votre respiration, vous êtes automatiquement ramené dans le moment présent, la clé de toute transformation intérieure. Chaque fois que vous êtes conscient de votre respiration, vous êtes absolument présent. Vous remarquerez peut-être aussi que vous ne pouvez en même temps penser et être conscient de votre respiration. La respiration consciente arrête les pensées. Mais au lieu d'être en transe ou à moitié endormi, vous êtes totalement éveillé et hautement vigilant. Vous ne tombez pas en dessous des pensées, vous vous élevez au-dessus d'elles. Et si vous y regardez de plus près, vous découvrirez que ces deux choses – revenir pleinement au moment présent et cesser de penser sans perdre la conscience – ne sont en réalité qu'une seule et même chose : l'apparition de l'espace de la conscience.

Les dépendances

On peut qualifier de dépendance tout comportement compulsif établi depuis longtemps. Une dépendance vit en vous en tant que quasi-entité ou sous-personnalité, en tant que champ énergétique prenant périodiquement, totalement possession de vous. Elle prend même possession de votre mental, de la petite voix dans votre tête, qui devient alors la voix de la dépendance. Voilà de quelle façon elles pourrait s'exprimer : « Ta journée a été dure. Tu mérites bien une petite récompense. Pourquoi te refuser le seul plaisir qui te reste dans ta vie ? » Si vous êtes identifié à cette voix par manque de conscience, vous vous dirigez vers le réfrigérateur et vous sortez le délicieux gâteau au chocolat. À d'autres moments, il se peut que la dépendance saute par-dessus la pensée et que vous vous retrouviez soudainement à tirer sur une cigarette et à siroter un verre. « Comment la cigarette et le verre se sont-ils retrouvés entre mes mains ? » vous demandez-vous. Vous avez allumé votre cigarette et vous vous êtes servi un verre dans l'inconscience la plus complète.

Si vous avez une dépendance compulsive comme fumer, trop manger, boire, regarder la télévision, passer des heures sur Internet ou toute autre dépendance, voici ce que vous pouvez faire. Quand vous remarquez le besoin compulsif naître en vous, arrêtez-vous et respirez trois fois consciemment. La respiration invitera la conscience. Puis, pendant quelques minutes, soyez conscient de ce besoin compulsif comme étant un champ énergétique en vous. De façon consciente, sentez ce besoin physique ou mental d'ingérer ou de consommer une certaine substance ou encore ce désir d'agir de façon compulsive. Ensuite, respirez encore consciemment à quelques reprises. Après cela, il se pourrait que le besoin compulsif ait disparu, du moins pour le moment. Il se pourrait aussi que ce besoin ait encore tout son pouvoir sur vous et que vous ne puissiez vous retenir. N'en faites surtout pas un problème. Faites simplement en sorte que cette dépendance fasse partie de la pratique de conscience telle que je l'ai décrite ci-dessus. À mesure que le niveau de conscience augmente, les comportements de dépendance faiblissent, pour un jour finalement disparaître. Rappelez-vous cependant d'attraper au vol toute pensée tentant de justifier le comportement de dépendance, parfois avec des arguments rusés, dès qu'elle se présente à votre esprit. Demandez-vous qui est la voix qui parle. Vous réaliserez ainsi que c'est la dépendance qui parle, pas vous. Aussi longtemps que vous le savez, aussi longtemps que vous êtes présent en tant qu'observateur du mental, ce dernier aura moins tendance à vous amener à faire ce qu'il veut par la ruse.

La conscience du corps subtil

Il existe une autre façon simple mais hautement efficace de créer de l'espace dans votre vie, elle aussi liée à la respiration. Vous découvrirez que, en sentant le subtil mouvement de l'air qui entre et sort de votre corps, ainsi que le soulèvement et l'affaissement de votre poitrine et de votre ventre, vous pourrez devenir conscient de votre corps subtil. Votre attention pourra ensuite passer de la respiration à cette sensation de vivacité qui est partout à l'intérieur de vous.

La plupart des gens sont si distraits par leurs pensées, si identifiés à la petite voix qui parle dans leur tête, qu'ils ne réussissent plus à sentir cette vitalité en eux. Ne plus pouvoir sentir la vie qui anime le corps physique, la vie même que vous êtes, est la plus grande privation qui puisse vous arriver. C'est ce manque qui vous pousse non seulement à chercher des substituts à cet état naturel de bien-être intérieur, mais également quelque chose pouvant éliminer le continuel malaise que vous ressentez quand vous n'êtes pas en contact avec cette effervescence intérieure qui est toujours là, mais qui passe en général inaperçue. Certains des substituts que les gens cherchent sont les états exacerbés par la drogue, l'excès de stimulation sensorielle comme la musique forte, les sensations fortes, les activités dangereuses ou l'obsession sexuelle. Il arrive aussi que les mélodrames relationnels servent de substitut à cette vitalité intérieure authentique.

Ce que les gens cherchent le plus pour mettre fin à ce malaise permanent de fond, ce sont les relations intimes. Un homme ou une femme qui me rendra heureuse ou heureux. Et cela constitue, bien entendu, une des « déceptions » le plus fréquemment vécues dans les relations intimes. Alors, quand le malaise refait surface, les gens font en général retomber la faute sur leur conjoint.

Respirez deux ou trois fois de façon consciente.

Maintenant, voyez si vous pouvez détecter en vous une sensation subtile de vivacité partout dans votre corps. Réussissez-vous pour ainsi dire à sentir votre corps de l'intérieur ? Sentez certaines parties de votre corps, comme vos mains, vos bras, vos pieds, vos jambes. Réussissez-vous à sentir votre ventre, votre poitrine, votre cou, votre tête ? Et vos lèvres ? Les sentez-vous vivantes ? Ensuite, devenez conscient de votre corps subtil en entier. Au début, vous serez plus à l'aise en fermant les yeux. Quand vous aurez senti votre corps énergétique, ouvrez les yeux et regardez autour de vous tout en continuant à sentir votre corps subtil. Certains lecteurs réaliseront qu'ils n'ont aucunement besoin de fermer les yeux puisqu'ils sentent leur corps énergétique tout en lisant.

Espace intérieur et espace extérieur

Le corps énergétique n'est pas solide, mais spacieux. Il ne s'agit pas de votre forme physique mais de la vie qui anime celle-ci. Il s'agit de l'intelligence qui a créé et qui sustente le corps, de l'intelligence qui coordonne simultanément des centaines de fonctions différentes d'une complexité tellement extraordinaire que l'esprit humain ne peut en comprendre qu'une infime fraction. Quand vous devenez conscient du corps énergétique, ce qui se passe en réalité, c'est que l'intelligence devient consciente d'elle-même. C'est cette « vie » insaisissable qu'aucun scientifique n'a jamais trouvée, puisque la conscience qui cherche la vie est en fait elle-même la vie.

Les physiciens ont découvert que l'apparente solidité de la matière est une illusion créée par les sens, tout comme l'est le corps humain, que nous percevons et pensons comme étant une forme, mais qui est en réalité de l'espace vide à 99,99 %. Cela donne une idée de la vastitude de l'espace entre les atomes. Il y a également beaucoup d'espace dans les atomes eux-mêmes. Le corps physique n'est rien de plus qu'une perception erronée de ce que vous êtes. De bien des façons, le corps est une version microcosmique de l'espace sidéral. Pour vous donner une idée de la vastitude de l'espace entre les corps célestes, imaginez ce qui suit. La lumière, qui se déplace à une vitesse constante de 300 000 kilomètres à la seconde, prend à peine plus d'une seconde pour se déplacer entre la Terre et la Lune. La lumière du Soleil prend environ huit minutes pour arriver sur la Terre. La lumière de l'étoile voisine la plus proche de nous, *Proxima Centauri*, qui est le soleil le plus près de notre propre Soleil, met 4,5 années pour arriver à la Terre. C'est dire à quel point l'espace est vaste autour de nous. Et puis, il y a l'espace intergalactique, dont la vastitude dépasse tout entendement. La lumière de la galaxie la plus proche de la nôtre, *Andromède*, prend 2,4 millions d'années pour arriver jusqu'à nous. N'est-il pas stupéfiant que notre corps soit aussi spacieux que l'univers?

Donc, votre corps physique, qui est une forme, s'avère en fait essentiellement sans forme quand vous y descendez en profondeur. Il devient une porte qui donne sur l'espace intérieur. Bien que cet espace n'ait pas de forme, il est intensément vivant. En fait, l'espace vide est la vie dans sa plénitude, la Source non manifestée à partir de laquelle toute manifestation émerge. Le terme que l'on emploie traditionnellement pour décrire cette source, c'est Dieu.

Les pensées et les mots appartiennent au monde de la forme et ne peuvent exprimer le « sans forme ». Alors, lorsque vous dites « Je peux sentir mon corps subtil », il s'agit d'une perception erronée créée par la pensée. Ce qui se passe réellement en fait, c'est que la conscience qui apparaît en tant que corps, la conscience que Je suis, devient consciente d'elle-même. Lorsque je ne confonds plus qui je suis avec cette forme temporaire de « moi », la dimension de l'illimité et de l'éternel – Dieu – peut s'exprimer par « moi » et « me » guider. Elle me libère de la dépendance à la forme. Par contre, la reconnaissance ou la croyance purement intellectuelle que « je ne suis pas cette forme » ne fonctionne pas. La question cruciale est la suivante : En ce moment, est-ce que je sens la présence de l'espace intérieur ? Ou plus exactement, est-ce que je sens ma propre Présence, ou encore mieux, est-ce que je sens la Présence que je suis ?

Nous pouvons aborder cette vérité selon un autre angle. Posez-vous la question suivante : « Suis-je seulement conscient de ce qui se passe en ce moment ou aussi du moment présent lui-même comme étant l'espace intérieur vivant où toute chose se passe ? » Bien que cette question semble ne rien avoir à faire avec le corps énergétique, vous serez surpris de vous sentir soudainement plus vivant à l'intérieur dès que vous prenez conscience de l'espace du moment présent. Vous sentez la vitalité intérieure du corps subtil, la vitalité intérieure qui fait intrinsèquement partie de la joie de l'Être. Nous devons entrer dans le corps pour pouvoir le dépasser et découvrir que nous ne sommes pas lui.

Chaque jour, autant que cela vous est possible, servez-vous de la conscience que vous avez du corps subtil pour créer de l'espace. Quand vous attendez, quand vous écoutez quelqu'un, quand vous prenez une pause pour regarder le ciel, un arbre, une fleur, votre conjoint ou un enfant, sentez en même temps la vitalité qui est en vous. Ce faisant, une partie de votre attention ou conscience reste dans le domaine du sans forme, alors que le reste est utilisé pour le domaine du monde de la forme. Chaque fois que vous habitez votre corps de cette façon, vous disposez d'un ancrage pour rester présent au moment présent. Le corps vous empêche donc de vous perdre dans les pensées, les émotions et les situations extérieures.

Quand vous pensez, percevez et faites des expériences, la conscience prend naissance dans la forme. Elle s'incarne dans une pensée, un sentiment, une perception sensorielle, une expérience. Le cycle des naissances dont les Bouddhistes espèrent se sortir à un moment donné se reproduit continuellement. Ce n'est qu'à cet instant-ci, par le pouvoir du moment présent, que vous pouvez en sortir. En acceptant totalement la forme du moment présent, vous vous alignez intérieurement sur l'espace, qui est l'essence même du moment présent. Par l'acceptation, de l'espace se crée en vous. Être aligné sur l'espace plutôt que sur la forme, voilà ce qui amène de la perspective et de l'équilibre dans votre vie.

Remarquer les intervalles

Au cours de la journée, les choses que vous voyez et entendez se succèdent et changent continuellement. Au tout premier instant où vous voyez ou entendez quelque chose, surtout si c'est quelque chose d'inhabituel, avant que le mental ne le nomme et ne l'interprète, il y a habituellement un hiatus, un arrêt, un intervalle, durant lequel l'attention est vigilante et la perception se fait. Il s'agit de l'espace intérieur. La durée de ce hiatus diffère d'une personne à l'autre. Il est facile à manquer vu que chez beaucoup de gens ces intervalles sont extrêmement courts, une seconde ou moins seulement.

Voici ce qui se produit. Une vision ou un son vous arrive. Dès le premier moment de perception, le flot habituel des pensées cesse brièvement. La conscience est distraite des pensées parce qu'elle est en demande pour percevoir par les sens. Il arrive qu'une vision ou un son très inhabituel vous laisse silencieux, même à l'intérieur, et que l'intervalle soit donc plus long.

Ce sont la fréquence et la durée de ces intervalles qui déterminent votre capacité à apprécier la vie, à sentir le lien intérieur qui vous unit aux autres êtres humains ainsi qu'à la nature. Cette fréquence et cette durée déterminent aussi la mesure selon laquelle vous vous libérez de l'ego, vu que l'ego veut dire inconscience totale de la dimension de l'espace.

Lorsque vous devenez conscient de ces brefs intervalles, qui se produisent naturellement, ces derniers se prolongeront. Ce faisant, la joie de la perception avec peu ou pas d'interférence de la pensée augmentera de plus en plus. Vous sentirez le monde autour de vous comme étant frais, nouveau et vivant. Plus vous percevez la vie à travers l'écran mental de l'abstraction et de la conceptualisation, plus le monde autour de vous devient sans vie et amorphe.

Perdez-vous pour pouvoir vous trouver

L'espace intérieur survient aussi chaque fois que vous renoncez au besoin de mettre l'accent sur votre forme-identité. Ce besoin provient de l'ego et n'est pas un véritable besoin. Nous avons déjà abordé ce sujet. Chaque fois que vous renoncez à un de ces comportements, de l'espace intérieur se fait et vous devenez davantage vraiment vous-même. L'ego aura l'impression que vous vous perdez, alors que c'est le contraire qui se produit. Jésus ne nous a-t-il pas enseigné qu'il fallait nous perdre pour nous trouver? Chaque fois que vous renoncez à un de ces comportements, vous ne mettez pas l'accent sur ce que vous êtes au niveau de la forme, ce qui permet à ce qui est au-delà de la forme d'émerger plus totalement. Vous devenez moins pour être plus.

Voici quelques-unes des façons dont les gens mettent inconsciemment l'accent sur leur forme-identité. Si votre vigilance est grande, vous pourrez en détecter certaines chez vous. Exiger de la reconnaissance pour quelque chose que vous avez fait et vous mettre en colère si vous ne l'obtenez pas. Essayer d'attirer l'attention en parlant de vos problèmes, en racontant l'histoire de votre maladie ou en faisant une scène. Donner votre opinion quand personne ne la demande, sans que cela change rien à la situation. Être plus préoccupé par la façon dont l'autre personne vous voit que par elle, c'est-à-dire utiliser l'autre personne pour refléter ou intensifier votre ego. Essayer d'impressionner les autres par vos possessions, vos connaissances, votre apparence, votre statut social, votre force physique, etc. Gonfler son ego par une crise de colère contre une situation ou une personne. Prendre les choses personnellement. Se sentir offensé. Se donner raison et donner tort aux autres en se plaignant mentalement ou verbalement de façon futile. Vouloir être vu ou sembler important.

Une fois que vous avez détecté un de ces comportements en vous, je vous suggère de faire la petite expérience suivante. Découvrez comment vous vous sentez et ce qui se produit si vous renoncez à ce comportement. Laissez-le juste tomber et observez ce qui arrive.

Ne plus mettre l'accent sur ce que vous êtes au niveau de la forme est une autre façon de faire naître la conscience. Découvrez l'énorme pouvoir qui passe en vous et va vers le monde quand vous arrêtez de mettre l'accent sur la forme-identité.

La quiétude

Il a déjà été dit que la quiétude est le langage de Dieu et que t oute interprétation autre que celle-ci était fausse. C'est en fait un terme pouvant remplacer celui de paix. Quand nous devenons conscient de la quiétude dans notre vie, nous sommes reliés à la dimension intemporelle et sans forme en nous, à ce qui est au-delà de la pensée, au-delà de l'ego. Il peut s'agir de la quiétude où baigne le monde de la nature ou de la quiétude dans votre chambre aux petites heures du matin, ou encore du silence entre les mots. La quiétude n'a pas de forme. C'est pour cette raison que nous ne pouvons en devenir conscient par la pensée, puisque la pensée est forme. Quand on est conscient de la quiétude, c'est qu'on est quiet. Et être quiet, c'est être conscient sans pensée. Vous n'êtes jamais plus essentiellement, plus profondément vous-même que lorsque vous êtes dans cet état. En fait, vous êtes qui vous étiez avant de prendre cette forme physique et mentale, que l'on appelle une personne. Vous êtes aussi qui vous serez une fois que la forme se sera dissoute. Lorsque vous êtes dans la quiétude, vous êtes qui vous êtes au-delà de votre existence temporelle, c'est-à-dire vous êtes la conscience sans forme, non conditionnée et éternelle.

Chapitre 9

Votre raison d'être profonde

Dès que vous dépassez le plan de la survie, les questions du sens et de la raison d'être se mettent à avoir une importance primordiale dans votre vie. Beaucoup de gens se sentent pris par la routine quotidienne qui semble priver leur vie de sens. Certains croient qu'ils sont passés ou passent à côté de leur vie. D'autres se sentent extrêmement limités par les exigences familiales et parentales, par leur situation financière ou par leur situation de vie. Certains autres sont minés par le stress et d'autres encore par l'ennui. Certains sont pris par l'activité effrénée, d'autres par l'apathie. Nombreux sont les gens qui aspirent à la liberté et à l'expansion conférées par la prospérité. De nombreux autres jouissent déjà de la liberté qu'accorde la prospérité et découvrent malgré tout que celle-ci ne suffit pas à donner un sens à leur vie. Aucun prétexte extérieur ne peut servir à découvrir notre vraie raison d'être, qui ne peut se situer sur le plan concret. Notre vraie raison d'être ne concerne pas ce que nous faisons, mais ce que nous sommes. Elle concerne notre état de conscience.

La chose la plus importante à réaliser est la suivante : votre vie a une raison d'être intérieure et une raison d'être extérieure. La raison d'être intérieure est primordiale et concerne l'Être. La raison d'être extérieure est secondaire et concerne le faire. Alors que ce livre s'attarde principalement sur votre raison d'être intérieure, ce chapitre et le suivant se penchent sur l'harmonisation de ces deux raisons d'être dans votre vie. Celles-ci sont si entremêlées qu'il est presque impossible de parler de l'une sans parler de l'autre.

Votre raison d'être profonde, c'est de vous éveiller. Aussi simple que ça! C'est la raison d'être que tous les humains de cette planète ont en commun puisque c'est la raison d'être de l'humanité. Cette raison d'être fait essentiellement partie de la raison d'être du Grand Tout, de l'univers et de son intelligence. Quant à votre raison d'être extérieure, elle peut changer avec le temps et varier beaucoup d'une personne à l'autre. Trouver sa raison d'être profonde et se syntoniser sur elle est ce qui nous permet de manifester notre raison d'être concrète. Sans cette syntonisation, vous pouvez certes accomplir un certain nombre de choses par l'effort, la détermination, la combativité, le travail acharné ou la ruse. Mais, aucune joie n'émane de ces accomplissements, qui finissent invariablement par la souffrance sous une forme ou une autre.

L'éveil

L'éveil est un basculement de la conscience, au cours duquel la pensée et la conscience se dissocient. Chez la plupart des gens, ce basculement ne se manifeste pas sous la forme d'un événement mais d'un processus. Même les rares êtres qui connaissent un éveil soudain et puissant, apparemment irréversible, passent eux aussi par un processus au cours duquel le nouvel état de conscience se met en place graduellement et transforme tout ce qu'ils font, pour ainsi finir par faire intégralement partie de leur vie.

Dans cet état, au lieu d'être perdu dans vos pensées, vous vous reconnaissez comme étant la présence qui se trouve justement derrière les pensées. Ces dernières cessent d'être une activité autonome prenant possession de vous et régentant votre vie. Dans cet état, c'est au contraire la présence qui prend possession de la pensée. Alors, au lieu de contrôler votre vie, la pensée devient la servante de la présence. Cette présence est en fait le lien conscient que vous entretenez avec l'intelligence universelle. Cette Présence est conscience sans pensée.

Le déclenchement du processus d'éveil est un état de grâce que l'on ne peut provoquer ni mériter, et auquel on ne peut se préparer. Aucune démarche logique n'y mène, même si le mental aimerait bien qu'il en soit ainsi. Point besoin d'en devenir digne auparavant, car il se peut que cet état arrive au pécheur avant d'arriver au saint, mais pas nécessairement. C'est pour cette raison que Jésus fréquentait toutes sortes de gens, pas seulement ceux qui étaient respectables. Il n'y a rien que vous puissiez faire pour provoquer l'éveil. En fait, tout ce que vous ferez émanera de l'ego qui veut rajouter l'éveil à sa panoplie et en faire sa possession la plus prisée. De ce fait, il se gonflera encore plus et se donnera davantage d'importance. Au lieu de vous éveiller, vous ne faites qu'ajouter le concept d'éveil au mental ou à l'image mentale que vous avez d'une personne éveillée ou illuminée. Vivre ainsi en fonction de l'image que vous avez de vous ou que les autres ont de vous, c'est vivre faussement. C'est un autre rôle que l'ego adopte.

Alors, s'il n'y a rien que vous puissiez faire pour l'illumination, que cela se soit déjà produit ou bien pas encore, comment peut-elle être votre raison d'être première dans la vie ? Le terme *raison d'être* ne sous-entend-il pas que vous avez droit au chapitre ?

Le premier moment d'illumination, le premier aperçu de conscience sans pensée se produit par la grâce, sans que vous fassiez quoi que ce soit. Si vous trouvez ce livre incompréhensible ou insensé, c'est que ce moment de grâce ne s'est pas encore produit pour vous. Si, par contre, il fait vibrer quelques cordes en vous, c'est que votre processus d'éveil a commencé. Et une fois qu'il est entamé, il ne peut être arrêté, même s'il peut cependant être ralenti par l'ego. Pour certaines personnes, c'est la lecture de ce livre qui déclenchera le processus d'éveil. Pour d'autres, la lecture de ce livre viendra révéler que ce processus a déjà commencé en eux et l'accélérera. Une autre fonction de ce livre est d'aider les gens à reconnaître l'ego en eux chaque fois qu'ils essaient de reprendre le contrôle et de repousser la conscience. Chez certaines autres personnes, l'éveil se produit quand elles prennent soudainement conscience du genre de pensées qui leur viennent habituellement, en particulier des pensées négatives récurrentes auxquelles elles se sont identifiées toute leur vie. Soudain, une présence est consciente de la pensée, mais n'en fait plus partie.

Quel est le lien entre présence et pensée ? La présence est l'espace dans lequel les pensées existent lorsque l'espace est devenu conscient de lui-même.

Lorsque vous avez votre premier aperçu de conscience ou de Présence, vous le savez immédiatement. Ce n'est plus un concept mental. Vous pouvez alors faire le choix conscient d'être présent plutôt que de donner libre cours à des pensées inutiles. Vous pouvez inviter la Présence dans votre vie, lui faire de la place, car la grâce de l'éveil fait appel à la prise de responsabilité. Certes, vous pouvez faire comme si rien ne s'était passé. Ou bien, vous pouvez en réaliser la signification et la considérer comme la chose la plus importante pouvant vous arriver. Alors, accueillir cette conscience émergente et la faire briller en ce monde devient la raison d'être principale de votre vie.

« Je veux connaître l'esprit de Dieu, disait Einstein. Le reste n'est que détail. » Qu'est l'esprit de Dieu ? La conscience. Que veut dire « connaître l'esprit de Dieu » ? Être conscient. Conscient de quoi ? Des détails externes, de tout ce qui se produit concrètement, de votre raison d'être extérieure. Alors, pendant que vous attendez que quelque chose de significatif se produise dans votre vie, vous ne réalisez peut-être pas que la chose la plus significative pouvant arriver à un être humain s'est déjà produite en vous, que le processus de dissociation de la pensée et de la conscience est déjà entamé.

Nombreux sont ceux se trouvant aux premières étapes de ce processus à ne plus être certains de leur raison d'être sur le plan concret. Ce qui mène le monde n'a plus d'emprise sur eux. En voyant si clairement la folie de la civilisation, ils se sentent en marge de la culture dans laquelle ils vivent. Certains ont l'impression de vivre dans un *no man's land* situé entre deux mondes. Ils ne sont plus menés par l'ego, mais la conscience en herbe n'est pas totalement intégrée dans leur vie. Les raisons d'être intérieure et extérieure ne se sont pas encore harmonisées.

Dialogue sur la raison d'être intérieure

Le dialogue suivant est une sorte de condensé de nombreuses conversations que j'ai eues avec des gens qui cherchaient leur véritable raison d'être dans la vie. Une chose est vraie pour vous quand elle entre en résonance avec votre être le plus profond et l'exprime, quand elle s'aligne sur votre raison d'être intérieure. C'est la raison pour laquelle je dirige toujours l'attention des gens sur leur raison d'être première, celle qui est intérieure.

Q. *Je ne sais pas comment, mais je veux changer ma vie. Je veux de l'expansion, je veux faire quelque chose de significatif. Et je veux la prospérité et la liberté qui viennent avec elle. Je veux faire quelque chose qui fasse une différence dans le monde. Mais si vous me demandez ce que je veux exactement, je dois vous avouer que je ne le sais pas. Pouvez-vous m'aider à trouver ma raison d'être dans la vie?*

R. Votre raison d'être, c'est d'être assis ici et de me parler, puisque c'est là où vous êtes et c'est ce que vous faites. Jusqu'au moment où vous ferez autre chose. Alors, cette autre chose deviendra votre raison d'être.

Q. *Alors, ma raison d'être est de rester assis dans mon bureau pendant les trente prochaines années jusqu'à ce que je prenne ma retraite ou qu'on me mette à la porte?*

R. Vous n'êtes pas dans votre bureau en ce moment. Alors, ce n'est pas votre raison d'être. Quand vous êtes assis dans votre bureau et vaquez à vos occupations, alors c'est votre raison d'être. Pas pour les trente années à venir, mais dans le moment.

Q. *Je pense qu'il y a un malentendu. Pour vous, raison d'être veut dire ce que vous faites dans le moment présent. Pour moi, raison d'être, c'est avoir un objectif global dans la vie, un objectif important et significatif qui donne un sens à ce que je fais, un objectif qui fait une différence dans le monde. Je sais que déplacer des papiers dans un bureau ne fait pas partie d'un objectif significatif.*

R. Aussi longtemps que vous serez inconscient de l'être, vous chercherez une signification seulement dans la dimension du faire et du futur, autrement dit dans la dimension du temps. Et toute signification ou satisfaction se transformera en déception à un moment donné et sera invariablement détruite par le temps. La signification que nous trouvons sur ce plan n'est que relativement et temporairement vraie.

Par exemple, si l'éducation de vos enfants donne un sens à votre vie, que se produira-t-il lorsque ceux-ci n'auront plus besoin de vous ou ne vous écouteront plus ? Si le fait d'aider les autres donne un sens à votre vie, vous dépendez des autres plus que de vous pour continuer à donner un sens à votre vie et à vous sentir bien. Si c'est le désir d'exceller, de faire et de réussir qui donne un sens à votre vie, que se passera-t-il si vous ne réussissez jamais ou si votre bonne étoile vous abandonne un jour, comme cela se produira probablement ? Il vous faudra alors recourir à vos souvenirs et à votre imagination, compensation bien maigre pour donner un sens à votre vie. « Réussir » dans un domaine quelconque n'a de sens que si des milliers ou des millions de gens ne réussissent pas. Il faut donc que d'autres êtres humains échouent pour que votre vie ait un sens.

Je ne dis pas qu'aider les autres, prendre soin de vos enfants ou viser l'excellence soient des choses sans valeur. Pour bien des gens, ces activités constituent une importante partie de leur raison d'être dans le monde concret. Mais cette raison d'être extérieure est toujours relative, instable et impermanente. Cela ne veut pas dire qu'il faut vous abstenir de vous engager dans ces activités. Cela veut dire que vous devez les harmoniser avec votre raison d'être première et intérieure pour donner un sens plus profond à ce que vous faites.

Si vous ne vous alignez pas sur votre raison d'être première, tout objectif que vous vous donnerez, même si c'est de créer le paradis sur Terre, sera un produit de l'ego et sera détruit par le temps. Tôt ou tard, il mènera à la souffrance. Si vous ne tenez pas compte de votre raison d'être profonde, peu importe ce que vous ferez, même si cela a l'air de nature très spirituelle, l'ego s'immiscera dans le comment et le moyen viendra corrompre la fin. Le dicton qui dit que « La route vers l'enfer est pavée de bonnes intentions » met le doigt sur cette réalité. Autrement dit, ce ne sont ni vos activités ni vos objectifs qui sont primordiaux. C'est l'état de conscience dont ils émanent qui l'est. L'accomplissement de votre raison d'être première jette les bases d'une nouvelle réalité, d'une nouvelle Terre. Une fois que les bases sont là, votre raison d'être extérieure prend une forte coloration spirituelle étant donné que vos objectifs et intentions ne font qu'un avec la pulsion évolutive de l'univers.

La dissociation de la pensée et de la conscience, élément central de notre raison d'être, s'effectue quand on élimine le temps. Bien entendu, je ne parle pas ici du temps qui sert pour prendre des rendez-vous ou à planifier un voyage. Je ne parle pas du temps-horloge, mais du temps psychologique, cette habitude profondément ancrée du mental à chercher la plénitude de la vie dans le futur, où elle ne peut être trouvée, et d'ignorer le seul point d'accès à cette plénitude : le moment présent.

Lorsque vous considérez ce que vous faites ou ce que vous êtes comme la principale raison d'être de votre vie, vous éliminez le temps. Ceci vous donne un pouvoir incroyable. L'élimination du temps dans ce que vous faites crée un lien entre vos raisons d'être intérieure et extérieure, entre l'être et le faire. Lorsque vous éliminez le temps, vous éliminez l'ego. Quoi que vous fassiez, vous réussirez merveilleusement bien puisque le faire devient le point central de votre attention, puisqu'il devient un canal par lequel la conscience arrive jusqu'à ce monde. Il y a donc de la qualité dans ce que vous faites, même dans le geste le plus anodin, comme tourner les pages de l'annuaire du téléphone ou vous déplacer d'une pièce à une autre. La raison d'être à tourner les pages a comme seul objectif de tourner les pages. L'objectif second est de trouver un numéro de téléphone. La raison d'être à passer d'une pièce à une autre est de passer d'une pièce à une autre. L'objectif second est d'aller chercher un livre. Dès que vous saisissez le livre, ce geste devient votre objectif premier.

Vous vous souviendrez peut-être du paradoxe sur le temps dont nous avons discuté plus tôt : tout ce que vous faites prend du temps et pourtant il s'agit toujours du moment présent. Alors, si votre raison d'être profonde est d'éliminer le temps, votre raison d'être extérieure implique nécessairement le temps et ne pourrait exister sans temps. Votre raison d'être extérieure est toujours secondaire. Chaque fois que vous êtes anxieux ou stressé, c'est que la raison d'être extérieure a pris le dessus et que vous avez perdu de vue votre raison d'être profonde. Vous avez oublié que votre état de conscience prime et que tout le reste est secondaire.

Q. *Est-ce que vivre ainsi ne m'empêcherait pas d'accomplir quelque chose de grand? Ma peur est de rester pris à faire de petites choses pour le restant de mes jours. Des choses sans conséquence. J'ai peur de ne jamais m'élever au-dessus de la médiocrité, de ne jamais oser réaliser quelque chose de grand. De ne pas actualiser mon potentiel.*

R. C'est à partir des petites choses que l'on honore et dont on prend soin que les grandes choses naissent. La vie de chacun n'est vraiment faite que de petites choses. La grandeur est une abstraction mentale, le fantasme favori de l'ego. Il y a un paradoxe qui veut qu'honorer les petites choses du moment présent, au lieu de poursuivre l'idée de grandeur, serve de fondation à la grandeur. Le moment présent est toujours petit dans le sens où il est toujours simple. Mais au fond de lui se cache le plus grand des pouvoirs. Le moment présent ressemble à l'atome. Il est une des plus petites choses existant, mais qui détient un pouvoir énorme. C'est seulement lorsque vous vous syntonisez sur le moment présent que vous avez accès à ce pouvoir. Ou, plus justement dit, c'est lui qui a accès à vous, et par vous, au monde. C'est de ce pouvoir dont Jésus parlait quand il a dit : « Ce n'est pas moi, mais le Père en moi, qui fait le travail. Je ne peux rien faire de moi-même[1]. » L'anxiété, le stress et la négativité peuvent vous couper de ce pouvoir. Et l'illusion que vous êtes dissocié de ce pouvoir régissant l'univers tout entier refait surface. De nouveau, vous vous sentez seul, à vous battre contre quelque chose ou à essayer d'accomplir ceci ou cela. Mais pourquoi l'anxiété, le stress et la négativité sont-ils apparus? Parce que vous vous êtes détourné du moment présent. Et pourquoi avez-vous fait cela? Parce que vous avez pensé que quelque chose d'autre était plus important. Vous avez oublié votre raison d'être première. Une petite erreur, une mauvaise interprétation créent un monde de souffrance.

Grâce au moment présent, vous avez directement accès au pouvoir de la vie lui-même, ce que l'on a traditionnellement appelé « Dieu ». Dès que vous essayez de vous en détourner, Dieu cesse d'être une réalité dans votre vie. Tout ce qu'il vous reste, c'est le concept mental de Dieu, en lequel certaines personnes croient et que d'autres nient. Même la croyance en Dieu n'est qu'un maigre substitut de la réalité vivante de Dieu se manifestant dans chaque moment de votre vie.

Q. *Une complète harmonie avec le moment présent n'implique-t-elle pas une cessation totale de tout mouvement? L'existence de tout objectif ne sous-entend-elle pas une interruption temporaire de cette harmonie avec le moment présent et peut-être un rétablissement de l'harmonie à un niveau plus élevé ou plus complexe une fois que le but a été atteint? J'imagine que l'arbrisseau qui se fraie un chemin dans la terre pour germer ne peut pas non plus être en harmonie totale avec le moment présent puisqu'il a un objectif, qu'il veut devenir un grand arbre. Peut-être une fois qu'il aura atteint la maturité pourra-t-il vivre en harmonie avec le moment présent?*

R. L'arbrisseau ne veut absolument rien parce qu'il ne fait qu'un avec la totalité et que cette totalité se manifeste par lui. « Regardez comment les lis poussent dans les champs : ils ne travaillent ni ne filent.

Même Salomon dans toute sa gloire n'a pas été paré comme l'un d'eux[2]. » Nous pourrions dire que la totalité – la vie – veut que l'arbrisseau devienne un arbre. L'arbrisseau ne se voit pas comme dissocié de la vie et par conséquent ne veut rien de lui-même. Il ne fait qu'un avec ce que la vie veut. C'est pour cette raison qu'il n'est ni préoccupé ni stressé. Et s'il doit mourir avant l'heure, il le fera avec aise. Il est aussi abandonné à la mort qu'à la vie. Il sent, même si c'est de façon inconsciente, son enracinement dans l'être, dans la vie sans forme et éternelle.

À l'instar des sages taoïstes de la Chine ancienne, Jésus aime attirer notre attention sur la nature parce qu'il y voit une force à l'œuvre, force avec laquelle les humains ont perdu contact. Cette force, c'est le pouvoir créateur de l'univers. Jésus dit aussi que si Dieu se pare de simples fleurs d'une telle beauté, de quelle parure encore plus belle peut-il s'orner ? C'est-à-dire que si la nature est une belle expression de la pulsion évolutive de l'univers, les humains peuvent exprimer cette même pulsion sur un plan encore plus élevé et merveilleux, pour peu qu'ils s'alignent sur l'intelligence qui le sous-tend.

Alors, soyez loyal envers la vie en étant loyal envers votre raison d'être intérieure. Dès que vous devenez présent et, par conséquent, total dans ce que vous faites, vos gestes se dotent d'une force spirituelle. Au début, il n'y aura pas de changement notable dans ce que vous faites. Il y en aura seulement dans le comment. Votre raison d'être première est maintenant de permettre à la conscience de transpirer dans ce que vous faites. Alors que la notion de raison d'être était auparavant toujours associée au futur, une raison d'être plus profonde apparaît qui peut seulement être trouvée dans le présent, par la négation du temps.

Quand vous rencontrez des gens, au travail ou ailleurs, accordez-leur votre attention totale. Vous n'êtes plus principalement là en tant que personne, mais en tant que champ de conscience, de Présence vigilante. La raison qui vous a originellement fait entrer en contact avec l'autre personne (acheter ou vendre quelque chose, demander ou donner des renseignements, etc.) devient secondaire. Le champ de conscience créé entre vous deux devient la principale raison d'être de l'interaction. Cet espace de conscience devient plus important que ce dont vous parlez, plus important que les objets ou les pensées. L'être humain devient plus important que les objets de ce monde. Cela ne veut pas dire que vous négligez ce qui doit être fait sur le plan pratique. En réalité, le faire se déroule non seulement plus facilement, mais plus puissamment lorsque la dimension de l'être est reconnue. Le faire devient ainsi secondaire. L'avènement de ce champ unifié de conscience entre les êtres humains est le facteur le plus essentiel dans les relations sur la nouvelle Terre.

Q. *La notion de succès n'est-elle qu'une illusion de l'ego? À quoi pouvons-nous mesurer le véritable succès?*

R. Dans le monde, on vous dira que le succès, c'est réaliser un objectif que l'on s'est donné. On vous dira que le succès, c'est gagner, et qu'obtenir la reconnaissance des autres ou d'être prospère sont les ingrédients essentiels de la réussite. Les éléments que je viens de mentionner sont habituellement des dérivés de la réussite, pas la réussite en tant que telle. La notion conventionnelle de succès vise le résultat. Certains disent que le succès est le résultat d'une combinaison de travail acharné et de chance, ou de détermination et de talent, ou d'à-propos et de coïncidence. Bien que ces facteurs puissent être déterminants pour le succès, ils n'en sont pas l'essence. Ce que l'on ne dit pas, parce qu'on ne le sait pas, c'est que vous ne pouvez pas *devenir* quelqu'un qui réussit, vous pouvez seulement *être* quelqu'un qui réussit. Ne laissez pas un monde de folie vous dire que la réussite est autre chose qu'un moment présent réussi. Et qu'est-ce que cela ? C'est un moment où vous sentez de la qualité dans ce que vous faites, même dans le geste le plus banal. La qualité exige soin et attention, éléments qui viennent avec la conscience. La qualité exige votre Présence.

Disons que vous êtes une personne d'affaires et qu'après deux années de grand stress et d'efforts, vous finissez par lancer un produit ou un service qui se vend bien et qui rapporte. Réussite ? Peut-être dans le sens conventionnel du terme. En réalité, vous passez deux ans à polluer votre corps et la Terre avec une énergie négative, à vous rendre vous et vos proches malheureux, et à avoir un impact sur de nombreux autres inconnus. La supposition inconsciente derrière tout cela est que la réussite est un événement futur et que la fin justifie les moyens. Mais la fin et les moyens ne font qu'un. Et si les moyens ne contribuent pas au bonheur humain, la fin n'y contribuera pas non plus. Le résultat, qui est indissociable des actes qui l'ont engendré, est déjà contaminé par ces actes et créera encore plus de misère. C'est le cycle de la roue karmique, la perpétuation du malheur.

Comme vous le savez déjà, votre raison d'être secondaire ou extérieure se trouve dans la dimension temporelle, alors que votre raison d'être principale est inséparable du moment présent et, par conséquent, exige la négation du temps. Comment les réconcilier? En réalisant que votre périple de vie se résume finalement au pas que vous faites en ce moment. Il n'y a toujours que ce pas. Vous devez donc lui accorder votre attention totale. Cela ne veut pas dire que vous ne savez pas où vous allez, seulement que ce pas est primordial et la destination secondaire. Et ce qui vous attend à la destination dépend de la qualité de ce pas. Autrement dit, ce qui vous attend à l'avenir dépend de votre état de conscience dans le moment présent.

La réussite, c'est quand le faire est imbibé de la qualité intemporelle de l'être. Si l'être n'infuse pas le faire, si vous n'êtes pas présent, vous vous perdez dans ce que vous faites. Vous vous perdez aussi dans les pensées et dans les réactions aux événements.

Q. *Que voulez-vous dire exactement par « vous vous perdez » ?*

R. La conscience est l'essence de ce que vous êtes. Quand la conscience (vous) devient complètement identifiée à la pensée et qu'elle oublie par conséquent l'essence de sa nature, elle se perd dans les pensées. Quand elle devient identifiée aux constructions mentales et émotionnelles, entre autres le désir et la peur, principales forces de motivation de l'ego, elle s'y perd. La conscience se perd également quand elle s'identifie aux actions et aux réactions. Chaque pensée, chaque désir, chaque peur ou chaque action contient un faux sentiment de soi qui n'a pas la capacité de ressentir la joie simple de l'être et qui cherche donc le plaisir et parfois même la douleur. Quand on vit ainsi, on vit en oubliant l'être, en oubliant qui on est. Le succès n'est rien d'autre qu'une illusion éphémère. Quoi que vous accomplissiez, vous serez de nouveau malheureux. Ou bien un nouveau problème ou dilemme viendra absorber toute votre attention.

Q. *Après avoir réalisé quelle est ma raison d'être profonde, comment dois-je m'y prendre pour découvrir ce que je suis sensé faire sur le plan concret?*

R. La raison d'être extérieure varie d'une personne à l'autre et ne dure jamais éternellement. Elle est assujettie au temps et toujours remplacée par une autre raison d'être extérieure. La mesure selon laquelle votre dévouement à votre raison d'être profonde (l'éveil) modifie les circonstances extérieures varie grandement. Pour certaines personnes, il s'agit d'une coupure soudaine ou graduelle avec leur passé : leur travail, leur condition de vie, leurs relations subissent tous une transformation profonde. Certains de ces changements seront effectués par les gens eux-mêmes, non pas suite à un lourd processus de prise de décision, mais plutôt suite à une réalisation soudaine que c'est ce qu'ils doivent faire. La décision se prend pour ainsi dire toute seule. Elle est le produit de la conscience, pas de la réflexion mentale. Vous vous réveillez un matin et vous savez ce que vous devez faire. Alors, avant de découvrir ce qui est juste pour vous sur le plan extérieur, avant de découvrir ce qui fonctionne, ce qui est compatible avec la conscience en éveil, il vous faudra d'abord peut-être découvrir ce qui n'est pas juste, ce qui ne fonctionne plus, ce qui est incompatible avec votre raison d'être profonde.

Des changements se produisent soudainement à l'extérieur de vous. Une rencontre fortuite vous ouvre de nouvelles portes et suscite de l'expansion dans votre vie. Un vieil obstacle disparaît ou un conflit se règle. Soit vos amis vous accompagnent dans cette transformation, soit ils disparaissent de votre vie. Certaines relations se rompent, d'autres s'approfondissent. Soit on vous remercie de vos services, soit vous devenez un agent de changement positif au travail. Soit votre conjoint vous quitte, soit vous atteignez ensemble un nouveau niveau d'intimité. Il est possible que certains changements semblent négatifs en apparence. Mais vous réaliserez bien vite que de l'espace est ménagé dans votre vie pour accueillir la nouveauté.

Il y aura peut-être une période d'insécurité et d'incertitude. Qu'est-ce que je devrais faire ? Comme l'ego ne mène plus votre vie, le besoin psychologique de sécurité extérieure, qui est de toute façon illusoire, diminue. Vous pouvez vivre avec l'incertitude, l'apprécier même. Une fois que vous êtes à l'aise avec l'insécurité, d'infinies possibilités s'ouvrent à vous. La peur n'est plus le facteur dominant dans ce que vous faites et elle ne vous empêche plus de passer à l'action pour amorcer le changement. Le philosophe romain Tacite fit observer que « le besoin de sécurité bloque la voie à toute grande et noble entreprise ». Si l'incertitude vous est inacceptable, elle se transformera en peur. Si elle vous est acceptable, elle se transformera en une plus grande vitalité intérieure, en vigilance et en créativité.

Il y a de cela de nombreuses années, à la suite d'une forte intuition, je délaissai complètement ma carrière de professeur, une carrière que bien des gens auraient qualifiée de prometteuse. Je la délaissai pour entrer dans l'incertitude la plus totale. Puis, plusieurs années plus tard, je me retrouvai dans la peau d'un enseignant spirituel. Bien plus tard, quelque chose de similaire se produisit de nouveau. J'eus l'intuition que je devais laisser ma maison en Angleterre et que je devais m'installer sur la côte ouest de l'Amérique du Nord. Je suivis cette intuition même si je n'en connaissais pas la raison. De cette démarche dans l'incertitude naquit *Le pouvoir du moment présent*, ouvrage dont la plus grande partie fut écrite en Californie et en Colombie-Britannique alors que j'étais sans domicile fixe. Je n'avais quasiment aucun revenu et vivais de mes économies qui fondaient comme neige au soleil. Mais, tout se mit en place en beauté. Mes économies s'épuisèrent au moment où j'étais sur le point de finir la rédaction de mon livre. Par ailleurs, j'achetai un billet de loterie et gagnai 1000 $, ce qui me permit de vivre pendant un autre mois.

Ce n'est cependant pas tout le monde qui passe par des changements extérieurs radicaux. Au contraire, certaines personnes restent exactement là où elles sont et continuent de faire ce qu'elles faisaient auparavant. Pour elles, c'est seulement le *comment* qui change, pas le *quoi*. Ce n'est ni la peur ni l'inertie qui les mène. En fait, ce qu'elles font est déjà un outil parfait pour permettre à la conscience d'advenir en ce monde. Elles n'en ont pas besoin d'autre. Elles aussi participent à l'avènement de la nouvelle Terre.

Q. *Ne devrait-il pas en être ainsi pour tout le monde? Si l'accomplissement de la raison d'être profonde est de ne faire qu'un avec le moment présent, pourquoi devrait-on sentir le besoin de quitter un travail ou un lieu de vie?*

R. Ne faire qu'un avec ce qui est ne veut pas dire

ne plus devoir prendre d'initiative pour changer les choses ni être incapable de passer à l'action. La seule différence, c'est que vous passez à l'action à partir d'un plan plus profond, pas à partir de la peur ou du désir de l'ego. Quand vous alignez ce plan profond sur le moment présent, votre conscience s'ouvre et s'aligne sur le Grand Tout, dont le moment présent fait intégralement partie. Alors, le Tout, la vie dans sa totalité agit par vous.

Q. *Qu'entendez-vous par le Grand Tout?*

R. D'un côté, le Grand Tout comprend tout ce qui existe. C'est le monde, le cosmos. Toutes les choses faisant partie de l'existence, des microbes aux galaxies en passant par les êtres humains, ne sont pas des entités dissociées. Elles font partie d'un réseau de processus multidimensionnels interconnectés.

Il y a deux raisons pour lesquelles nous ne voyons pas cette unité et que nous voyons tout comme distinct. Une de ces raisons est la perception, qui réduit la réalité à ce qui nous est accessible par le biais limité de nos sens, donc par ce que nous voyons, entendons, sentons, goûtons et touchons. Mais quand nous percevons sans interpréter ni étiqueter, c'est-à-dire sans ajouter de pensée à nos perceptions, nous pouvons en fait sentir le lien profond qui unit tout ce que nous percevons comme étant dissocié.

L'autre raison, plus sérieuse, qui crée l'illusion de division, c'est la pensée compulsive. C'est quand nous sommes pris dans l'incessant flot des pensées compulsives que l'univers se désintègre pour nous et que nous perdons la capacité de sentir ce lien entre tout ce qui existe. La pensée découpe la réalité en fragments inertes. Et c'est à partir d'une réalité fragmentée que les humains posent des gestes extrêmement inintelligents et destructifs.

Cependant, il existe un niveau encore plus profond que ce lien entre toutes choses, un niveau où toutes les choses ne font qu'un. C'est le niveau de la Source, de la vie non manifestée dans son unicité. C'est le niveau de l'intelligence intemporelle qui se manifeste en tant qu'univers se déployant dans le temps.

Le Tout est fait d'existence et d'être, de manifesté et de non manifesté, de monde et de Dieu. Alors, quand vous vous syntonisez sur le Tout, vous devenez une partie consciente de ce lien dans le Tout ainsi que sa raison d'être, qui est l'avènement de la conscience dans ce monde. Quand vous vous syntonisez sur le Tout, il se produit de plus en plus d'événements divers dans votre vie : circonstances spontanées propices, rencontres fortuites, coïncidences, événements synchrones. Carl Jung a qualifié la synchronicité de « principe liant acausal ». Ceci veut dire qu'il n'y a aucun lien causal au niveau de la réalité concrète entre des événements synchrones. Il s'agit plutôt de la manifestation de l'intelligence sous-jacente au monde des apparences et de celle d'un lien profond sous-jacent que le mental ne peut comprendre. Nous pouvons participer consciemment au déploiement de cette intelligence, à l'avènement de la conscience.

La nature existe dans un état d'unité inconsciente avec le Tout. C'est pour cette raison qu'aucun animal ne fut tué dans le tsunami de décembre 2004. Parce qu'ils sont plus en contact avec la totalité que les humains, les animaux ont su sentir l'approche du tsunami bien avant qu'on puisse le voir ou l'entendre, ce qui leur a donné le temps de se réfugier sur des hauteurs. Mais cette façon de dire procède encore de la perspective humaine. Il serait plus juste de dire qu'ils se sont trouvés à se déplacer vers des hauteurs. Faire ceci à cause de cela est encore une façon qu'a le mental de découper la réalité. La nature, elle, vit dans une unité inconsciente avec le Tout. Amener une nouvelle dimension dans ce monde en vivant dans une unité consciente avec le Tout et en nous alignant consciemment sur l'intelligence universelle, telles sont notre raison d'être et notre destinée.

Q. *Le Tout peut-il utiliser le mental pour créer des choses ou des situations qui sont alignées sur sa raison d'être?*

R. Oui. Chaque fois qu'il y a de l'inspiration, terme provenant d'esprit, et de l'enthousiasme, qualité émanant du divin, une force nous est octroyée qui va bien au-delà de ce dont une simple personne est ordinairement dotée.

Chapitre 10

Une nouvelle Terre

Les astronomes ont découvert certains éléments laissant entendre que l'univers a commencé à exister il y a quinze milliards d'années avec une explosion gigantesque et qu'il est en expansion depuis ce temps-là. Non seulement cet univers est en expansion, mais il devient également de plus en plus complexe et différencié. Certains scientifiques avancent aussi que le mouvement de l'unité vers la diversité s'inversera à un moment donné. Alors, l'univers cessera de prendre de l'expansion et commencera à se rétracter, pour enfin revenir au non-manifeste, à l'inconcevable néant d'où il est né. Et peut-être les cycles de naissance, d'expansion, de contraction et de disparition se répéteront-ils sans fin. Pour quelle raison? « Pourquoi l'univers se donne-t-il la peine d'exister? » demande le physicien Stephen Hawking, réalisant du même coup qu'aucun modèle mathématique ne pourra jamais nous procurer de réponse à cette question.

Si vous regardez à l'intérieur plutôt que seulement à l'extérieur, vous découvrez que vous avez deux raisons d'être : une intérieure et une extérieure. Et, puisque vous êtes un miroir microcosmique du macrocosme, il s'ensuit que l'univers a aussi des raisons d'être intérieure et extérieure, qui sont inséparables des vôtres. La raison d'être extérieure de l'univers est de créer des formes et de faire l'expérience de l'interaction des formes – le jeu, le rêve, le mélodrame ou comme vous voudrez bien l'appeler. Sa raison d'être intérieure est de s'éveiller à son essence sans forme. Suite à quoi, une réconciliation s'effectue entre les raisons d'être extérieure et intérieure pour amener cette essence (conscience) dans le monde de la forme et ainsi transformer le monde. La raison d'être ultime de cette transformation va au-delà de tout ce que l'esprit humain peut imaginer ou comprendre. La transformation est pourtant la tâche qui nous est assignée en ce moment sur cette planète. C'est la réconciliation des raisons d'être extérieure et intérieure, la réconciliation du monde et de Dieu.

Avant d'aborder l'importance que revêtent l'expansion et la contraction de l'univers en ce qui concerne notre propre vie, il nous faut garder à l'esprit que rien de ce que nous disons sur la nature de l'univers ne devrait être pris comme vérité absolue. Ni les concepts, ni les formules mathématiques ne peuvent expliquer l'infini. Aucune pensée ne peut résumer la vastitude de la totalité. La réalité est un tout unifié, qui est cependant fragmenté par la pensée. C'est cette fragmentation qui donne lieu aux fausses interprétations, par exemple que les objets et les événements sont dissociés ou que ceci est la cause de cela. Chaque pensée s'accompagne d'une perspective et chaque perspective, en raison de sa nature même, s'accompagne de limites. Ceci veut dire que, finalement, la pensée n'est pas vraie, du moins pas absolument. Seul le Tout est vrai, mais le Tout ne peut être dit ou pensé. Si l'on se place au-delà des limites de la pensée, tout se produit dans le moment présent, chose qui est incompréhensible pour l'esprit humain. Tout ce qui a jamais été ou sera, c'est le moment présent, en dehors de la construction mentale qu'est le temps.

Pour illustrer ce que sont les vérités relative et absolue, prenons l'exemple des levers et couchers de Soleil. Quand nous disons que le Soleil se lève le matin et qu'il se couche le soir, c'est vrai de façon relative seulement. En termes absolus, c'est faux. C'est la perspective limitée de l'observateur sur Terre qui donne l'impression que le Soleil se lève et se couche. Si vous vous trouviez très loin dans l'espace, vous constateriez que le Soleil ne se lève pas et ne se couche pas. Il brille constamment. Et pourtant, après avoir constaté cela, nous pouvons continuer à dire que le soleil se lève ou se couche, nous pouvons toujours voir sa beauté, le peindre, en faire l'objet de poèmes, même si nous savons que le lever et le coucher de cet astre est une vérité relative plutôt qu'absolue.

Alors, abordons ici une autre vérité relative, celle qui concerne la manifestation de l'univers en tant que forme et son retour à ce qui n'a pas de forme, ce mouvement sous-entendant automatiquement une perspective temporelle, et voyons l'importance de cette vérité dans votre propre vie. Il va sans dire que la notion de « ma propre vie » est une autre perspective limitée créée par la pensée, une autre vérité relative. Une réalité telle que « votre propre vie » n'existe pas, puisque vous et la vie n'êtes pas deux entités distinctes, mais ne faites qu'un.

Bref compte-rendu de votre vie

L'avènement du monde sous la forme manifeste et son retour au domaine du non-manifeste, autrement dit son expansion et sa contraction, sont deux mouvements universels que nous pourrions appeler le voyage et le retour au bercail. Ces deux mouvements se retrouvent dans l'univers tout entier de bien des façons : l'incessant mouvement de contraction et d'expansion du cœur, l'inspiration et l'expiration, le sommeil et la veille. Chaque nuit, sans le savoir, vous retournez vers la Source non manifeste de toute vie lorsque vous plongez dans la phase profonde et sans rêves du sommeil, pour vous réveiller le matin, rafraîchi.

Ces deux mouvements, le voyage et le retour au bercail, se retrouvent également dans les cycles de vie de tous les humains. Vous arrivez pour ainsi dire de nulle part dans ce monde. Après la naissance, il y a une expansion, non seulement sur le plan physique, mais également sur le plan des connaissances, des activités, des possessions, des expériences. Votre domaine d'influence prend de l'expansion et la vie devient de plus en plus complexe. C'est une période au cours de laquelle vous êtes principalement occupé à trouver votre raison d'être extérieure. Durant cette même période, il y a aussi une expansion parallèle de l'ego, qui est l'identification à tout ce que j'ai mentionné ci-dessus. C'est ce qui fait que l'identité à la forme devient de plus en plus marquée. C'est aussi durant cette période que la raison d'être extérieure – la croissance – est en général usurpée par l'ego qui, contrairement à la nature, ne sait pas quand mettre fin à sa quête d'expansion et possède un appétit très vorace.

Et puis, juste au moment où vous pensiez avoir réussi ou que vous avez l'impression d'appartenir à l'endroit où vous êtes, le retour au bercail commence.

Les gens et les personnes proches de vous qui faisaient partie de votre monde commencent peut-être à mourir. Ensuite, votre forme physique se dégrade et votre rayonnement diminue. Au lieu de devenir plus, vous devenez moins, ce à quoi l'ego réagit avec une anxiété et une dépression croissantes. Votre monde commence à se contracter et vous avez peut-être l'impression de ne plus avoir le contrôle. Au lieu d'avoir un effet sur la vie, c'est la vie qui a un effet sur vous en réduisant peu à peu votre monde. La conscience qui s'identifiait à la forme s'achemine vers le coucher du Soleil, vers la dissolution de la forme. Et puis, un jour, vous aussi disparaissez. Votre fauteuil est encore là. À votre place, il y a juste le vide. Vous êtes retourné à l'endroit d'où vous étiez arrivé, quelques années plus tôt.

La vie de chaque personne et toute forme de vie représentent un monde, une façon unique dont l'univers fait l'expérience de lui-même. Et quand votre forme se dissout, un monde prend fin, un monde parmi tant d'autres.

L'éveil et le retour au bercail

Dans la vie d'une personne, le mouvement de retour, la dégradation ou la dissolution de la forme, que ce soit avec l'âge, la maladie, l'infirmité, la perte ou tout autre malheur personnel, possède un grand potentiel sur le plan de l'éveil spirituel, sur le plan de la « désidentification » de la conscience à la forme. Étant donné qu'il y a si peu de vérité spirituelle dans notre culture contemporaine, peu de gens savent reconnaître et saisir ce moment comme une occasion d'éveil. Et quand ce retour au bercail se produit, pour eux ou pour leurs proches, il se passe quelque chose de terriblement négatif, quelque chose qui ne devrait pas se passer.

Dans notre civilisation, l'ignorance est immense en ce qui concerne la condition humaine. Et plus vous êtes ignorant spirituellement parlant, plus vous souffrez. Pour bien des gens, en particulier en Occident, la mort n'est rien de plus qu'un concept abstrait. Ils n'ont aucune idée de ce qui arrive à la forme humaine quand elle approche de la dissolution. La plupart des personnes âgées et décrépites se retrouvent dans des maisons de retraite. Les cadavres, que certaines cultures exposent à la vue de tous, sont cachés. Essayez de trouver un cadavre à voir et vous constaterez que c'est quasiment illégal, sauf si la personne décédée est un membre de la famille. Dans les entreprises funéraires, on maquille même les morts. On ne vous permet donc de voir qu'une version aseptisée de la mort.

Puisque la mort ne constitue qu'un concept abstrait pour bien des gens, la plupart sont totalement non préparés à la dissolution qui les attend sur le plan de la forme. Quand celle-ci approche, ils sont en état de choc, d'incompréhension, de désespoir et de grande peur. Rien n'a plus de sens, puisque le sens et la raison d'être que la vie avaient pour eux étaient associés à l'accumulation de biens, à la réussite, à l'édification, à la protection et à la gratification sensorielles. Ce sens et cette raison d'être étaient associés au mouvement vers l'extérieur et à l'identification à la forme, c'est-à-dire à l'ego. La plupart des gens ne peuvent concevoir un sens quelconque à cette transformation quand leur vie et leur monde s'effondrent. Et pourtant, il y a potentiellement là un sens beaucoup plus profond que le mouvement d'expansion vers l'extérieur.

C'est précisément avec la vieillesse, la perte d'un être cher ou un malheur personnel que la dimension spirituelle fait en général son apparition dans la vie des gens. Autrement dit, leur raison d'être intérieure apparaît seulement lorsque leur raison d'être extérieure disparaît et que la carapace de l'ego commence à se fendre. De tels événements constituent le début du mouvement de retour, la dissolution de la forme. Dans les très vieilles cultures, les gens ont dû intuitivement comprendre ce processus. C'est la raison pour laquelle les personnes âgées étaient respectées et vénérées. Elles étaient en effet les réceptacles de la sagesse et donnaient à leur culture la dimension de profondeur sans laquelle aucune civilisation ne peut survivre très longtemps. Dans notre civilisation, qui est totalement identifiée à la forme et qui ignore tout de la dimension intérieure de l'esprit, le qualificatif « vieux » a de nombreuses connotations négatives. Comme il est associé à l'inutilité, ce terme est presque considéré comme une insulte quand on dit que quelqu'un est vieux. Alors pour éviter le mot, nous employons des euphémismes comme personnes âgées, aînés. La « grand-mère » de la première nation est une personne de grande dignité. De nos jours, « mamie » est un terme tout au plus mignon. Pourquoi considère-t-on les vieux comme inutiles ? Parce que, en vieillissant, l'accent passe du faire à l'être et que notre civilisation, perdue qu'elle est dans le faire, ne connaît rien de l'Être. L'Être, qu'est-ce qu'on fait avec ça ? demande cette civilisation.

Chez certaines personnes, le mouvement d'expansion et de croissance connaît un arrêt brutal lorsque le mouvement de retour, la dissolution de la forme, se déclenche de façon apparemment prématurée. Dans certains cas, il s'agit d'un arrêt temporaire, dans d'autres, d'un arrêt permanent. La croyance est répandue qu'un jeune enfant ne devrait pas avoir à faire face à la mort, mais le fait est que certains enfants doivent effectivement affronter la mort d'un ou de leurs deux parents, en raison d'une maladie ou d'un accident. Il se peut aussi que l'enfant doive affronter sa propre mort. Certains enfants naissent avec une infirmité limitant grandement l'expansion naturelle de leur vie. Il est également possible que certaines personnes connaissent de grandes restrictions dès un très jeune âge.

L'interruption du mouvement d'expansion à un moment où il ne « serait pas censé arriver » peut également amener un éveil spirituel prématuré chez certaines personnes. Enfin, rien n'arrive qui ne soit pas censé arriver. Autrement dit, rien n'arrive qui ne fasse pas partie du Grand Tout et de sa raison d'être. Par conséquent, la destruction ou l'interruption de la raison d'être extérieure peut vous amener à découvrir votre raison d'être intérieure et, par conséquent, une raison d'être extérieure plus alignée sur votre raison d'être intérieure. Les enfants qui ont beaucoup souffert deviennent souvent des adultes dont la maturité dépasse leur âge.

Ce qui a été perdu sur le plan de la forme est gagné sur le plan de l'essence. Chez le « visionnaire aveugle » ou le « guérisseur blessé » de certaines vieilles cultures ou légendes, une grande perte ou une grande infirmité de la forme devient une ouverture sur le monde de l'esprit. Quand vous aurez directement fait l'expérience de la nature instable des formes, vous ne surévaluerez probablement plus la forme, ni ne vous y perdrez en vous attachant à elle.

L'expérience de ce que la dissolution de la forme et la vieillesse représentent commence à peine à être reconnue dans notre culture contemporaine. La majorité des gens y passent totalement à côté, car leur ego est tout aussi identifié à la contraction qu'il ne l'était à l'expansion. Ceci se traduit par un durcissement de la carapace de l'ego, par une contraction plutôt que par une ouverture. Cet ego rétracté passe donc le restant de ses jours à se plaindre, pris qu'il est dans le piège de la peur ou de la colère, dans l'apitoiement sur soi, la culpabilité, la honte ou tout autre état émotionnel négatif ou dans des stratégies d'évitement comme l'attachement aux souvenirs et la réactivation du passé.

Quand l'ego n'est plus identifié au mouvement de retour, la vieillesse et l'approche de la mort deviennent ce qu'elles sont censées être, c'est-à-dire une ouverture sur le royaume de l'esprit. J'ai rencontré de vieilles personnes qui incarnaient totalement ce processus. Elles étaient radieuses. Leur forme affaiblie laissait transparaître la lumière de la conscience.

Sur la nouvelle Terre, la vieillesse sera universellement reconnue et valorisée comme étant le moment de l'avènement de la conscience. Pour ceux qui sont encore perdus dans les circonstances extérieures de leur vie, ce sera le moment qui leur permettra de s'éveiller à leur raison d'être intérieure et de retrouver leur demeure un peu sur le tard. Pour bien d'autres gens, la vieillesse représentera une intensification et la culmination du processus d'éveil.

L'éveil et le mouvement d'expansion

L'expansion naturelle de la vie qui vient avec le mouvement d'extériorisation a toujours été prise en otage par l'ego au profit de sa propre expansion. « Regarde ce que je suis capable de faire. Je parie que tu ne peux pas le faire ! » dit le petit enfant à un autre quand il découvre que ses forces et ses capacités physiques augmentent. C'est une des premières tentatives de l'ego de se donner de l'importance par l'identification au mouvement d'expansion et au concept « plus que toi ». Il se gonfle en diminuant les autres. Ce n'est bien sûr que le début des nombreuses perceptions erronées de l'ego.

Par contre, à mesure que votre conscience augmente et que l'ego cesse de contrôler votre vie, point besoin d'attendre que votre monde se ratatine ou s'effondre avec la vieillesse ou le malheur pour découvrir votre raison d'être intérieure et vous éveiller. À mesure que la nouvelle conscience émerge sur la planète, un nombre croissant de gens n'ont plus besoin de se faire secouer pour s'éveiller. Ils accueillent le processus d'éveil volontairement même lorsqu'ils sont encore pris dans le mouvement de croissance et d'expansion. Lorsque ce cycle aura cessé d'être usurpé par l'ego, la dimension spirituelle fera son apparition dans le mouvement d'expansion – par la pensée, la parole, l'action, la création – aussi puissamment que dans le mouvement de contraction – la quiétude, l'Être et la dissolution de la forme.

Jusqu'à maintenant, l'intelligence humaine, qui n'est qu'un infime aspect de l'intelligence universelle, a été déformée et mal employée par l'ego.

J'exprime cela en disant que l'intelligence est au service de la folie. Il faut une grande intelligence pour concevoir la fission de l'atome, alors que l'emploi de cette intelligence pour fabriquer et empiler des bombes atomiques revient à la démence ou l'inintelligence totale. La stupidité est relativement inoffensive, alors que la stupidité intelligente est extrêmement dangereuse. C'est cette stupidité intelligente, dont nous pourrions citer de nombreux exemples, qui menace actuellement la survie de notre espèce.

Sans le dysfonctionnement de l'ego, notre intelligence s'aligne totalement sur le cycle d'expansion de l'intelligence universelle et sur sa pulsion à créer. Nous participons alors consciemment à la création de la forme. En fait, ce n'est pas nous qui créons, mais l'intelligence universelle qui crée à travers nous. Sans le dysfonctionnement de l'ego, nous ne nous identifions pas à ce que nous créons et, ainsi, nous ne nous perdons pas dans ce que nous faisons. Nous apprenons que le geste créatif exige une énergie de la plus haute intensité, sans pour cela être un dur labeur ou un stress. Nous devons comprendre la différence entre stress et intensité, ainsi que je l'explique plus loin. La combativité ou le stress sont des signes du retour de l'ego, tout comme le sont les réactions négatives aux obstacles.

La force qui meut le désir de l'ego se crée des « ennemis », par des réactions de force opposées égales en intensité à d'autres ego. Plus l'ego est fort, plus le sens de division entre les gens est fort aussi. Les seuls actes qui n'entraînent pas de réaction d'opposition sont ceux qui visent le bien de tous. Ils n'excluent pas, ils incluent. Ils ne divisent pas, ils rassemblent. Ce ne sont pas des gestes posés pour « mon » pays, mais pour l'humanité tout entière, pas pour « ma » religion, mais pour l'émergence de la conscience chez tous les êtres humains, pas pour « mon » espèce, mais pour tous les êtres vivants et la nature tout entière.

Ce faisant, nous apprenons que l'action, bien que nécessaire, est seulement un facteur secondaire dans la manifestation de notre réalité extérieure. Le facteur premier dans la création est la conscience. Peu importe notre niveau d'activité et la quantité d'efforts que nous fournissons, c'est notre état de conscience qui crée notre monde. S'il n'y a aucun changement sur le plan intérieur, même une infinité de gestes ne pourront faire la différence. Nous ne ferions que recréer sempiternellement des versions modifiées du même monde, d'un monde qui est le reflet extérieur de l'ego.

La conscience

La conscience est déjà consciente. Elle est le non-manifeste, l'éternel. L'univers, par contre, devient graduellement conscient. La conscience elle-même est intemporelle et n'évolue pas. Elle n'est jamais née et ne mourra jamais. Quand la conscience devient l'univers manifesté, elle semble être assujettie au temps et subit un processus évolutif. Aucun esprit humain ne peut totalement comprendre la raison de ce processus. Mais nous pouvons en avoir un aperçu en nous et y prendre consciemment part.

La conscience est l'intelligence, le principe organisateur derrière toute forme. La conscience prépare les formes depuis des millions d'années de façon à pouvoir s'exprimer par elles dans le monde du manifeste.

Bien que le royaume du non-manifeste de la conscience pure puisse être considéré comme une autre dimension, il n'est pas dissocié de la dimension de la forme. La forme et l'absence de forme sont deux dimensions qui s'interpénètrent. Le non-manifeste arrive dans cette dimension sous la forme de présence, d'espace intérieur, de Présence. Et comment y arrive-t-elle ? Par la forme humaine qui devient consciente et accomplit sa destinée. La forme humaine a été créée dans un dessein supérieur, et des milliers d'autres formes lui ont préparé le terrain.

La conscience s'incarne dans la dimension du manifeste, c'est-à-dire qu'elle devient forme. Ce faisant, elle entre dans un état similaire au rêve. L'intelligence reste, mais la conscience devient inconsciente d'elle-même. Elle se perd dans la forme, s'identifie à la forme. On pourrait décrire ce phénomène comme la descente du divin dans la matière. À cette étape de l'évolution de l'univers, tout le mouvement d'expansion s'effectue dans cet état similaire au rêve. Des aperçus de l'éveil se produisent seulement au moment de la dissolution de la forme individuelle, c'est-à-dire au moment de la mort. Et puis arrive l'incarnation suivante, l'identification suivante à la forme, le rêve individuel suivant faisant partie du rêve collectif. Lorsque le lion déchire de ses dents le corps du zèbre, la conscience qui s'était incarnée sous la forme du zèbre se détache de la forme et pendant un bref instant s'éveille à sa nature immortelle, à son essence de conscience. Immédiatement après, elle retombe dans l'endormissement et se réincarne sous une autre forme. Quand le lion a vieilli et qu'il ne peut plus chasser, au moment où il rend son dernier soupir, il a un très bref aperçu d'un éveil, qui est ensuite suivi d'un autre rêve de forme.

Sur notre planète, l'ego humain représente l'étape finale de l'endormissement universel, de l'identification de la conscience à la forme. C'était une étape nécessaire à l'évolution de la conscience.

Le cerveau humain est une forme très unique par laquelle la conscience entre dans cette dimension. Il contient environ cent milliards de cellules nerveuses, appelées neurones, ce qui correspond environ au nombre d'étoiles de notre galaxie, que l'on pourrait qualifier de cerveau macrocosmique. Ce n'est pas le cerveau qui crée la conscience, mais la conscience qui a créé le cerveau, la forme physique la plus complète qui soit sur Terre pour son expression. Quand le cerveau est endommagé, cela ne veut pas dire que vous perdez la conscience, mais plutôt que la conscience ne peut plus utiliser cette forme pour entrer dans cette dimension. Vous ne pouvez pas perdre la conscience vu que c'est l'essence de ce que vous êtes. Vous pouvez seulement perdre quelque chose que vous avez, pas quelque chose que vous êtes.

L'action éveillée

L'action éveillée est l'aspect extérieur de l'étape suivante de l'évolution de la conscience sur notre planète. Plus nous nous rapprochons de la fin de notre étape évolutive actuelle, plus l'ego devient dysfonctionnel, un peu comme la chenille juste avant de se transformer en papillon. La nouvelle conscience émerge donc quand le vieux se dissout.

Nous nous situons en plein milieu d'un événement capital pour l'évolution de la conscience humaine, événement dont vous n'entendrez certainement pas parler aux nouvelles ce soir. Sur notre planète, et peut-être aussi simultanément à bien des endroits de notre galaxie et d'autres galaxies, la conscience est en train de sortir du rêve de la forme. Ceci ne veut pas dire que toutes les formes (le monde) vont disparaître, même si ce sera certainement le cas pour certaines d'entre elles. Ceci veut dire que la conscience peut dorénavant créer des formes sans se perdre en elles. Ceci veut dire que la conscience reste consciente d'elle-même, même pendant qu'elle crée et expérimente les formes. Et pour quelle raison continue-t-elle à créer et à expérimenter les formes ? Pour le plaisir. Et comment la conscience le fait-elle ? Au moyen des humains éveillés qui ont appris ce que veut dire « l'action éveillée ».

« L'action éveillée » est le résultat de l'alignement de votre raison d'être extérieure (ce que vous faites) sur votre raison d'être intérieure (vous éveiller et rester éveillé). Par l'action éveillée, vous ne faites plus qu'un avec la raison d'être de l'univers sur le plan de l'expansion. La conscience passe en vous et s'exprime dans ce monde. Elle passe dans vos pensées et devient leur inspiration. Elle passe dans tout ce que vous faites. Elle guide vos actions et leur insuffle de la force.

Ce n'est pas ce que vous faites qui amène votre destinée à s'accomplir, mais comment vous le faites. Et ce comment est déterminé par votre état de conscience.

Il s'effectue un renversement de vos priorités quand le principal objectif de l'action est l'action comme telle, ou plutôt le courant de conscience qui passe dans l'action. C'est ce courant de conscience qui détermine la qualité. Autrement dit, dans toute situation et toute action, votre état de conscience est le facteur premier. La situation et l'action ne sont qu'un facteur secondaire. Le succès « futur » dépend et est indissociable de la conscience dont émane l'action. Le succès peut résulter de la force réactive de l'ego ou bien de l'attention vigilante de la conscience éveillée. Alors, toute action vraiment réussie est le produit de ce champ d'attention vigilante plutôt que celui de l'ego et de la pensée inconsciente et conditionnée.

Les trois modalités de l'action éveillée

Il existe trois façons dont la conscience peut passer dans ce que vous faites et, par conséquent, dans ce monde, trois modalités par lesquelles vous pouvez harmoniser votre vie avec le pouvoir créatif de l'univers. Par modalité, j'entends la fréquence énergétique sous-jacente qui passe dans ce que vous faites et qui relie vos actes à la conscience éveillée en train d'émerger dans le monde. Vos actes seront de nature dysfonctionnelle et proviendront de l'ego s'ils n'émanent pas d'une de ces trois modalités. Il se peut que ces modalités changent au cours de la journée, bien que l'une d'entre elles domine pendant une certaine période de votre vie. Chaque modalité correspond à certaines situations.

Ces trois modalités sont l'acceptation, le plaisir et l'enthousiasme. Chacune d'elles correspond à une fréquence vibratoire précise de la conscience. Vous devez faire preuve de vigilance afin de vous assurer qu'une d'entre elles est en fonction chaque fois que vous faites quelque chose, qu'il s'agisse du geste le plus simple ou de l'action la plus complexe. Si vous n'êtes pas dans l'acceptation, le plaisir ou l'enthousiasme, observez bien et vous constaterez que vous créez de la souffrance pour vous et pour les autres.

L'acceptation

Quand vous ne pouvez pas prendre plaisir à ce que vous faites, vous pouvez au moins accepter que c'est ce que vous avez à faire. Accepter veut dire que, pour l'instant, c'est ce que cette situation et ce moment exigent que je fasse. Alors, je le fais volontiers. Nous avons déjà longuement parlé de l'importance de l'acceptation intérieure des événements. L'acceptation de ce que vous avez à faire n'en est qu'un autre aspect. Par exemple, vous ne prendrez pas de plaisir à changer un pneu crevé la nuit, sous la pluie et en rase campagne. Sans parler d'enthousiasme ! Par contre, vous pouvez changer votre pneu dans une attitude d'acceptation. Quand vous posez un geste dans une attitude d'acceptation, cela signifie que vous êtes en paix pendant que vous le faites. Et la paix est une fréquence vibratoire subtile qui passe dans ce que vous faites. Superficiellement, l'acceptation peut ressembler à de la passivité. En réalité, elle est active et créative du fait qu'elle amène quelque chose d'entièrement nouveau en ce monde. Cette fréquence vibratoire subtile de paix est la conscience. Et une des façons dont elle peut se manifester en ce monde, c'est par l'action empreinte de lâcher-prise, dont un des aspects est l'acceptation.

Si vous ne pouvez pas accepter ce que vous faites ni y prendre plaisir, arrêtez-vous. Sinon, cela veut dire que vous ne prenez pas la responsabilité de la seule chose dont vous pouvez vraiment prendre la responsabilité et qui est également la seule chose qui importe vraiment, c'est-à-dire votre état de conscience. Et si vous ne prenez pas la responsabilité de votre état de conscience, vous ne prenez pas non plus la responsabilité de votre vie.

Le plaisir

La paix qui émane de l'action empreinte de lâcher-prise devient quelque chose de vivant quand vous prenez vraiment plaisir à ce que vous faites. Le plaisir est la deuxième modalité de l'action éveillée. Sur la nouvelle Terre, le plaisir remplacera le désir comme force de motivation. Le désir émane de l'illusion de l'ego que vous êtes un fragment distinct et débranché du pouvoir sous-jacent à toute création, Par le plaisir, vous vous rebranchez sur le pouvoir créatif universel lui-même.

Quand vous faites du moment présent, et non pas du passé ou du futur, le point central de votre vie, votre capacité à prendre plaisir à ce que vous faites augmente de façon spectaculaire, tout comme la qualité de votre vie. La joie est l'aspect dynamique de l'Être. Quand le pouvoir créatif de l'univers devient conscient de lui-même, il se manifeste sous la forme de la joie. Point besoin d'attendre que quelque chose de « significatif » se produise dans votre vie pour prendre plaisir à ce que vous faites. Il y a plus de sens dans la joie que ce dont vous aurez jamais besoin. Le syndrome qui veut que l'on « attende pour commencer à vivre » est une des illusions les plus communes de l'état d'inconscience. L'expansion et le changement positif dans le concret se manifesteront bien plus si vous pouvez prendre plaisir à ce que vous faites déjà, au lieu d'attendre que quelque chose change pour pouvoir prendre plaisir à ce que vous faites. Ne demandez surtout pas la permission à votre mental de prendre plaisir à ce que vous faites. Tout ce que vous obtiendrez, ce sont toutes les raisons pour lesquelles vous ne pouvez pas y prendre plaisir. « Pas maintenant, dit le mental. Tu ne vois pas que je suis occupé ? Je n'ai pas le temps. Peut-être demain tu pourras commencer à prendre plaisir à ce que tu fais... » Et ce lendemain ne vient jamais... à moins que vous ne commenciez dès maintenant à prendre plaisir à ce que vous faites.

Quand vous dites, « Je prends plaisir à faire ceci ou cela », c'est une fausse perception. En effet, cette expression donne l'impression que la joie provient de ce que vous faites, alors que ce n'est pas le cas. La joie ne vient pas de ce que vous faites, elle passe dans ce que vous faites et, par conséquent, rayonne dans le monde du plus profond de vous. Cette fausse perception est normale, mais elle est également dangereuse parce qu'elle crée la croyance que la joie est quelque chose que l'on retire d'une activité ou d'une chose. Alors, après, vous cherchez à ce que le monde vous apporte la joie, le bonheur. Mais le monde ne peut vous apporter cela. C'est pour cette raison que beaucoup de gens vivent constamment dans la frustration, car le monde ne leur donne pas ce dont ils estiment avoir besoin.

Alors, qu'elle est la relation entre une action et la joie ? Vous prendrez plaisir à n'importe quelle activité à laquelle vous serez totalement présent, à n'importe quelle activité ne représentant pas seulement un moyen pour arriver à une fin. Ce n'est pas le geste que vous posez auquel vous prenez vraiment plaisir, mais le profond sentiment de vitalité qui l'anime et qui ne fait qu'un avec ce que vous êtes. Ceci veut dire que, lorsque vous prenez plaisir à faire quelque chose, vous faites réellement l'expérience de la joie de l'Être dans son aspect dynamique. C'est pour cette raison que tout ce que vous prenez plaisir à faire vous branche sur le pouvoir sous-jacent à toute création.

Voici un petit exercice spirituel qui apportera de l'expansion créative et de la puissance dans votre vie. Dressez la liste des activités quotidiennes que vous entreprenez fréquemment, y compris celles qui peuvent vous paraître sans intérêt, ennuyeuses, pénibles, irritantes ou stressantes. Par contre, ne mettez pas dans votre liste des activités que vous détestez. Si vous détestez faire quelque chose, soit vous devez l'accepter, soit vous devez cesser. Vous pouvez inscrire sur votre liste vos déplacements en voiture pour aller au travail et en revenir, les courses, la lessive ou toute autre chose que vous estimez pénible ou stressant dans votre travail. Ensuite, quand vous entreprenez ces activités, laissez-les être le véhicule de votre vigilance. Soyez totalement présent à ce que vous faites et sentez la quiétude vigilante et vivante en vous, à l'arrière-plan de l'activité. Vous découvrirez rapidement que ce que vous entreprenez dans un grand état de conscience devient en fait appréciable. Ce n'est plus stressant, pénible ou irritant. Pour être plus précis, ce à quoi vous prenez plaisir n'est pas vraiment l'action comme telle, mais la dimension intérieure de conscience qui passe dans l'action. Voilà ce qu'est trouver la joie de l'Être dans ce que vous faites. Si vous sentez que votre vie manque de sens ou qu'elle est trop stressante ou pénible, c'est parce que vous n'avez pas encore fait entrer cette dimension dans votre vie. Être conscient dans tout ce que vous faites n'est pas encore devenu votre objectif principal.

La nouvelle Terre émerge à mesure que de plus en plus de gens découvrent que leur principale raison d'être dans la vie est d'illuminer le monde de la lumière de la conscience et de se servir de tous leurs gestes comme véhicule de cette conscience.

La joie de l'Être, c'est la joie d'être conscient.

Alors, la conscience éveillée prend le dessus sur l'ego et se met à régir votre vie. Vous découvrirez peut-être qu'une activité à laquelle vous vous adonniez depuis longtemps commence naturellement à devenir quelque chose de beaucoup plus grand quand elle est infusée de conscience.

Certaines des personnes dont les gestes créatifs enrichissent la vie de bien d'autres personnes font simplement ce qu'elles prennent plaisir à faire sans vouloir devenir spéciales. Il s'agira peut-être de musiciens, d'artistes, d'écrivains, de scientifiques, d'enseignants, de bâtisseurs ou de gens qui créent de nouvelles structures sociales ou commerciales (entreprises éclairées). Parfois, il se peut que leur domaine d'influence reste restreint. Puis, soudainement ou graduellement, une vague de force créatrice passe dans ce qu'ils font et leurs activités prennent une expansion allant bien au-delà de ce qu'ils auraient pu imaginer. Cette expansion vient toucher d'innombrables personnes. Viennent s'ajouter au plaisir une intensité et une créativité qui dépassent tout ce qu'un humain ordinaire peut accomplir.

Mais ne laissez pas tout cela vous monter à la tête,

car il se peut qu'un reste d'ego s'y cache. Vous n'êtes toujours et encore qu'un humain ordinaire. Mais ce qui est extraordinaire, c'est ce qui arrive en ce monde par vous, cette essence qui est commune à tous les êtres. Le poète perse et maître soufi du 14e siècle, Hafiz, exprime parfaitement cette vérité dans cette phrase : « Je suis un trou dans une flûte par lequel passe le souffle du Christ. Écoutez cette musique[1]. »

L'enthousiasme

Il y a une autre façon de manifester la créativité, qui vient à ceux qui restent fidèles à la raison d'être intérieure de leur éveil. Soudain, un jour, ils savent ce qu'est leur raison d'être extérieure. Ils ont une grande vision, un grand objectif. À partir de là, ils travaillent à réaliser cet objectif. Leur vision ou leur objectif est habituellement relié d'une façon ou d'une autre à quelque chose qu'ils font et aiment déjà faire à une plus petite échelle. C'est ici qu'entre en jeu la troisième modalité de l'action éveillée, l'enthousiasme.

L'enthousiasme est là quand vous prenez un profond plaisir à faire ce que vous faites et que vous avez aussi un objectif ou une vision. Quand la vision vient se rajouter au plaisir de ce que vous faites, la fréquence de votre champ énergétique change. Un certain degré de ce que nous pourrions qualifier de tension structurelle vient s'ajouter au plaisir, qui se transforme en enthousiasme. Au summum de l'activité créatrice alimentée par l'enthousiasme, il y aura une énorme intensité et une puissante énergie. Vous aurez l'impression d'être une flèche qui se déplace vers sa cible et qui apprécie chaque instant de son déplacement.

Aux yeux de l'observateur, il semblera que vous êtes sous l'effet du stress, alors que l'intensité de l'enthousiasme n'a rien à voir avec le stress. C'est lorsque vous cherchez plus à atteindre votre but que de faire ce que vous êtes en train de faire que le stress s'empare de vous. L'équilibre entre le plaisir et la tension structurelle se perd et cette tension prend le dessus. La présence du stress signale habituellement que l'ego est revenu et que vous vous coupez du pouvoir créatif de l'univers. À la place, il n'y a que la force et les efforts du désir. Il vous faut donc être combatif et acharné au travail pour réussir. Le stress réduit immanquablement aussi bien la qualité que l'efficacité de ce que vous faites. Il y a un lien très fort entre le stress et les émotions négatives, comme l'anxiété ou la colère. Le stress est toxique pour le corps et actuellement reconnu comme une des principales causes des maladies dites dégénératives, entre autres, le cancer et les maladies cardiaques.

Contrairement au stress, l'enthousiasme possède une fréquence énergétique élevée, qui entre en résonance avec le pouvoir créatif de l'univers. C'est pour cette raison que Ralph Waldo Emerson a dit que « Rien de grand n'a été accompli sans enthousiasme[2] ». Le terme « enthousiasme » vient du grec ancien *en* et *theos* qui veut dire « en Dieu ». Le terme grec *enthousiazein* veut dire « être possédé de Dieu ». Avec de l'enthousiasme, vous découvrirez que vous n'avez pas besoin de tout faire tout seul. En fait, il n'existe rien de significatif que vous puissiez faire tout seul. L'enthousiasme soutenu suscite une vague d'énergie créatrice et tout ce que vous avez à faire, c'est vous laisser porter par cette vague.

L'enthousiasme confère une énorme puissance à ce que vous faites, faisant ainsi que ceux qui n'ont pas accès à cette puissance restent bouche-bée devant vos réalisations et les associent à ce que vous êtes. Vous, par contre, vous connaissez la vérité à laquelle Jésus faisait allusion quand il disait : « Je ne puis rien faire de moi-même[3]. » Alors que le vouloir propre à l'ego crée une opposition directement proportionnée à l'intensité de son vouloir, l'enthousiasme ne crée jamais d'opposition. Sa nature n'est pas de confronter ni de créer des gagnants et des perdants. Il est fondé sur l'inclusion, pas sur l'exclusion. Il n'a pas besoin d'utiliser et de manipuler les autres parce qu'il est la force de création elle-même et n'a donc pas besoin de se sustenter d'une énergie provenant d'une source secondaire. Le vouloir de l'ego essaye toujours de prendre à quelqu'un ou à quelque chose. L'enthousiasme donne à même sa propre abondance. Et quand il rencontre des obstacles sur son chemin, il n'attaque jamais mais en fait le tour ou laisse l'énergie d'opposition se transformer en énergie d'aide. Il laisse l'ennemi se transformer en ami.

Enthousiasme et ego ne peuvent co-exister, car l'un sous-entend l'absence de l'autre. L'enthousiasme sait où il va, mais en même temps, il ne fait qu'un avec le moment présent, la source de sa vitalité intérieure, de sa joie et de sa force. L'enthousiasme ne veut rien parce qu'il ne lui manque rien. Il fait un avec la vie et quel que soit le degré de dynamisme qu'il confère aux activités, vous ne vous perdez pas dans ces dernières. L'enthousiasme reste toujours un espace quiet mais cependant intensément vivant au centre de la roue, un centre de paix au sein de l'activité, paix qui est la source de tout ce qui est et qui reste intouchée par tout ce qui est.

Par l'enthousiasme, vous vous alignez totalement sur le principe créateur de l'univers, sans vous identifier à ses créations. Là où il n'y a pas identification, il n'y a pas attachement, une des grandes sources de souffrance. Une fois qu'une vague d'énergie créative est passée, la tension structurelle diminue de nouveau et la joie reste dans ce que vous faites. Personne ne peut être enthousiaste de façon permanente. Alors, une nouvelle vague d'énergie créative arrivera peut-être plus tard, avec encore de l'enthousiasme.

Une fois que le mouvement de retour vers la dissolution de la forme s'enclenche, l'enthousiasme ne vous est plus utile. Il appartient uniquement au cycle d'expansion de la vie. Seul, le lâcher-prise vous permet de vous aligner sur le mouvement de retour, sur le retour au bercail.

Résumons un peu ! Le plaisir à faire ce que vous faites, combiné à une vision vers laquelle vous tendez, devient de l'enthousiasme. Même si vous avez un but, ce que vous faites dans le moment présent doit rester le point central de votre attention, sinon vous ne serez plus aligné sur la raison d'être universelle. Assurez-vous que votre vision ou votre objectif ne soit pas une image grossie de vous-même et, par conséquent, une forme déguisée de l'ego, comme vouloir devenir une vedette de cinéma, un écrivain célèbre ou un entrepreneur fortuné. Assurez-vous aussi que votre objectif n'est pas axé sur la possession de ceci ou cela, comme un manoir au bord de la mer, votre propre compagnie ou dix millions de dollars en banque. Une vision illusoire de vous-même et la projection de possessions ne sont que des objectifs statiques qui ne vous confèrent aucun pouvoir. Assurez-vous donc que vos objectifs sont dynamiques, c'est-à-dire qu'ils sont dirigés vers une activité dans laquelle vous êtes engagé et par laquelle vous êtes en rapport avec d'autres êtres humains et le Grand Tout. Au lieu de vous voir comme un acteur ou une actrice célèbre, comme un auteur célèbre, voyez-vous plutôt inspirer d'innombrables personnes par votre travail. Voyez-vous enrichir leur vie. Sentez que vous êtes une ouverture par laquelle l'énergie arrive de la Source du non-manifeste et bénéficie à tous.

Tout ceci sous-entend que votre objectif ou votre vision est déjà une réalité en vous, sur le plan de l'intellect et des émotions. L'enthousiasme est la force qui concrétise le projet mental dans la dimension physique. C'est un emploi créatif du mental, dénué de désir. Vous ne pouvez pas manifester ce que vous voulez, seulement ce que vous avez déjà. Certes, vous pouvez obtenir ce que vous voulez en travaillant d'arrache-pied et en devenant tendu, mais ce n'est pas la voie de la nouvelle Terre. Jésus a donné la clé pour utiliser le mental de façon créative et pour manifester consciemment les formes : « C'est pourquoi je vous dis : Tout ce que vous demanderez en priant, croyez que vous l'avez reçu et vous le recevrez[4]. »

Les porteurs de fréquences

Le mouvement d'expansion qui permet aux formes de se manifester ne s'exprime pas avec la même intensité chez tous les gens. Certaines personnes ressentent une forte pulsion à bâtir, à créer, à s'impliquer, à accomplir, à avoir un impact sur le monde. Si ces personnes sont inconscientes, leur ego prendra, bien entendu, le dessus et se servira de l'énergie de l'expansion à ses propres fins. C'est ce qui réduit grandement le flot d'énergie créatrice mise à leur disposition, faisant en sorte qu'ils doivent davantage faire appel aux efforts pour obtenir ce qu'ils veulent. Si les gens chez qui le mouvement d'expansion est fort sont conscients, la créativité sera très puissante. D'autres gens, une fois que l'expansion naturelle a fini sa course, mèneront une existence apparemment anodine, passive et relativement calme.

Il s'agit de gens naturellement plus introvertis et pour qui le mouvement d'expansion vers la forme est minime. Ce sont des gens qui préfèrent rester chez eux que de sortir. Ils ne ressentent pas le besoin de s'engager ni de changer le monde. S'ils ont une quelconque ambition, celle-ci ne va pas plus loin qu'une activité leur donnant un certain degré d'indépendance. Certains de ces gens éprouvent de la difficulté à trouver leur place dans le monde. D'autres ont la chance de se trouver un créneau où ils peuvent mener une vie relativement protégée, un emploi qui leur procure un revenu stable ou un petit commerce. Certains autres seront attirés par la vie en communauté spirituelle, dans un monastère ou dans toute autre forme de communauté. D'autres encore décrochent complètement et vivent en marge d'une société avec laquelle ils ont l'impression d'avoir peu en commun. Certains tombent dans la drogue parce qu'il est trop souffrant pour eux de vivre en ce monde. Enfin, d'autres deviennent des guérisseurs ou des enseignants spirituels, c'est-à-dire des enseignants de l'Être.

On aurait pu autrefois les qualifier de contemplatifs

et ils sembleraient ne pas avoir leur place dans notre civilisation contemporaine. Mais avec la venue de cette nouvelle Terre, le rôle qu'ils ont à jouer est aussi vital que celui joué par les personnes créatives, les personnes d'action et les personnes réformatrices. Leur fonction est d'ancrer la fréquence de la nouvelle conscience sur cette planète. Je qualifie ces personnes de porteuses de fréquence. Elles sont ici pour instaurer la conscience par leurs activités quotidiennes, par leurs interactions avec d'autres personnes et par le fait d'être, tout simplement.

Ainsi, elles confèrent une profonde signification à ce qui est apparemment insignifiant. Leur rôle est de ménager une quiétude spacieuse en ce monde en étant totalement présentes à ce qu'elles font. Tout ce qu'elles font est empreint de conscience et, par conséquent, de qualité, même la plus petite chose. Leur raison d'être est de faire tout de façon sacrée. Étant donné que chaque être humain fait intégralement partie de la conscience collective humaine, ces personnes ont un effet beaucoup plus profond sur le monde que ce que leur vie laisse apparemment deviner.

La nouvelle Terre n'est pas une utopie

Cette notion de nouvelle Terre n'est-elle pas juste une autre vision utopique ? Pas du tout. Pourquoi ? Parce que toutes les visions utopiques ont en commun la projection mentale dans un avenir où tout sera bien, où nous serons sauvés, où il y aura la paix et l'harmonie, et où tous nos problèmes auront disparu. Il y a eu des myriades de visions utopiques semblables, certaines s'étant soldé par la déception, d'autres par des désastres. Au cœur de toute vision utopique figure une des principales dysfonctions structurelles de la vieille conscience : la considération du futur comme planche de salut. La seule existence que l'avenir possède réellement est celle de forme-pensée. Alors, lorsque vous considérez l'avenir comme planche de salut, vous êtes inconsciemment en train de considérer votre mental comme planche de salut. Et vous êtes pris au piège de la forme, au piège de l'ego.

« Puis je vis un nouveau ciel et une nouvelle Terre[5] », écrit le prophète biblique. La nouvelle Terre aura comme fondement un nouveau ciel, c'est-à-dire la conscience éveillée. La Terre, la réalité externe, n'en est que le reflet extérieur. La venue d'un nouveau ciel et, subséquemment, d'une nouvelle Terre ne sont pas des événements qui vont nous libérer. Rien ne va nous libérer parce que seul le moment présent peut nous libérer. Quand on réalise cela, l'éveil se produit. En tant qu'événement futur, l'éveil n'a aucun sens vu qu'il est la réalisation de la Présence. Alors, le nouveau ciel, la conscience éveillée, n'est pas un état futur à atteindre. Un nouveau ciel et une nouvelle Terre naissent en vous à cet instant et si ce n'est pas ce qui se produit, ils ne sont rien de plus qu'une pensée. Rien n'advient. Jésus n'a-t-il pas dit à ses disciples « Le royaume de Dieu est parmi vous[6] ».

Dans le sermon sur la montagne, Jésus a prédit ce que peu de gens ont compris à ce jour. Il a dit « Heureux les humbles, car ils hériteront de la Terre[7]. » Qui sont les humbles et que veut dire l'expression « ils hériteront de la Terre » ?

Les humbles sont les gens dénués d'ego, ceux qui

se sont éveillés à la nature essentielle de leur conscience et qui reconnaissent cette essence chez toutes les autres formes de vie. Ils vivent dans une attitude de lâcher-prise et sentent qu'ils ne font qu'un avec le Tout et la Source. Ils incarnent la conscience éveillée qui se manifeste dans tous les aspects de la vie sur notre planète, y compris celui de la nature, puisque la vie sur Terre est indissociable de la conscience humaine qui la perçoit et interagit avec elle. C'est dans ce sens que les humbles hériteront de la Terre.

Une nouvelle espèce est sur le point de voir le jour sur cette planète. Elle est sur le point de voir le jour maintenant. Cette nouvelle espèce, c'est vous !

Notes

Chapitre 1

1 *Révélation*, XXI, 1 et Isaïe, CVX, 17.

Chapitre 2

1 Mathieu, V, 3.
2 Philippiens, IV, 7.

Chapitre 3

1 Luc, VI, 41.
2 Jean, XIV, 6.
3 Halevi, Yossi Klein « Introspection As a Prerequisite for Peace », *New York Times*, 7 Septembre 2002.
4 Ministère de la justice des États-Unis, Bureau des statistiques juridiques, Statistiques des prisons, juin 2004.
5 Einstein, Albert, *Mein Weltbild*, Ullstein Verlag, Frankfort, 25e édition, 1993. Traduit par Eckhart Tolle.

Chapitre 4

1 Shakespeare, William, *Macbeth*.
2 Shakespeare, William, *Hamlet*.

Chapitre 6

1 Matthieu, V, 48.

Chapitre 7

1 Luc, VI, 38
2 Marc, IV, 25.
3 Corinthiens, III, 19.

4 Lao-tseu, *Tao-tö-king* (*Le livre de la Voie et de la Vertu*), chapitre 28.
5 Idem, chapitre 22.
6 Luc, XIV, 10 et 11.
7 *Les Upanishads*, édition imprimée RAMA NAMA. Penguin, Royaume-Uni, Harmondsworth, Middlesex, Angleterre

Chapitre 8

1 Écclésiaste, I, 8.
2 *Un cours en miracles*, Glen Allen, Éditions du Roseau, Montréal, 2005, Livre d'exercices pour étudiants. Première partie, leçon 5, p. 8.
3 Luc XVII, 20-21.
4 Nietzsche, Frederick, *Ainsi parla Zarathustra*, p. XXX.
5 Genèse, II, 7.

Chapitre 9

1 Jean, XIV, 10.
2 Matthieu, 6, 28-29.

Chapitre 10

1 Hafiz, *The Gift*, Penguin, Arkana, New York, N.Y., 1999. Traduit par Daniel Ladinsky.
2 Emerson, Ralph Waldo, "Circles" de *Ralph Waldo Emerson: Selected Essays, Lectures, and Poems*, Bantam Classics, New York, N.Y.
3 Jean, V, 30.
4 Marc, II, 24.
5 Révélations, XXI,1.
6 Luc, XVII, 21.
7 Matthieu, V, 5.

À propos de l'auteur

Eckhart Tolle est né en Allemagne. Il y a passé les treize premières années de sa vie. Après des études universitaires à Londres, il s'orienta vers la recherche et, dans ce cadre, dirigea même un groupe à l'université de Cambridge. À l'âge de 29 ans, il connut une profonde évolution spirituelle qui le transfigura et changea radicalement le cours de son existence.

Il consacra les quelques années suivantes à comprendre, intégrer et approfondir cette transformation qui marqua chez lui le début d'un intense cheminement intérieur.

Eckhart a été conseiller en enseignement spirituel pendant quelques années auprès de personnes et de petits groupes en Europe et en Amérique du Nord. Aujourd'hui, il voyage dans le monde afin de permettre à un plus grand public d'accéder à ses enseignements. Depuis 1996, il vit à Vancouver (Colombie-Britannique).

Namaste Publishing

La mission première de Namaste publishing est de rendre disponible des ouvrages qui célèbrent et encouragent les individus à exprimer leur essence véritable.

Boîte postale 62084
Vancouver, Colombie-Britannique
Canada V6J 4A3

Site Internet : www.namastepublishing.com
Courriel : namaste@telus.net
Tél. : 604-224-3179 • Téléc. : 604-224-3374

Récentes parutions aux Éditions Ariane

Auteurs	Titres
Laura Lynne Jackson	La Lumière entre nous
Lise Côté	Passeport pour une nouvelle humanité
Sylvain Didelot	Terr 2
Michael E. Salla	Programmes spatiaux et alliances extraterrestres, tome V
Tom Moegele	La méthode Mindflow
Pierre-Henri Steyt	Chants de la Terre
Dawn Baumann Brunke	Perles de sagesse du peuple animal
Laura Lynne Jackson	Signes
Barbara Marciniak	Les Messagers de l'aube
Tanis Helliwell	Conversations avec l'esprit du corps humain
Anthony William	Médium Médical – Le foie
Jean-Philippe Brébion	Le grand livre de la guérison
Drunvalo Melchizédek	Vivre dans le cœur
Lee Carroll	Recalibrage de l'humanité
Kaia Ra	Le Code Sophia
Miguel Mendonça, Barbara Lamb	Rencontrer les Hybrides
Michael E. Salla	Programmes spatiaux et alliances extraterrestres, tome IV
Gregg Braden	Les Codes de sagesse
Nancy Harvey	Mystic Quest
Joëlle Currat	Code-toi toi-même
Eckhart Tolle	Le pouvoir du moment présent – Journal